RALF MÜLLER

LASS DIE KRISE KOMMEN

Wie Sie finanziell gestärkt aus der Krise hervorgehen

RALF MÜLLER

LASS DIE KRISE KOMMEN

Wie Sie finanziell gestärkt
aus der Krise hervorgehen

FBV

Bibliografische Information der Deutschen Nationalbibliothek
Die Deutsche Nationalbibliothek verzeichnet diese Publikation in der Deutschen Nationalbibliografie. Detaillierte bibliografische Daten sind im Internet über https://dnb.de abrufbar.

Für Fragen und Anregungen
info@m-vg.de

Wichtiger Hinweis
Ausschließlich zum Zweck der besseren Lesbarkeit wurde auf eine genderspezifische Schreibweise sowie eine Mehrfachbezeichnung verzichtet. Alle personenbezogenen Bezeichnungen sind somit geschlechtsneutral zu verstehen.

Originalausgabe
1. Auflage 2024

Türkenstraße 89
80799 München
Tel.: 089 651285-0

Redaktion: Judith Engst
Korrektorat: Manuela Kahle
Umschlaggestaltung: Sabrina Pronold
Autorenfoto: Studio Hoffmann
Grafiken: Ralf Müller, Maria Hegeholz, Rianan Machoy, FBV
Satz: Daniel Förster
Druck: CPI
Printed in the EU

ISBN Print 978-3-95972-802-7
ISBN E-Book (PDF) 978-3-98609-569-7
ISBN E-Book (EPUB, Mobi) 978-3-98609-570-3

INHALT

VORWORT

von Paul Misar (Immobilieninvestor)

Dass Vermögen und Glück zusammenhängen, haben aussagekräftige Studien gerade in jüngster Zeit wieder aufgezeigt. Es ist heute auch wissenschaftlich sehr gut belegt, dass ein eigenes Vermögen und finanzieller Erfolg Menschen sehr häufig glücklicher und zufriedener sein lassen. Das unterstreichen nicht zuletzt auch meine persönliche Erfahrung und mein häufiger Austausch mit vielen finanziell erfolgreichen Personen.

Wer dies anzweifelt oder für fragwürdig hält, muss sich doch vergegenwärtigen, dass fehlende finanzielle Sicherheit von sehr vielen als krisenhaft erlebt wird und dass Geld völlig zurecht für sehr viele Krisen als eine Lösung oder zumindest als eine echte Hilfe taugt. Wer wäre nicht gerne reich?

Die Schriftstellerin Francoise Sagan brachte es einmal wunderbar augenzwinkernd auf den Punkt, als sie sagte: »Lieber weine ich in einem Jaguar als im Bus.«

Die gute Nachricht ist: Kaum ein Faktor, der Einfluss auf das persönliche Lebensglück nimmt, liegt so sehr in der eigenen Verantwortung und kann so sehr selbstbestimmt und zielgerichtet beeinflusst werden wie der eigene finanzielle Erfolg. Ralf Müller ist »self-made« zu seinem Vermögen gekommen. Er hat Verantwortung übernommen und sich neugierig daran gemacht, seine Ziele zu erreichen. Ich bin ausgesprochen froh, dass er aus seinem Weg, seinen Erfolgen und Rückschlägen, die jeder erfolgreiche Mensch kennt, und aus seiner praxisnahen Erfahrung den Wunsch verspürt, sein Wissen zu teilen. Es müsste viel mehr Menschen geben, die andere in dieser Art inspirieren wollen, selbst Verantwortung zu übernehmen.

Dabei ist keiner der üblichen Geldratgeber entstanden, sondern ein Buch, das seine Leser ermutigt, selbst mehr wissen zu wollen. Ralf Müller zeigt Strategien, die bei ihm exzellent funktioniert haben und die sich bis heute beweisen. Und dabei legt er Wert auf eine verständliche Darstellung, auf Überblick und einfach zu verstehende Modelle. Er zeigt, dass es keine Strategien der Reichen gibt. Aber dass es sehr wohl viele Reiche gibt, die erstaunlich leicht umsetzbaren Strategien folgen. Ich hoffe, dass sich möglichst viele seiner Leser von ihm mitnehmen lassen und bald mit Überzeugung sagen können: Lass die Krise kommen!

EINFÜHRUNG

Ein eigenes Vermögen aufzubauen, um sich finanziell krisenfest zu machen, erscheint schwierig. Die eigenen finanziellen Mittel, das, was man auf der hohen Kante hat und dann noch monatlich sparen kann, scheinen nicht die notwendige Basis für einen wirklich gelingenden Vermögensaufbau zu sein, der vor Krisen schützt und das Erreichen der angestrebten Ziele sichern kann.

Das Amtsgericht Köln hat einen interessanten Fall dazu verhandelt. Die Tochter eines (verstorbenen) Ehepaares hat den Vermieter ihrer Eltern verklagt. Die Eltern hatten bei Einzug in eine Wohnung im Jahr 1960 genau 800 DM an Kaution hinterlegt, und im Mietvertrag wurde vereinbart, dass diese Kaution auch in Aktien angelegt werden dürfte (üblich war damals ein Sparbuch). Nach dem Tod der Eltern 2018 wollte die Wohnungsgesellschaft nun die Kaution, mittlerweile in Euro, auszahlen: nämlich den Gegenwert der besagten 800 DM. Dagegen klagte die Tochter und wollte stattdessen die Gewinne der Anlage in Aktien auch bekommen. So, wie das bei Anlagen im Mietrecht üblich ist, die verzinst angelegt und ausgezahlt werden.

Etwas hatte wohl ihre Aufmerksamkeit erregt: 2005 waren die Eltern nach 45 Jahren in eine andere Wohnung der Gesellschaft gezogen und die 800 Mark waren für den neuen Mietvertrag in 409 Euro umgerechnet worden. Der Treuhänder, der die Aktien betreute, hatte ab diesem Zeitpunkt Dividenden an das Ehepaar ausgezahlt für die Zeit von 2005 bis 2017.

Als der Mietvertrag 2018 endete, wollte die Wohnungsgesellschaft also die Kaution von 409 Euro an die Erbin zurückzahlen. Die Tochter jedoch forderte gerichtlich alle Gewinne des 800-DM-Aktienvermögens seit 1960, auch jene von vor 2005. Sie gewann vor Gericht. Sie bekam über 100.000 Euro nachträglich ausgezahlt!

Gewinn mit Dividenden: Dividenden werden von Aktiengesellschaften unter Umständen ausgeschüttet, um die Aktionäre an Gewinnen zu beteiligen. Sie sind neben den Verkaufsrenditen (Gewinnen aus der Kurssteigerung der Aktien während der Haltedauer) die zweite Möglichkeit, mit Aktien Vermögen aufzubauen. Auch die Wohnungsgesellschaft hatte den Vertrag wohl nach langem einmal herausgesucht und gelesen. Die Dividenden allein beliefen sich seit 2005 auf fast 6000 Euro.

Woher kamen die enormen Zuwächse? Waren 1960 die Aktien besonders günstig, so dass sich das im Nachhinein als idealer Kaufzeitpunkt erwiesen hätte? Nun, die Aktienzusammenstellung ist ja nicht bekannt, aber wahrscheinlich lautet die Antwort: Nein!

An den Zuwächsen ist im Grunde eine mehr oder weniger genaue Nachbildung der stetigen Aktienkursentwicklung abzulesen. Der lange Anlagezeitraum, also die Zeit war es, die inklusive Zinseszins einen so enormen Gewinn ermöglicht hatte. Hinzu kamen die Auswahl des Aktienportfolios und die Tatsache, dass über den gesamten Zeitraum hinweg keine Entnahmen erfolgt waren.

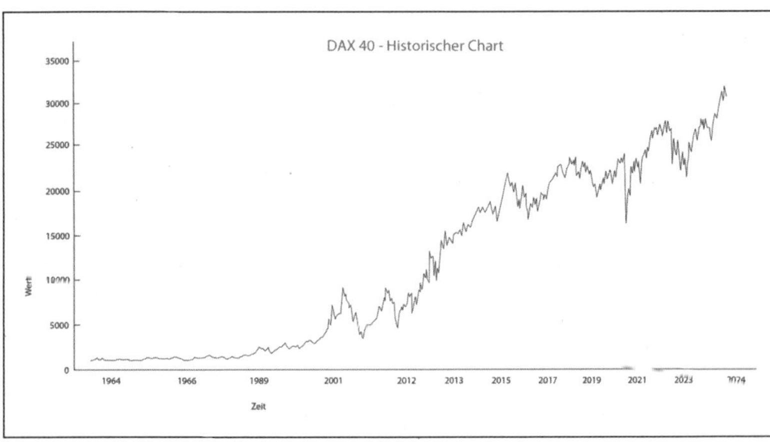

DAX 40 – Historischer Chart

Jede tagtägliche Schwankung, jede länger andauernde Krise nach 1960, die sich heute und zu jedem beliebigen Zeitpunkt an Langfristcharts wie beispielsweise dem des Deutschen Aktienindex DAX ablesen lässt, wurde im Laufe der Zeit immer unbedeutender. Das angelegte Vermögen wuchs schlichtweg immer weiter.

Auch wenn aus dem zitierten Urteil nicht ersichtlich wurde, in welche Aktien der Kautionsbetrag angelegt war: Allein der DAX hat seit 1960 beispielsweise einen Zuwachs von großartigen 3662,4 Prozent verzeichnet – ohne Dividenden. In die Betrachtung einbezogen wurde sein Vorläufer, der Index der Börsen-Zeitung, dadurch lässt sich die Entwicklung praktischerweise genau bis 1959 zurückzuverfolgen, weshalb sie hier als Referenz dienen kann. Aus 409 Euro, die 1960 gleichmäßig in alle Aktien des DAX angelegt worden wären, wären so heute immerhin circa 14.980 Euro geworden. Für die restliche Performance, die zu den 100.000 Euro des Ehepaares noch fehlte, haben die vielleicht klügere, mutigere oder bessere Aktienauswahl sowie die Dividenden gesorgt.[1]

Der Vermögenszuwachs des Ehepaares geschah im besten Sinne fast von allein. Wäre das Geld entsprechend der jeweiligen Index-Gewichtung in den DAX investiert worden, wären besagte 409 Euro auf diese Weise auf gut 14.980 Euro angewachsen, weil die Aktien heute zu diesem Preis verkauft werden könnten. Hinzugekommen wären dann im Laufe der Zeit noch mehr oder weniger stetig die Dividenden, die die betreffenden Unternehmen gegebenenfalls ausschütteten. So ähnlich mag es gewesen sein.

Mit einer einzigen Handlung – einer Investition in Aktien damals – wären die 100.000 Euro jedenfalls leicht erreichbar gewesen. 10 Minuten Arbeit vor 62 Jahren und so viel Gewinn. Mit lächerlichen 409 Euro, ohne monatlich zu sparen. Das lässt aufhorchen: 409 Euro *monatlich* seit 1960 in den DAX oder sonstige renditenstarke Aktien investiert – das wäre wirklich eine große Nachricht geworden.

Man merkt sofort: Ein chancenorientierter Blick auf die eigene finanzielle Krisensicherheit ist unter Umständen aussichtsreich. Eine solche Vorsorge ist gar nicht so komplex umzusetzen, wie zunächst befürchtet. Gleichsam fühlen sich viele nicht in der Lage, Vermögen aufzubauen. Die ganz aktuellen Krisen verzögern oder verhindern den Vermögensaufbau, auch weil das notwendige Wissen fehlt. Geld zu investieren, das scheint sehr komplex und risikoreich zu sein. Womöglich ist hier aber ein Umdenken erforderlich.

Der Ausblick kann sein: Neben Aktien lassen sich Anlageprodukte für jeden finden, der sich gegen Krisen wappnen und die eigenen Ziele verfolgen möchte – durch eine überschaubare, krisenfeste und lukrative Anlagestrategie. Diese Strategie soll hier vorgestellt werden. Sie verfolgt im Kern einen nicht so sehr intuitiven, aber ziemlich spektakulären Ansatz: Mit ihrer Hilfe wird Vermögen in guten Zeiten aufgebaut, aber gerade auch in Krisen der Finanz- und Wirtschaftssysteme. In Krisen, die ansonsten neben den persönlichen finanziellen Herausforderungen, die jeder kennt und erlebt, den Vermögensaufbau zu verhindern scheinen.

Es gibt eine sehr gute Nachricht: In den guten Zeiten an den Börsen, Rohstoffmärkten und Immobilienmärkten kann man manchmal gutes Geld verdienen. Manche Krisen in den betreffenden Märkten können Anleger aber reich machen!

KRISEN SIND NICHT NUR NEGATIV

Vermeintlich sind es die Krisen, die den Vermögensaufbau so schwer erscheinen lassen. Daneben fehlen womöglich die umfangreichen Finanzmittel, die dazu am besten monatlich für Investments abgezweigt werden oder ohnehin schon vorhanden sein sollten. Aktienmärkte werden immer wieder von Krisen geschüttelt, bei anderen Anlageformen ist es sicher ähnlich. Und immer gilt gefühlt:

Wir stecken in einer Krise. Diese Behauptung kann auch getrost in einem Buch aufgestellt werden, das Sie womöglich erst in einigen Monaten oder Jahren lesen. Es bestünde nicht die geringste Gefahr, dass sie nicht aktuell wäre. Irgendwo ist immer gerade eine Krise.

Viele Krisen haben zudem das Potenzial, auch zur Herausforderung für die eigenen Finanzen zu werden. Wirtschaftskrise und Jobverlust, Teuerung oder Minuszins, Börsenkrise oder geplatzte Immobilienblase – ganz unterschiedliche Krisen können die finanzielle Sicherheit jedes Einzelnen jederzeit bedrohen.

Um das Ziel der Absicherung gegenüber solchen finanziellen Krisen zu erreichen, ist es daher wichtig, Krisen zunächst einmal zu verstehen und die typischen Zusammenhänge zu erfassen. Das Ziel ist eine möglichst sichere Anlagestrategie, die auch in Krisen einen Vermögensaufbau ermöglicht. Deshalb ist auf dem Weg dorthin zunächst ein analytischer Blick auf das Phänomen »Krise« selbst ratsam.

Das ist kein Pessimismus und keine Schwarzmalerei. Es lohnt sich. Denn wer Krisen kennt, kann ihnen begegnen und ihnen sogar viel Positives abgewinnen. Für Pessimismus hat das Thema »Krise« viel zu viele Chancen zu bieten, gerade für Investoren. Mehr noch: Manche Krisen sind sogar beste Zeiten für Anleger! Um solche Krisen soll es uns daher hier vorrangig gehen, damit Sie bestimmte Krisen für sich nutzen und immer mehr Vermögen aufbauen können.

Im vorliegenden Buch sollen daher vor allem Finanz- und Wirtschaftskrisen daraufhin abgeklopft werden, wie Sie sich optimal dagegen absichern und wie Sie diese sogar zum eigenen Vermögensaufbau nutzen können. Krisen positiv zu sehen, spricht eigentlich gegen jede Intuition. Aber es ist unter Umständen extrem lukrativ. Daher nutzen Sie die aktuelle Krise, bevor sie vorüber ist.

Krisenfolgen vermeiden und selbstgesteckte Ziele erreichen

Zwei Ideen sollen also verfolgt werden: Erstens, Krisen zu erkennen und zu sehen, dass Sie als Individuum negative finanzielle Folgen durch eigenes Handeln gut vermeiden können. Die Strategie, das dafür notwendige Vermögen aufzubauen, wird in den späteren Kapiteln explizit beschrieben. Wohlhabende Menschen sind schlicht von globalen und nationalen finanziellen Krisen, aber auch von vielen persönlichen Krisen, die mit finanziellen Herausforderungen einhergehen, viel weniger betroffen als Menschen, die kein Vermögen gebildet haben. Ein Vermögen zu besitzen, gibt Sicherheit.

Darüber hinaus wird aber auch gezeigt, dass die *Vermeidung* von finanziellen Fehlern nur ein erster Schritt auf dem Weg dazu sein kann, ein gesichertes Vermögen aufzubauen und dann auch die selbstgesteckten Ziele sicher zu *erreichen.*

In Krisen lässt sich der eigene finanzielle Handlungsspielraum durch kluge Anlagestrategien sogar deutlich schneller ausweiten als in ruhigen Zeiten. Ein Vermögen hat spätestens dann viel mehr als die Komponente

Erreichen oder Vermeiden: »Erreichen-Ziele« sind für Menschen viel attraktiver als »Vermeiden-Ziele«. Deshalb betone ich gerne, dass sich mit dem eigenen Vermögensaufbau auch die selbstgesteckten Ziele sehr gut erreichen lassen. Er taugt also nicht allein zur Krisenvermeidung. Aber Sie können Krisen dazu nutzen, Ihre Ziele schneller zu erreichen. Das sollte Sie neugierig machen.

der Krisenabsicherung zu bieten. Es hilft, die eigenen Ziele zu verfolgen und schneller zu erreichen. Bei den Krisen, die wir anschauen, gibt es immer auch Krisengewinner, die mit der richtigen Strategie unterwegs waren! Und es gibt keinen Grund, nicht zu den Gewinnern der nächsten Krise zu gehören.

Mit der richtigen Anlagestrategie werden mittel- und langfristig …

1. negative Folgen von Krisen abgefedert,
2. Vermögen dennoch aufgebaut und gesichert und
3. Vermögen sogar gerade dann aufgebaut, wenn Finanzkrisen viele Menschen ärmer und nur wenige Menschen vermögender machen.

Was viel revolutionärer ist als die reine Abmilderung von Krisenfolgen: Dieses Buch offenbart eine für viele kontraintuitive Anlagestrategie, die Vermögen – ziemlich überraschend – gerade mithilfe der vielen Krisen aufbaut. Die richtige Strategie, mit Bedacht umgesetzt, trägt dazu bei, dass Sie auch in Finanz- und Wirtschaftskrisen Antreiber und Garanten Ihrer eigenen Ziele und Wünsche bleiben können.

Eine klare Anforderung an die Investmentstrategie lautet dabei: Es soll eine einfache Anlagestrategie vorgestellt werden, die von Anfängern im Investmentbereich leicht selbst umgesetzt und gesteuert werden kann.

Allein der Umstand, dass die vorgeschlagene Strategie damit eben nicht intuitiv ist, ist nämlich schon der Hauptgrund dafür, dass sie so wenig umgesetzt wird. Er verschafft dem strategischen, gegenintuitiv agierenden Anleger damit einen Vorteil. Es ist nicht so, dass eine solche Anlagestrategie, wie sie in diesem Buch dargestellt wird, besonders schwierig umzusetzen wäre. Sie wird nur zu selten umgesetzt.

Die nächste Börsen-, Finanz- oder Wirtschaftskrise sollte dann auch nicht mehr das eigene Vermögen bedrohen oder den Aufbau desselben torpedieren; sie soll optimal zum Vermögensaufbau beitragen. Dazu nötig sind etwas Finanzwissen, die richtige Strategie und der Wille, Verantwortung zu übernehmen. Auf dem Weg dahin wird im Hauptteil dieses Buches ausgeführt, wie *gerade* in Krisen Vermögen aufgebaut wird, mit allen notwendigen Informationen selbst für Neueinsteiger im Bereich der Finanzanlagen.

Das macht hoffentlich richtig neugierig auf das Wesen von Krisen – und die Chancen, die sie bieten. Welche Art von Krisen kann chancenreich sein? Und wie spielen sich Krisen üblicherweise ab? Das Verständnis der typischen Strukturen ebnet den Weg für die eigene klare Strategie.

»Wenn du dich und den Feind kennst, brauchst du den Ausgang von hundert Schlachten nicht zu fürchten.«[2]

Persönliche Krisen und volkswirtschaftliche Krisen erfordern unterschiedliche Maßnahmen

Krisen sind Veränderung. Und die entstehenden Gelegenheiten kann man nutzen. Allerdings sind »große«, also volkswirtschaftliche Krisen dabei aus bestimmten Gründen besser als »kleine«, sprich individuelle Krisen.[3] Diese Gründe schauen wir an und nutzen sie für unsere Zwecke.

Krisen können ja zunächst einmal auch persönliche Krisen sein, die das Individuum oder die eigene Familie und das soziale Umfeld betreffen. Hier geht es allerdings oft erst einmal darum, mit eigenem Vermögen gewisse Herausforderungen zu mildern oder gänzlich abzuwenden, um nicht geschwächt aus einer Krise hervorzugehen: Das Auto hat einen Motorschaden, der Job ist weg (oder ein Jobverlust kündigt sich an) oder die Pflege eines Angehörigen bedarf viel Zeit und Geld!? Mit finanziellen Ressourcen lässt sich das Problem oft verringern und häufig sogar gut lösen. Das ist dennoch eher der Vermeiden-Aspekt in einer Krise.

Krisen können aber natürlich auch im größeren Rahmen auftreten, von nationaler oder gar internationaler Tragweite sein. Von diesem Schlag sind vor allem Finanzkrisen, Wirtschaftskrisen und Börsenkrisen, die dennoch wieder Herausforderungen für den Einzelnen mit sich bringen. Hier kann man sich einiges vorstellen, das plötzlich in der Krise den eigenen Geldbeutel belastet. Inflation, Steuererhöhungen, globale Lieferkettenprobleme und Wirtschaftskriege, Immobilienblasen und Crashs an den Aktienmärkten etwa. Krisen sind sehr vielgestaltig.

Die damit zuletzt umrissenen großen Krisen können für den eigenen Vermögensaufbau bei richtiger Herangehensweise allerdings deutlich nützlicher sein als eine private finanzielle Krisensituation. Das ist eine erste Feststellung in Bezug auf Krisen, die nicht intuitiv ist: Die Krisen der großen Systeme (Wirtschaft, Finanzen, Börsen, Weltmärkte) lassen sich durch den kleinen Anleger viel besser zum Positiven wenden, als die individuellen Herausforderungen im Alltag, die sich eigentlich so viel näher anfühlen. Zunächst scheint es, als könnte man eher im eigenen kleinen Einflussbereich Krisenmanagement betreiben, sprich vor der eigenen Türe kehren. Aber tatsächlich lassen sich die großen Krisen besser nutzen – jene, auf deren Entstehung und Verlauf ein einzelner Mensch gar keinen Einfluss hat. Deshalb soll es in diesem Buch vorrangig um die großen Krisen gehen:

Weil es möglich ist, in Finanz-, Börsen- und Wirtschaftskrisen Vermögen mit Strategie aufzubauen, das sich in privaten Krisen dann genauso gut einsetzen lässt, um individuelle Ziele weiterzuverfolgen und die eigene Existenz zu sichern, schaut dieses Buch vor allem auf die großen Krisen und macht sie zu Verbündeten. Die kleinen individuellen Krisen werden dabei mitberücksichtigt.

Solche persönlichen Krisen gilt es abzumildern oder mit bereits aufgebautem Vermögen zu vermeiden. Große Krisen gilt es hingegen für den Vermögensaufbau zu nutzen! Krisen des Finanz- und Wirtschaftssystems sind für den strategischen Anleger häufig Zeiten des Erreichens, nicht des Vermeidens. Es gilt, derlei Krisen effektiv zu nutzen, um die eigenen Ziele zu erreichen.

Volkswirtschaftliche Krisen: Eine Riesen-Chance für den Vermögensaufbau

An dieser Stelle finden Sie einen ersten, einfachen Ausblick dazu, wie Krisen dieser Art aktiv genutzt werden können: Es gibt immer wieder Phasen, in denen beispielsweise das Weltwirtschaftssystem schwächelt oder das Finanzsystem wie zuletzt 2008 (Subprime-Krise) und 2022 (Coronakrise) Sorgen bereitet. Immer dann können viele Menschen darauf finanziell kaum reagieren und erleiden wirtschaftliche Einbußen. Man sagt: Das sind schlechte Zeiten. Solche Krisen erzeugen reihenweise Verlierer; das ist der Hauptgrund, weshalb sie gefürchtet sind. Große Krisen wirken sich dann in der Lebensrealität des Einzelnen aus.

Ein Beispiel: Aufgrund eines Kriegs oder anders begründeter Handelseinschränkungen in den globalen Wirtschaftssystemen steigt in einer Kette von Abhängigkeiten und Faktoren die Inflation; es kommt also zu einer schneller voranschreitenden Teuerung bei Konsumgütern, Energie und sonstigen Ausgaben. Schlichte Folge dieses komplexen Wechselspiels von unzähligen Einflussfaktoren und (finanz-)politischen Reaktionen für jeden Einzelnen: Das Leben wird teurer. Das ganz private Wirtschaften wird merklich schwieriger. Klar ist auch: Mit geringem Vermögen sind die Auswirkungen sehr stark, mit großem Vermögen ist es leichter, darauf zu reagieren.

Eine Folge dieses Umstandes, dass die großen Krisen so komplex und die Folgen so simpel wie einschneidend sind: Jeder dritte deutsche Haushalt konnte sich im Jahr 2022 eine plötzliche Ausgabe von 1000 Euro nicht spontan leisten[4]! Die finanzielle Sattelfestigkeit bestimmt schnell über das eigene Empfinden, wann eine handfeste Krise da ist. Das vorhandene Privatvermögen wird in Krisen zum Gradmesser für die eigene Sicherheit.

Und auch wer ein großes Vermögen aufgebaut hat oder ein hohes Einkommen hat, möchte es nicht in der nächsten Krise dahinschmelzen sehen, schon um finanziell reaktionsfähig zu bleiben. Am liebsten wären die Menschen doch immer Krisengewinner. Aber wenn die Zeiten schlecht sind?

Die Einstellung zum Thema »Krisen« und der Blick auf die Chancen sind der Schlüssel: Wann immer eine Krise herrscht, entstehen in den

Wirtschafts- und Finanzsystemen auch Veränderungen, Preise entkoppeln sich vom Wert der jeweiligen Produkte und große Chancen werden greifbar, Vermögen (schneller) aufzubauen. Die Grundlage für diese Chancen liegen in der Krise selbst: Die Werte und das Vermögen der Wirtschaftskreisläufe sind in solchen Zeiten, die sich durch hohe Dynamik auszeichnen, nicht wie gemeinhin angenommen gefährdet oder vernichtet. Sie verschieben sich plötzlich mit höherem Tempo zwischen den einzelnen Marktteilnehmern. Es ist fast absurd, wie viel Vermögen in Krisen bewegt wird und wie wenig davon trotzdem zum Vermögensaufbau genutzt wird. In Krisenzeiten entstehen oft starke Differenzen zwischen Wert und Preis eines Produktes. Den guten Investor erkennen Sie in der Krise.

Das dahinterstehende Phänomen ist abstrakt längst bekannt: »In der Krise werden die Reichen reicher und die Armen ärmer.« Die zentrale Frage bei der Suche nach der richtigen Strategie für solche Zeiten muss also lauten: Warum werden denn manche Menschen reicher? Und warum sind es gerade die Krisenzeiten, in denen das besonders augenfällig ist und sich weitaus dynamischer vollzieht?

Vermögen zu Ihnen, bitte! Dass sich in Krisen Vermögen verschiebt, ist nicht das Problem, sondern es ist die Lösung! Jede Krise bringt Gewinner und Verlierer hervor. Wer die Chancen erkennt, kann zum Gewinner werden.

Anhand der Gründe solcher Entwicklungen lässt sich die eigene Strategie für Krisenzeiten entwickeln und umsetzen. Die Menschen, die von Krisen sogar noch profitieren, nutzen genau diese Dynamik. Einige Werte, die in den Wirtschaftssystemen vorhanden sind, werden als Symptom einer Krise nämlich schlicht günstiger, weil die Nachfrage und damit der Preis sinkt: Die Ölpreise sinken, wenn die Wirtschaft weniger Öl verbraucht. Die Aktienkurse sinken, weil die Geschäftsprognosen der Unternehmen plötzlich weniger rosig ausfallen. Die Sparguthaben verlieren an Wert, weil Währungen durch die erhöhte Inflation an Kaufkraft verlieren.

Manche dieser Preisveränderungen bei wirtschaftlichen Werten zeigen sich vielen Menschen auch als Vermögensverlust. Die Preisverluste stehen dann zu einem guten Teil symptomatisch für die Sorgen vieler Anleger, die ihre Altersvorsorge im Wert schwinden sehen, weil etwa die Inflation die Kaufkraft des Ersparten mindert. Sie stehen für die Sorgen von Sparern, deren Zinssatz auf dem Tagesgeldkonto die Teuerungsrate nicht mehr einfangen kann, oder von Hausbesitzern, die die plötzlich gestiegenen Hypothekenzinsen für ihren Eigenheimkredit kaum noch bedienen können. So gibt es in Krisenzeiten schnell Verlierer. Und doch ist es erstaunlich: In (fast) jeder Krise der vergangenen Jahrzehnte, die größere Auswirkungen auf die Weltwirtschaft hatte, ist das weltweite Vermögen absolut gestiegen.

Immer mehr Vermögen: Das weltweite Vermögen wächst beständig und fast krisenunabhängig. Seit 2001 etwa ist es jedes Jahr um 4 bis 14 Prozent gestiegen (Ausnahme war das Jahr 2008). Auch in Krisen wird also Vermögen aufgebaut, aber eben nicht bei allen Beteiligten im gleichen Umfang. Krisen sind offenbar besonders interessante Zeiten für den Vermögensaufbau[5] – aber eben nicht für alle. Wohin ist das Vermögen entschwunden?

Viele Menschen würden sagen, dass die Zeit der letzten Krisen für sie belastend war und ihnen finanziellen Schaden zugefügt hat. Sie sind Krisenverlierer. Sie haben die jeweiligen Krisen auch als Bedrohung der eigenen finanziellen Sicherheit erfahren. Beispielsweise die Coronakrise oder den Ukrainekrieg. Nur wenige bezeichnen sich im Nachhinein als Krisengewinner dieser Jahre.

Extrem spannend ist aber folgende Beobachtung: Manche Werte haben sich in den zurückliegenden Krisenzeiten verbilligt und dabei oft den Besitzer gewechselt. Dadurch hat sich immer schon bei einigen wenigen das Vermögen überproportional gesteigert, was die Verluste der vielen Krisenverlierer überkompensiert hat! Die Reichen werden viel reicher, die Armen noch etwas ärmer! Deshalb verringert sich das absolute Vermögen in Krisenzeiten nicht. Ganz im Gegenteil.

Das führt fast unmittelbar zur Lösung für die Frage, was zu tun ist, um in Krisen zu den Gewinnern zu zählen. Anleger mit der entsprechenden Strategie erkennen nämlich schnell den Mechanismus dahinter:

Handelbare Werte mit potenziellem Wertzuwachs lassen sich immer dann recht günstig einkaufen, wenn viele Marktteilnehmer die Werte oder sich selbst buchstäblich in der Krise sehen. Dann werden viele Werte nämlich weniger nachgefragt. Weil sie weniger gekauft werden und mehr Leute sie anbieten, um in der schwierigen Zeit etwas Liquidität zu erhalten, fallen die Preise vieler Produkte am Markt. Mit der passenden Strategie werden Werte von einigen wenigen Anlegern in dieser Zeit günstig eingekauft, deren Investitionsentscheidungen sich genau darauf stützen. Die Marktteilnehmer, die eher krisenorientiert pessimistisch agieren, kümmern sich derweil um die Bewältigung der alltäglichen Herausforderungen.

Die Preisleitfunktion: Es gibt Produkte, deren Preis wir immer gut kennen. Gaspreise, die Preise für Butter, Milch und Benzin gehören dazu. Wenn man nur auf diese Werte schaut, dann waren die letzten Krisen Zeiten, in denen alles teurer wurde. Das verstellt aber den Blick auf Investitionsprodukte, die in dieser Zeit interessante Preisentwicklungen mitgemacht haben.

Lukrative Werte werden zudem in solchen Krisenzeiten eher von relativ wenigen wohlhabenden Menschen gekauft, weil da viele Marktteilnehmer aufgrund ihrer mangelnden Vermögensstrategie wenig Investitionskapital und wenig Investitionsvertrauen haben und deshalb falsch agieren. So landen die kaum nachgefragten, billigen Werte in dieser Zeit dann eben vermehrt bei der Minderheit von Menschen, die ohnehin schon mehr hatten. Oft ist es so, dass sich der Wert verändert, jedoch die Preisänderung stärker ausfällt. Diese Differenz ist eine Chance.

Aktien fallen häufig, wenn die Wirtschaft schwächelt. Immobilienpreise sinken, wenn die Zentralbanken (häufig in Reaktion auf Krisen) hohe Leitzinsen durchsetzen und sich Kredite damit verteuern, was Investoren mit Finanzierungsbedarf abschreckt und die Nachfrage nach Betongold weiter reduziert. Solche Sachwerte können dann günstig gekauft werden, wenn eine geringe Nachfrage die Preise drückt und dadurch eigentlich solide Werte im Preis sinken.

Angebot und Nachfrage bestimmen eben den Preis! Genau diese Werte können später teurer wieder verkauft werden oder bleiben mit anschließend steigenden Preisen im Portfolio der wenigen solventen Anleger, die strategisch klug agieren. Sie erfahren eine Preissteigerung, wenn die große Masse der Investoren nach der Krise Aktien oder Immobilien wieder in einer Hochphase sieht und nun vermehrt erwerben möchte. Die erhöhte Nachfrage hat dann nebenbei natürlich auch im Positiven ihren unverbrüchlich preisbeeinflussenden Charakter.

Der Preis von Werten: »Kein System, das nicht auf die Kräfte von Angebot und Nachfrage vertraut, funktioniert wirklich.«[6] Karen Pittel, Ökonomin am ifo Institut für Wirtschaftsforschung

Das ist die Route zum Krisengewinn – aber nur für jene, die billig kaufen und nicht ausgerechnet in Boomphasen noch versuchen, Vermögenswerte zu akquirieren. »Haben ist besser als brauchen«, sagt der Volksmund. Das ist fast schon ein Investmentleitspruch für solche Phasen und für die guten Zeiten. Nachrichten nennen die Phasen der günstigen Preise Börsen-Crash, Rohstoffcrash oder eine geplatzte Immobilienblase. Das klingt schwer nach Krise; es verhagelt manchem Anleger auch durchaus die individuelle Vermögensbilanz und nimmt vielen unerfahrenen Marktteilnehmern das Vertrauen in die Märkte. Es lässt Investitionen viel zu riskant wirken, verschleiert damit aber auch die vorhandenen Chancen. Denn solche Phasen kommen und gehen, es ist nur eine Frage der Zeit.

Manch erfahrener Anleger nennt die sinkenden Preise für solide Werte, ablesbar als Börsenkurse, Verkehrswerte von Immobilien oder Rohstoffpreise nämlich auch Kaufsignale. Er investiert nun in die beschriebenen Möglichkeiten, Vermögenswerte nun günstig zu erwerben – aus dem unterbewerteten Markt ins eigene Vermögen. Mancher Immobilieninvestor investiert gerade jetzt in die krisenbedingt günstigen Sachwerte am Immobilienmarkt, mancher kauft strategisch klug und billig Aktien oder Edelmetalle. Und ein solcher Anleger wird womöglich nach der Krise auch ein Krisengewinner sein.

Krisenverluste sind eben kein Automatismus. Es wird also darum gehen, entsprechende Investitionen gegen den Trend von Angebot und Nachfrage für jeden Anleger umsetzbar und nutzbar zu gestalten.

»In Krisen werden Werte vernichtet«, hört man häufig – aber das stimmt nicht. Preise werden lediglich oft überproportional günstiger. Dieses Potenzial können Anleger nutzen und profitieren, wenn sie das notwendige Wissen haben, wie und wo sie investieren, Werte kaufen und dadurch Profiteure werden. Diese Anleger können den Wert eines Handelsgutes von seinem Preis unterscheiden und betrachten beides getrennt voreinander. Sie kaufen nach Preis in dem Bewusstsein einen Mehrwert zu erzielen.

Warum also werden manche Menschen in der Krise reicher? Es hat offensichtlich etwas damit zu tun, Krisen mit dem Blick auf die darin innewohnenden Chancen zu analysieren und preiswert Vermögenswerte zu akquirieren. Das schauen wir uns genau an und machen es für Sie kalkulierbar.

Dazu wird dieses Buch auf Krisen als Zeiten der Chancen ebenso schauen wie auf finanzwirtschaftliche Zusammenhänge, auf bestimmte Gesetzmäßigkeiten und Wahrscheinlichkeiten an den Börsen und Märkten, aber auch auf die Psychologie der Krisengewinner und -verlierer. Anlageklassen und Sachwerte werden in Augenschein genommen und Produkte eingeordnet.

Im Laufe der Zeit reift durch das Finanzwissen und die passenden Überzeugungen langsam, aber sicher eine individuelle Strategie heran, die mit der selbstbewussten Einschätzung einhergeht: Lass die Krise kommen!

Das oberste Mantra der eigenen Strategie: Über allen folgenden Überlegungen zur gegenintuitiven, effektiven Anlage steht schon jetzt also die grundlegende Strategie, das eigene Vermögen anhand von sicheren Vermögenswerten (Sachwerten) aufzubauen und damit gegen Krisen zu schützen. Das geschieht einfacher und effektiver, wenn deren Preise günstig sind. Die zu akquirierenden Werte sollen dabei einen inneren Wert haben, der von Krisen nicht allzu sehr angegriffen werden kann – das definiert sie im Weiteren als Sachwert. Durch den Kauf von unterbewerteten Sachwerten in Krisen werden ihre Preisschwankungen zum effektiven Vermögensaufbau optimal genutzt. Dann können die eigentlich gefürchteten Preisschwankungen mancher Anlageprodukte im Laufe der Zeit starke Vermögenszuwächse ermöglichen.

Das alles wird durch dieses Buch möglich.

Voraussetzung: Krisenfeste Umstrukturierung des eigenen Vermögens

Wer das Ziel kennt, wird den Weg finden. Doch da sind wir noch nicht. Mit Blick auf die Sicherung des eigenen Vermögens sieht es im Moment vermutlich nach einem sehr großen Ziel aus, in Krisen tatsächlich zu lächeln und sie für den eigenen Vermögensaufbau zu nutzen. Es wird erst einmal klar: Manche Krisen haben vielmehr das Potenzial, die eigene finanzielle Absicherung oder die Realisierung von Träumen zu gefährden. Der Umstand, dass viele Krisen Vermögen gefährden oder angreifen, ist doch häufig genau das Problem. Im ersten Schritt geht es deshalb erst einmal um Absicherung der eigenen Vermögenswerte.

Ein fast schon idealtypisches Beispiel für Krisen, die das bereits aufgebaute Vermögen gefährden und den Weg zum weiteren Vermögensaufbau erst einmal beschwerlich machen, ist die schon genannte Inflation. Es geht um die Teuerungsrate im täglichen Leben. Die Inflation ist im Grunde fast immer da, mal stärker, mal weniger ausgeprägt. Modellhaft kann sie viele Zusammenhänge bei erfolgreichen Investments, aber auch die großen Herausforderungen veranschaulichen, die es dort auch gibt.

Was Papierwerte sind: Geld wird im Folgenden mit dem Begriff des Papierwerts synonym verwendet. Im engeren Sinne sind Papierwerte nicht nur Geld, sondern als Sammelbegriff definiert als Schuldverschreibungen, die eher eine Zahlung versprechen, als selbst einen Wert zu beinhalten: Es sind vor allem Schuldscheine, Sparbücher, Sparbriefe, Pfandbriefe und Rentenpapiere (Anleihen), Lebensversicherungen, die so funktionieren. Geld als bloßes Papier anzusehen, hat aber einen weiteren, erhellenden Aspekt:

Geld ist auch ein Versprechen, dass man es in Zukunft gegen etwas eintauschen kann, beim Einkauf oder bei der Inanspruchnahme von Dienstleistungen. Es hat aber keinen inneren, eigenen, soliden Wert. Das Versprechen ist dabei zwar durchaus an hohe Hürden gebunden. Versprechen können aber eben auch gebrochen werden. Und gerade bei Geld ist dieses Versprechen eines Tauschwertes im Vergleich zu manchen anderen Werten tatsächlich eher schwach abgesichert. Es wird im Grunde fortlaufend gebrochen. Geld ist also nicht das Ziel, sondern das Werkzeug zur Erreichung Ihrer Ziele.

Die Inflation vermindert schleichend die Kaufkraft des Geldes. Damit macht es die Inflation schwer, ein eigenes Vermögen aufzubauen und zu sichern. Kaufkraftverlust ist das genaue Gegenteil von Vermögensaufbau und Krisensicherheit! Und besonders perfide ist an der Inflation, dass sie in normalen Zeiten mit rund 2 Prozent unter dem Radar der meisten Anleger deren Sparerfolg beeinträchtigt. Das Problem lässt sich zum Glück genau beschreiben und außerdem gut eingrenzen: Inflation betrifft nämlich vor allem Bargeld und Papierwerte.

2 Prozent soll die durchschnittliche Teuerungsrate in den meisten Währungsräumen betragen, nicht mehr und nicht weniger möglichst. 2 Prozent an Kaufkraft darf das eigene Vermögen der engagierten Sparer aus Sicht der Zentralbanken damit auch jährlich in Papierwerten verlieren. Das ist eine Art Preis, der gezahlt wird, weil eine nicht vorhandene Inflation oder gar eine Deflation (ein Wertzuwachs des Geldes, das klingt erst einmal großartig) als große negative Folge die Wirtschaft abwürgen würden[7]. Aber den Preis zahlt nicht die Zentralbank, sondern der Sparer mit seinem Geld.

Geld hat absichtlich eine schlechte Rendite! Und die damit in kleinem Rahmen erwünschte Inflation (2 Prozent) hat in der Vergangenheit immer wieder bewiesen, dass sie das Zeug dazu hat, in bestimmten Krisen deutlich höhere Ausmaße anzunehmen und sehr schnell massiven Einfluss auf die Krisensicherheit der Geldwerte zu nehmen.

Für den konservativen Kleinsparer mit Tagesgeldkonto gelangt die Krisenvorbereitung schnell an ein Ende, wenn in einer plötzlich eintretenden, ausgeprägten Inflationsphase vieles spürbar teurer wird, gleichzeitig aber das eigene Vermögen auf dem Girokonto oder dem Tagesgeldkonto an Kaufkraft verliert. Da öffnet sich eine Schere zwischen Geldwert und Preiserhöhungen, die besonders für kleine Vermögen schwer zu kompensieren ist. Die persönliche Krise ist da, wenn an der Kasse im Supermarkt oder an der Tankstelle humorlos das Doppelte verlangt wird gegenüber früher, die Summen auf dem Sparbuch und der Lohnzettel aber stagnieren. Sich mit Papierwerten gegenüber solchen Krisen zu wappnen, ist dann nurmehr eine selbst sehr krisenanfällige Vorbereitung auf Krisen: Das eigene Vermögen verliert, in Papierwerten gehalten, selbst an Wert – in Höhe der jeweiligen Inflationsrate (abzüglich der gebotenen Verzinsung). Der Plan, Vermögen in Geldwerten zu binden und immer als Tauschmittel für zukünftige Krisen oder Ziele nutzen zu können, ist daher nicht sinnvoll. Wer die Inflation als deutliche Bedrohung der eigenen Sparleistung eliminieren oder mindern will, der sollte sich ein gutes Stück weit von der Vorstellung verabschieden, den Vermögensaufbau mithilfe von Papierwerten zu bewerkstelligen. Geld sollte nur das Werkzeug und nicht das Ziel sein.

Bargeld, Sichteinlagen, Termineinlagen: Es macht faktisch keinen Unterschied, ob der Papierwert Geld wirklich als Schein (oder Münze) vorliegt oder ob er elektronisch gebucht wird. Das Wort Bargeld muss nicht weiter erklärt werden. Der Begriff Sichteinlagen beschreibt alle Geldwerte, die man sich jederzeit ohne Einhaltung einer Frist zum Ansehen auf den Tisch legen oder legen lassen kann. Es handelt sich um kurzfristig abrufbares Vermögen (Girokonten, Tagesgeld). Daneben existieren die sogenannten Termineinlagen, auf Konten oder in Sparverträgen gebundenes Geld, auf den ein Zugriff nur unter Einhaltung einer bestimmten Kündigungsfrist (Sparkonto) oder bei Fälligkeit (Festgeld) möglich ist. Der innere Wert dieser Papierwerte ist bei all diesen Kategorien gleich null, wenn es sich immer noch im weiteren Sinne um Geld handelt. Damit sind Sicht- und Termineinlagen wie Papiergeld extrem inflationsgefährdet, weil kein innerer Wert das Versprechen stützt, damit bezahlen zu können.

Andere Anlageformen lassen sich mitunter auch schnell liquidieren (Aktien etwa), aber sie haben einen ganz eigenen inneren Wert (in Form von Anteilen an der Produktivkraft und dem Wert der Unternehmen etwa). Bei Papierwerten trägt jedoch einzig und allein das Vertrauen in den Tauschwert die Zahlungsfunktion.

Und die Moral von der Geschichte: Sichteinlagen wie Girokonten oder Tagesgeldkonten sind ebenfalls Papierwerte und teilen als bloßes Versprechen die allermeisten Nachteile.

Das Hauptproblem: Geldwerte sind per se krisenbehaftet

Eine starke Inflation ist eher selten. Aber seit 2022 wissen die Europäer und US-Amerikaner (wieder), dass sie kein Märchen aus vergangener Zeit ist, sondern schnell Realität werden kann. Doch wenn die Inflation als große Herausforderung der eigenen finanziellen Krisensicherheit beschrieben werden muss, so ist eine inflationssichere Anlage auf jeden Fall ein wichtiger Punkt im Pflichtenheft der notwendigen Anlagestrategie. Also misstrauen Sie mal Ihrem Geld.

Die Entstehung der Inflation: Die Idee der Papierwerte ist sehr alt. Zur Zeit der Jahrtausendwende (1000 n. Chr.) gab es in China die Song-Herrschaft: Sie war wirtschaftlich sehr erfolgreich und stellte bereits Münzgeld für den florierenden Handel her. So waren etwa 200 Milliarden Kupfermünzen nur im Norden Chinas im Umlauf und die wachsende Geldmenge – man wollte schließlich mehr und mehr Handel treiben – sorgte dafür, dass eine immer größere Menge Münzen für ein Handelsgeschäft benötigt wurde. Anfang des 11. Jahrhunderts waren in Sichuan etwa für einen einzigen Seidenballen 20.000 solcher Käsch-Münzen zu zahlen. Das wiederum brachte Herausforderungen mit sich, die aus heutiger Sicht fast amüsant erscheinen. Das Geld musste transportiert und bewacht werden, was im Wortsinne immer schwerer wurde. Man hatte statt einer Geldbörse Pferde und Kamele zum Transport seines Geldes.

Ein Provinzgouverneur hatte daraufhin den bahnbrechenden Einfall, Papiergeld zu nutzen, ähnlich den schon bekannten Schuldverschreibungen. Diese Idee griff um sich und wurde erfolgreich, das Geld war durch kaiserliches Gold und Silber gedeckt – darauf wurde die Schuldverschreibung praktisch ausgestellt. Das entlastete sprichwörtlich die Marktteilnehmer. Es brachte aber auch schlechtere Ideen auf.

Die darauffolgende mongolische Yuan-Dynastie blieb beim Papier, schaffte aber die Metalldeckung ab. Gold und Silber wurden verboten und waren dem Staat zu übergeben. Und der Staat druckte immer dann Geld, wenn er selbst etwas mehr investieren wollte. Das Ergebnis war eine erhebliche Inflation, die 1287 und 1309 mit einer Währungsreform aufgehalten werden musste.[8] Das Papiergeld wurde rasant entwertet, weil die Geldmenge immer stärker ausgeweitet wurde und es den begrenzenden Faktor der Edelmetallhinterlegung nicht gab. Für das Papiergeld, das es so reichlich gab, ließ sich aber auch kaum etwas an Waren kaufen. Das Geld wurde wertlos.

Währungen, die wie der Euro und der Dollar Werte aus dem Nichts erschaffen, nennt man Fiat-Währungen (von Lat. »fiat« für »es werde«), und alle großen Währungen funktionieren heute so: Sie werden aus dem Nichts erschaffen. Na ja, »Von nichts kommt nichts« – oder ein so geschaffener Wert kehrt zum Nichts zurück. Irgendwann. Das Geld wird immer weniger wert, die Scheine haben immer höhere Nennwerte, um überhaupt noch einen nennenswerten Tauschwert darzustellen, und später folgt eine Währungsreform mit neuem Geld.

Währungsreformen waren historisch reale Enteignungen der Bürger mit dem übergeordneten Ziel der Auslöschung von Staatsschulden. Ursachen des ganzen Übels war die zügellose Geldmengenausweitung, die man heute auch wieder sieht. Froh war stets, wer noch andere Werte hatte.

Auch heute kann der Umgang der Zentralbanken mit unserem modernen Geld danach beurteilt werden, wie der Wert stabilisiert wird und wie nicht. Das ist überaus lehrreich für die eigene Anlagestrategie. Jeder sollte sich selbst eine Meinung dazu bilden. 1971 wurde auch für unser Geldsystem die Golddeckung abgeschafft. Die Europäische Zentralbank etwa hat Ähnliches wie die Chinesen vor 1000 Jahren im Zuge der sogenannten Euro-Krise getan. Sie kaufte Staatsanleihen der hochverschuldeten Länder des Euroraumes auf. Diese Länder wurden durch die zur Verfügung gestellte Liquidität einstweilen vor dem Staatsbankrott bewahrt; dafür wurde Geld gedruckt beziehungsweise gebucht. Auch deshalb gibt es jetzt eben mehr Geld, das an Kaufkraft verloren hat und weiter verliert.

Schon allein das Wissen über die Ursachen der starken Geldmengenausweitung könnte deshalb ein Grund sein, das Vertrauen in den Euro zu verlieren. Die ursprünglich versprochene Stabilität des Euros ist offensichtlich nicht gewährleistet, das haben die Jahre 2021 und 2022 folgenreich gezeigt.

Etliche Anlageformen können ein guter Weg sein, sich auf solche Krisen vorzubereiten, die das Geld in seiner Funktion als Krisenvorsorge selbst bedrohen. Papierwerte sind es mit Sicherheit nicht. Investitionen in sogenannte Sachwerte können hingegen sogar dann noch helfen, einen Vermögensaufbau zu betreiben, wenn das Vermögen anderer Anleger im Glauben an Papierwerte krisenbedingt massiv an Kaufkraft verliert. Diese inflationsgeschützten Anlagen mit innerem Wert gilt es zu erkennen und zu nutzen. Das ist die nächste Erkenntnis der krisensicheren Vermögensstrategie: Investments in Sachwerte sind wesentlich krisensicher.

Neben ihrer Qualität als ausfallsicheres Investment haben Sachwerte anders als Papierwerte zudem einen eingebauten Inflationsschutz und darüber hinaus auch die Chance, im Preis zu steigen, was den effektiven Vermögensaufbau erst wirklich möglich macht. Das soll Geld nun wirklich nach Wunsch der Zentralbanken nicht tun. Anders als bei Papierwerten bewirken bei Aktien beispielsweise noch völlig andere Faktoren wie die Produktivkraft der Unternehmen einen Wertzuwachs. Bei Edelmetallen bestimmen auch Angebot und Nachfrage den Preis, bei Immobilien beispielsweise der Wohnwert. Die letztgenannten Faktoren können im Verbund mit vielen anderen Einflussfaktoren die Preise steigen lassen, während die Inflation immer nur die Kaufkraft von Papierwerten mindert und die gebotene Verzinsung dies oft genug nicht ausgleicht.

Geld hat keinen inneren Wert. Sehr viele Menschen streben im Sinne eines Vermögensaufbaus und auf der Suche nach finanzieller Sicherheit geradezu reflexartig nach Geld, aber gerade Papierwerte sind nicht geeignet zur langfristigen Vermögensabsicherung. Es ist schon so: Geld einzunehmen, zu sparen und zu sammeln mag kurzfristig absolut richtig erscheinen, um nach Vermögen zu streben. Um jedoch das Vermögen langfristig zu sichern und zu vermehren, sind Geldwerte dann nicht mehr der beste Weg.

Hat Geld Substanz? Anlagen in Geld zeichnen sich fast immer durch sehr niedrige Zinsen aus. Girokonten, Sparbücher oder Tagesgeldkonten bringen überwiegend geringe Erträge. Sachwerte wie Immobilien oder Aktien haben da mehr Potenzial, auch weil sie einen inneren Wert haben. Substanzwert nennt man sie auch und das klingt schon sehr nach solider Anlage – und so ist es auch.

So hat Geld nur durch Zinsen auf Sparbüchern, Tagesgeldkonten und Girokonten vergleichsweise geringe Möglichkeiten, dem Anleger einen Vermögenszuwachs zu bescheren – so geringe Möglichkeiten, dass sie von der Inflation und anderen Herausforderungen allzu schnell ausgehebelt werden können. Das zu übersehen und zu sehr an Papierwerten als Sicherheit und an Zinsen auf Sichteinlagen als Vermögenszuwachs zu glauben, kann die Ziele jedes Einzelnen eben schnell ganz grundlegend bedrohen.

Der Besitz von Geld verfängt gerne, wiegt seine Besitzer in Sicherheit. Wo ein Aktiendepot an einem Tag Preisschwankungen im großen Umfang aufweisen kann, obwohl es nach der eben getroffenen Definition zu den Substanzwerten zählt, da steht auf dem guten alten Sparbuch immer die gleiche Summe, das Vermögen scheint konstant und unschlagbar solide zu sein. Durch die Verzinsung wird das Geld auf dem Sparbuch sogar nachweislich etwas mehr! Es gilt aber immer, den Realzins der eigenen Anlagen zu berechnen. Und das ist der Sparzins minus die Inflation.

Geld ist trotz seines fixen Nennwertes (der Zahl, die auf dem Schein oder dem Kontoauszug steht) wenig solide. Die Kaufkraft des Geldes kann durch Geldentwertung genauso gut massiv verloren gehen – und im Unterschied zum Aktiendepot erholen sich Papierwerte danach auch nicht wieder.

Beispiel zur Berechnung des Realzinses: 1,0 Prozent Zinsen auf dem Sparbuch bei 4,0 Prozent Inflation ergeben –3,0 Prozent Realzins. Das sind 3,0 Prozent jährlicher Kaufkraftverlust, trotz Zinsen auf dem Sparbuch und in Zahlen wachsendem Vermögen. In dieser Form sollte man stets den Realzins der eigenen Investitionsbemühungen berechnen, bei Geld ist das besonders einfach, aber unterm Strich selten positiv.

Sie vollziehen den Wertverlust nur viel unscheinbarer, weil der Nennwert des Geldes immer stabil bleibt: Ein 100-Euro-Schein bleibt ein 100-Euro-Schein, auch wenn man sich dafür heute viel weniger kaufen kann als vor fünf Jahren. Nur die Kaufkraft des Geldes nimmt fast unsichtbar ab. Hier ist angenommene von faktischer Solidität zu unterscheiden. Es ist also notwendig, ein eigenes Vermögen in solideren Sachwerten zu bilden und Geld nur als Werkzeug dafür zu nutzen.

Krisenfeste Vermögensstruktur: Setzen Sie auf Sachwerte!

Sachwerte sollten im Zentrum einer krisenfesten Anlagestrategie stehen.

Sachwerte: Sachwerte sind definiert als materielle Güter, die einen inneren Wert unabhängig von Börsen oder Geldmärkten haben. Ein Haus, Rohstoffe, Gold oder ein Unternehmen haben einen inneren Wert, ganz gleich wie der jeweilige Preis in Euro ist. Um das zu verstehen, muss man nur *Wert* und *Preis* gedanklich klar voneinander trennen. Krisen werden förmlich zu Chancen, wenn man bedenkt, dass in manchen Zeiten (Sach-)Werte sehr *preisgünstig* zu haben sind, weil ihr Preis nicht immer ihrem wahren Wert entspricht.

Die gute Nachricht: Eine krisensichere Finanzstrategie kalkuliert komplexe Szenarien von Wirtschafts- und Finanzkrisen ein, wie sie hier skizziert wurden, ohne selbst auch nur annähernd so komplex zu sein. Die Schaffung ausreichender Rücklagen in Form von Sachwerten, mit Schutz vor Geldentwertung und mit sogar beständigem Wachstumspotenzial, ist dann die ideale Basis für jede Herausforderung.

Eine gute Anlagestrategie funktioniert dabei in aller Regel durchaus behutsam, geduldig und gänzlich unspektakulär – nicht wie in den Spielfilmen über Börsenspezialisten, die stets vier Telefonhörer am Ohr haben und hektisch innerhalb von Sekundenbruchteilen millionenschwere Entscheidungen treffen müssen.

»Es gibt alte Piloten und es gibt kühne Piloten, aber es gibt keine alten, kühnen Piloten.« Dieser Spruch stammt von André Kostolany, einem europäischen Börsenguru. Auch an den Börsen geht es häufig ruhig und besonnen zu. Das ist genau das Gegenteil dessen, was unkundige potenzielle Anleger bei ihrem flüchtigen Blick von außen oft über den Aktienmarkt denken.

Voraussetzung für eine krisenfeste Anlagestrategie ist zunächst aktives Handeln. Dazu gehört es auch, Verantwortung zu übernehmen, sich einen Überblick und das nötige Wissen zu verschaffen und sich Zeit zu lassen. Es ist einfach.

DIE KRISEN UNSERER ZEIT

Die Auswirkungen und die Nebeneffekte der Globalisierung sorgen dafür, dass politische und wirtschaftliche Krisen heute Einfluss auf die sehr persönlichen Chancen und Entscheidungen nehmen – fast unabhängig davon, wo auf dem Planeten sie auftreten. Ob ein Investor nun selbst direkt involviert ist oder nicht: Krisen wirken sich oft auf die sehr individuelle Realität jedes Einzelnen aus.

Unter Umständen kann es schnell gehen, dass das eigene Sicherheitsgefühl einen Knacks bekommt. Rasch tauchen Fragen auf: Bin ich finanziell auf Krisen gut genug vorbereitet und habe ich mein Vermögen bestmöglich gegen Krisen abgesichert? Oft wirft eine Krise gar die eigene Lebensplanung durcheinander.

2020 verkündete die Lufthansa, ein Gründungsmitglied des Deutschen Aktienindex DAX, rund 22.000 Vollzeitstellen fast von heute auf morgen zur Disposition zu stellen. Der Konzern stieg aus dem DAX ab und verlor rund 500 Millionen Euro im Monat aufgrund der Coronakrise, die überraschend den Flugverkehr und die Reisebuchungen fast vollständig zum Erliegen brachte. Rasant wurde der ganze Globus von dieser Krise in Geiselhaft genommen. Es war eine plötzliche, massive Krise für ein Unternehmen, das lange auch als sicherer Hafen für Angestellte galt. Wer bei der Lufthansa war, hatte zuvor immer einen guten und recht sicheren Job. Und plötzlich ergab sich aus nur einer massiven Veränderung felsenfest sicher geglaubter Rahmenbedingungen eine unmittelbare Krise: global, für die Lufthansa und für die 22.000 Angestellten, die entlassen werden sollten. Das verunsicherte sicher auch viele Mitarbeiter, die zunächst bleiben durften, und bedrohte ihre individuellen Ziele.

Man sprach nicht nur mit Blick auf Deutschland und seine DAX-Unternehmen von der weltweiten Coronakrise; und diese kam schnell, plötzlich und heftig. Und sie war gekommen, und sie wird wie jede Krise auch wieder gehen.

»Klumpenkrisen«: So nennen Soziologen Zeiten, in denen mehrere als krisenhaft empfundene Ereignisse sich häufen. Die Coronapandemie und der Ukrainekrieg sind als solche besonders lehrreich, um Krisen in ihren wiederkehrenden Strukturen zu erkennen.

2022 intensivierte sich der Ukrainekrieg, gerade als sich die Wirtschaft und die Menschen anschickten, sich von den Auswirkungen der Coronakrise ein Stück weit zu erholen. In Folge der von vielen Staaten gegen Russland verhängten Sanktionen wurden Rohstoffe in Europa knapp und teurer. Der Zusammenbruch der weltweiten Lieferketten durch die Coronakrise sorgte zu dieser Zeit immer noch für ein geringeres Konsumangebot, die Krisen schaukelten sich noch auf.

In vielen Wirtschaftsräumen, beispielsweise in den USA und in Deutschland, erreichte die Inflation innerhalb weniger Monate Höchststände. Zwei solcher Krisen zeitgleich hatte es seit Jahrzehnten nicht mehr gegeben.[9] Es zeigte sich, dass solche großen, politischen und wirtschaftlichen Krisen, die man seit Jahrzehnten überwunden glaubte, schnell und massiv wiederkehren konnten. Ähnliche Auswirkungen hatten zuletzt die Nachkriegszeit und die Ölkrise der 70er-Jahre gezeigt.

Nicht zuletzt die starke Geldmengenausweitung der Europäischen Zentralbank EZB befeuerte die Inflation in den jüngsten Krisen auf über 10 Prozent. Die Kombination aus einem verringerten Angebot an Wirtschaftsgütern und Rohstoffen sowie einer erhöhten Nachfrage trug ebenfalls dazu bei. Und die Inflation wirkte.

Wer 100.000 Euro an Geldvermögen hatte, musste in einem Jahr rund 10.000 Euro zusätzlich beiseitelegen, nur um den Kaufkraftverlust eines einzigen Jahres auszugleichen – ohne daran denken zu können, noch real einen Vermögensaufbau zu betreiben.

Plötzlich sahen sich fernab von Ukraine oder Russland Sparer und Geldanleger, die Vermögen auf der hohen Kante hatten, mit massiven Geldwertverlusten und schwindender Kaufkraft aufgrund der Inflation konfrontiert. Komplexe Krisen haben häufig aber im Wesentlichen eine Konsequenz: Laut einer Studie der R+V Versicherungen bestand 2022 die größte Angst der Deutschen in den steigenden Lebenshaltungskosten. Auf Platz 2 und 3 folgten unbezahlbarer Wohnraum und eine allgemein schlechtere Wirtschaftslage.[10] Man kann die Top-3 der Ängste aber auch zusammenfassen: Es herrscht(e) schnell Angst um den eigenen Wohlstand. Und dadurch waren beziehungsweise sind die eigenen Ziele bedroht.

Die Armen werden ärmer, die Reichen reicher: Die individuelle Inflation traf dabei Haushalte mit geringem Einkommen und/oder niedrigem Vermögen in ihren Auswirkungen übermäßig stark. Die anteilige Belastung der einkommensschwächsten Haushalte bei der damaligen Inflationsentwicklung war nahezu fünf Mal so hoch wie bei den einkommensstärksten[11], jedenfalls relativ berechnet. Reales Vermögen zu haben, kann außerordentlich beruhigen.

Stimmen wurden laut, die sinngemäß sagten: Wir müssen uns in Deutschland und Europa darauf einstellen, unseren jetzigen Wohlstand ein Stück weit zu verlieren![12] Solche Aussagen wollte wohl niemand gern von den Politikern des eigenen Landes in den Nachrichten vernehmen.

Und so klar, wie lange zuvor nicht, war folgende Tatsache:

> Große Krisen werden schnell zu individuellen Sorgen und Herausforderungen. Wirtschaftliche Krisen bedrohen die Ziele eines jeden Individuums.

Und wieder war das eigene Vermögen, sofern vorhanden, der Rettungsanker in der Krise.

Dass Krisen kommen, ist sicher – aber sie müssen nicht jeden kalt erwischen

Solche Krisen im Großen gab und gibt es immer wieder – vielleicht und hoffentlich nicht immer so gebündelt wie in den drei Jahren 2020 bis 2022. Aber: Das wirtschaftliche und politische Weltsystem ist heute so abhängig und vernetzt, dass durch kleine und große Ursachen im Zusammenspiel der wirtschaftlichen Kräfte immer wieder das eine oder andere Nadelöhr erscheint, das bei Störungen massive Auswirkungen haben kann. Man denke nur an das Schiff Ever Given, das 2021 im Suezkanal feststeckte und weltweite Lieferprobleme verursachte. Es muss festgestellt werden:

> Krisen sind auch in Zukunft sehr wahrscheinlich.

Sie wiederholen sich sogar regelmäßig. Finanzkrisen und Wirtschaftskrisen etwa lassen sich historisch immer wieder belegen: Tulpenkrise, schwarzer Freitag, die Finanzkrise 2008, die Ölkrise in den 70ern, die Corona-Pandemie, der Ukrainekrieg. Für Wirtschaftshistoriker ist es vermutlich höchst spannend, die einzelnen Einflussfaktoren zu analysieren und zu untersuchen, welche Elemente sie begünstigen. Aus Sicht der sicheren Vermögensanlage sind die Schlussfolgerungen ähnlich. Sie bedrohen das Vermögen des Einzelnen.

Die allermeisten großen Krisen weisen in ihren Auswirkungen deutliche Parallelen auf. Das Wissen darum wird bei der klugen Vorbereitung einer Anlage- und Krisenvorsorgestrategie noch sehr hilfreich sein. Denn es ist fast egal, ob eine politische Ursache am einen Ende der Welt eine Krise auslöst, oder eine Naturkatastrophe am anderen Ende der Welt. Plötzlich fallen dann die Börsenindizes oder es entsteht eine Wirtschaftsrezession. Jobs geraten in Gefahr und Währungen verlieren an Wert. Dann geht es der Wirtschaft schlecht, einige wenige Beteiligte gewinnen und viele andere verlieren. Börsen fallen, Kurse sinken – aber kaum jemand kauft jetzt. Auch Immobilien werden preiswerter, aber keiner mag jetzt zugreifen!

Die wichtigste Erkenntnis dieser Beobachtung ist jedoch: All die skizzierten Auswirkungen von Krisen auf die Finanzmärkte und Wirtschaftssysteme lassen sich mit einer einzigen Strategie abmildern: mit dem eigenen Vermögensaufbau mithilfe von Sachwerten. Sachwerte lassen sich genau dafür sogar gut nutzen, um zum Krisengewinner zu werden. Diese Denkweise ist wirklich nicht weit verbreitet. Aber dieses Vorgehen bietet ambitionierten Anlegern eine Möglichkeit mit völlig neuen Regeln.

Eine echte Hilfe dabei ist, eben klar zu erkennen, dass Wirtschafts- und Finanzkrisen einem bestimmten Schema folgen. Die Ursachen und Auslöser von Krisen sind häufig schwer zu prognostizieren oder zu überblicken – aber die Folgen solcher Entwicklungen können zuverlässig und eindeutig interpretiert werden.

Ganz pragmatisch kann man annehmen: In den Nachrichten kursiert die Meldung über eine größere politische oder wirtschaftliche Krise, und spätestens am nächsten Tag macht es den meisten Marktteilnehmern keinen Spaß, die Börsenberichterstattung zu verfolgen – zumindest wenn sie unvorbereitet waren. Unangenehm wäre es beispielsweise, in der dann krisenbehafteten Anlageklasse voll investiert und im Augenblick gänzlich handlungsunfähig zu sein. Oder das eigene Vermögen in Sichteinlagen zu haben und nun die nächste Erhöhung der Inflationsrate befürchten zu müssen.

Genau in der Krise ergeben sich aber wie beschrieben womöglich Kaufsignale. Investoren, die strategisch vorgehen, prüfen die gegenwärtige Situation plötzlich viel optimistischer als jene, die schon den nächsten Wohlstandsverlust herannahen sehen. Es gibt eben zwei Sichtweisen auf ein und dasselbe Ereignis.

Und so eindeutig und einfach kann dann auch die Vorbereitung und die Reaktion auf solche Ereignisse sein: Vermögen sollte aufgebaut und vor Krisen geschützt werden. Wie Krisen erkannt und als Chance genutzt werden, wird in diesem Buch noch aufgezeigt. Nahende Krisen sind von unerfahrenen Marktteilnehmern schwer zu erkennen. Jedoch gibt es eindeutige Indikatoren, die auf eine zukünftige Krise hindeuten. Wer sie wahrnimmt, kann mit deutlich größerer Wahrscheinlichkeit die Krise optimal für sich nutzen – das hilft. Erfahrene Investoren sehen solche Krisen häufig viel gelassener. Sie können angemessen reagieren oder haben längst ihre

Schäfchen im Trockenen. Personen mit einem Vermögen haben zudem oft ihre Ziele schon im Voraus definiert und nutzen die Krise nun, um diese jetzt noch schneller zu erreichen.

Jeder kann Investor sein, ob bewusst oder unbewusst: Der US-amerikanische Unternehmer und Bestseller-Autor Robert Kiyosaki hat in einem berühmten Buch beschrieben, dass Menschen aus finanzieller Sicht immer vier Rollen annehmen können: Angestellte, Selbstständige, Unternehmer und Investoren. Je nachdem, wofür sie sich entscheiden, werden sie reich oder nicht.[13]

Ich frage mich: Warum ist nicht jeder ganz bewusst Investor, verfolgt als solcher seine Ziele mit eigenem Kapital und baut Vermögen auf? Ein Investor setzt per Definition Geld ein und investiert, um damit seine Ziele zu erreichen, nämlich unter anderem das Ziel der Vermögensvermehrung. Dabei ist meiner Meinung nach ohnehin jeder immer Investor. Auch wer falsch investiert, oder durch Konsum Geld verschwendet und keinen Vermögensaufbau betreibt, trägt Verantwortung für die Erreichung seiner Ziele und setzt sein Geld dafür (womöglich schlecht) ein.

Krisen sind strukturell ähnlich.

Krisen haben drei Eigenschaften: Finanz- und Wirtschaftskrisen kommen *wahrscheinlich* und sind für die meisten dennoch *unvorhersehbar*. Und man ist *selten selbst* daran *schuld*, kann dennoch massiv betroffen sein. Als Investor sollte man aber Verantwortung übernehmen.

Jede Krise ist eine Häufung plötzlicher Veränderungen, die bestehende Sicherheiten herausfordern, Ziele gefährden können und Verantwortung einfordern. Diese Veränderungen werden nur dann negativ erlebt, wenn sie die jeweiligen Ziele des Individuums bedrohen können. Das heißt, der Investor sollte sich so aufstellen, dass seine persönlichen

Ziele durch eine Krise nicht bedroht werden können und – noch besser – die Krisenfolgen nutzen, um seine Ziele schneller zu erreichen.

Der eigenen Intuition gerade nicht zu folgen, ist manchmal sehr hilfreich: Ein Angestellter könnte in einer Krise auch Investor sein; er kann krisensicher Vermögen aufbauen und profitieren. Die Rollen müssen nicht zwangsläufig so streng getrennt sein wie bei Robert Kiyosaki. Womöglich verändern sich als Folge der nächsten Krise die Preise von Sachwerten und diese werden nun unterbewertet angeboten. Der potenzielle Investor ist nicht schuld an der Krise, aber er kann Verantwortung übernehmen. Jeder kann Investor sein und in Krisen Vermögensaufbau betreiben.

Eine Krise ist nach der eben erstellten Definition eben nicht einmal per se etwas Negatives, sondern lediglich definiert durch die Häufung von Veränderungen, die ein bestehendes System herausfordern. Es ist extrem wichtig, diese Eigenschaft an Krisen zu erkennen! Negativ erlebt werden Krisen erst, wenn sie die eigenen Ziele gefährden. Krisen treffen eher diejenigen, die über Schuld oder Schicksal nachdenken und in Krisen dann passiv bleiben, als jene, die aktiv Verantwortung übernehmen für die eigenen Ziele sowie die entstehende Dynamik zu ihrem Vorteil nutzen.

Warnzeichen erkennen: Ducken Sie sich nicht weg!

Krisen kommen oft gar nicht so unvorhersehbar, sie haben klare Warnzeichen. Man kann sich auf eine Reihe von Krisen vorbereiten, sodass man nicht plötzlich vor vollendeten Tatsachen steht, sondern immer noch die eigene Strategie den eigenen Zielen anpassen kann. Auch dieser Möglichkeit, Krisen zu antizipieren oder früh zu erkennen, werden wir uns nähern, wenn die Landkarte der Krisen und der verschiedenen Strategien einmal abgesteckt ist. Denn es ist ein erster fast schon unfairer Vorteil im Umgang mit Krisen, das Heft in die Hand zu nehmen, die oft angenommene Unvorhersehbarkeit von solchen Krisen nicht mehr zum Problem zu machen, sondern gelassen darauf zu warten und sie dann zu nutzen. Wenn man Krisen rechtzeitig erkennen könnte, wären Entscheidungen wie die folgende möglich:

In jeder Krise stecken auch Chancen:

Im Jahr 2020 erlebte die Welt eine Zeit beispielloser Unsicherheit und Turbulenzen. Während die COVID-19-Pandemie das gesellschaftliche Leben lahmlegte, stürzten die Finanzmärkte in einen Abgrund, wie ihn kaum jemand vorhergesehen hatte. Der DAX, das Herzstück der deutschen Börse, brach von über 13.500 auf 8500 Punkte ein und brachte viele Anleger ins Schwitzen. Doch diejenigen, die in diesem Moment der Angst und Verzweiflung den Mut hatten nachzukaufen, konnten in sehr kurzer Zeit beeindruckende Gewinne verbuchen.

Wenige Wochen später begannen die Kurse sich zu erholen. Die Zentralbanken weltweit reagierten, um die Wirtschaft zu stabilisieren. Der DAX erholte sich schneller als erwartet, und innerhalb weniger Monate konnten enorme Gewinne erzielt werden.

Wie genau so eine Krise nutzbar ist, das verraten wir im weiteren Verlauf dieses Buches.

Denn jede Krise birgt auch die Saat für den nächsten Aufschwung – wenn man nur weiß, wie man sie nutzt.

Wer also werthaltige Aktien in der Krise gekauft und dann bis zur Kurserholung gehalten hätte, hätte die durch alle wirtschaftlichen Verwerfungen entstandene Inflation von bis zu 10 Prozent pro Jahr[14] spielerisch unbedeutend machen können.

Ein solcher Krisengewinn hätte sich auf dem Sparbuch in Sichteinlagen nicht im Ansatz realisieren lassen, zumal die Inflation dort erheblichen Schaden angerichtet hätte. Ob das bei der nächsten Krise aber genauso geschieht, ist selbstverständlich nicht sicher.

Eine gute und flexible Vorbereitung und die Fähigkeit, die Zeichen der Zeit zu lesen, sind eine sehr gute Versicherung gegen Krisen. Man muss eben wissen, wo es gut läuft oder laufen wird in den verschiedenen Anlageklassen, die es gibt – was allerdings etwas Wissen voraussetzt. Genau das wird in den nächsten Kapiteln klarer herausgestellt werden.

Dass Vorwissen und Analyse für Krisengewinne nötig sind, ist jetzt schon bekannt: Mit der richtigen Strategie und einer überschaubaren eigenen Recherche lassen sich beispielsweise Aktienkurse und Rohstoffpreise bereits als Preisschilder von Sachwerten auffassen und damit besser prognostizieren für den Fall des Kriseneintritts. Aktien und Edelmetalle sind per Definition Sachwerte, weil sie Anteile an einer Sache garantieren (nicht nur versprechen, wie Geld). Sie haben einen soliden inneren Wert, der von ihrem Preis unabhängig verstanden werden darf. So kann in diese Werte in Zeiten negativer (Preis-)Trends bei einer gegenwärtigen Wirtschaftskrise investiert oder umgeschichtet werden, wenn der Preis einen Einstieg attraktiv erscheinen lässt. Auf diese Weise kann Vermögen aufgebaut werden. So kann prinzipiell schon aus der Krise eine Chance werden. Das ist die Grundstruktur des strategischen Krisengewinns, wie sie auch gut vorbereitete Aktionäre umgesetzt haben: Günstig kaufen und Preis-Erholungen dankend mitnehmen.

Dabei geht es aber ausdrücklich nicht darum, Einzelaktien nun zur einzigen Investition zu machen, um dann nach eigener Analyse dort Gewinne zu erzielen. Im Gegenteil: Dafür sind Einzelaktien viel zu schwankungsintensiv. Erst hinterher ist man nämlich wirklich schlauer!

Einzelaktien als sicheres Investment? Mein Tipp beim Investment in Einzelaktien (und andere Einzelwerte) lautet immer: Eignen Sie sich erst mal etwas Wissen an und sorgen sie für eine gewisse Sicherheit – dabei helfen die späteren Kapitel. Investieren Sie auch danach aber nur Geld in Einzelaktien, das Sie im Casino auch auf Rot oder Schwarz setzen könnten, sprich dessen Totalverlust Ihnen nicht wehtun würde. Vom Totalverlust bis zum gelungenen lukrativen Vermögensaufbau sollten Sie jede Entwicklung tragen können und den Spaß am Investment nicht durch eine ungünstige Kursentwicklung verlieren. Auf jeden Fall könnte dies ein gutes Lerninvestment sein, ein kleiner Teil des eigenen Investitionsvolumens, mit dem Sie beispielsweise in etwas risikoreicheren Anlageformen (und dazu gehören Einzelaktien) etwas testen, Erfahrungen sammeln und lernen. Aber immer mit Maß, denn Ihr Enthusiasmus ist wesentlicher Teil des eigenen Investitionskapitals. Den Spaß am Investieren sollten Sie nie aufs Spiel setzen. Dann bieten Einzelaktien als Beimischung zum Kern-Investment tolle Chancen.

Das erste Schlaglicht auf eine in der Vergangenheit sehr interessante Aktie zeigt eine Sache dennoch sehr deutlich: Insbesondere sogenannte Finanzkrisen, die vielen klassischen Sparern große Sorgen bereiten, kann man durch angepasste Anlageentscheidungen in chancenreiche Zeiten verwandeln. Es darf dabei aber noch wesentlich sicherer werden als mit einer riskanten Einzelaktie. Am Ende dieses Buches sollten Sie sich auf Krisen freuen, wenn das greifbar geworden ist.

Rentenlücke: Diese Krise bedroht fast jeden persönlich

Nun lag der Fokus zunächst sehr auf großen, globalen Finanz- und Wirtschaftskrisen, für deren Umwälzungsenergie eine Strategie zur Nutzung versprochen wurde, die es noch weiter im Detail zu verfeinern gilt. Ein Blick auf die persönlichen und sehr individuellen Krisen zeigt aber erst einmal an, warum diese Strategie so wichtig sein kann.

Nehmen wir dazu auch einmal Entwicklungen in den Blick, von denen ich Ihnen ausdrücklich wünsche, dass diese auf Sie zutreffen: die verdiente Rente etwa – und das dazugehörige, gesegnete Alter! Die Rente ist eine individuelle Herausforderung, die durch mangelnde Vorsorge die Zielerreichung bedrohen kann. Damit definiert sie sich schon als mögliche persönliche Krise. Den Herausforderungen finanzieller Art können Sie aber auf jeden Fall begegnen.

Um einen Eindruck zu gewinnen, welchen Aufgaben sich die meisten allein durchs Älterwerden irgendwann im Leben nähern, genügt ein Blick auf die Rentenlücke und damit verbunden auf das sogenannte Standardrentenniveau. Dafür muss man nur das Renteneintrittsalter von 67 Jahren[15] als Angestellter erreichen. Die Rente ist auch deshalb ein so wunderbares Beispiel, weil Krisen immer schnell mangelnde Absicherung und dadurch entstehende finanzielle Lücken aufzeigen. Die Rente ist dafür ein Paradebeispiel.

Das Standardrentenniveau setzt die Durchschnittsrente von Arbeitnehmern, die 45 Jahre in die Rente eingezahlt haben, zur Höhe der Arbeitsentgelte der deutschen Arbeitnehmer ins Verhältnis.[16] Schon dafür sollte ein künftiger Rentenbezieher rein rechnerisch also nicht allzu lange arbeitslos, im Erziehungsurlaub, im Studium, selbstständig oder für eine Weltreise freigestellt gewesen sein, sonst werden es womöglich nicht 45 Jahre mit den nötigen Einzahlungen ins gesetzliche Rentensystem. Das Standardrentenniveau gibt also an, wie viel der durchschnittlich entlohnte Arbeitnehmer mit überdurchschnittlich hoher Lebensarbeitszeit ab dem Tag der Verrentung von Vater Staat erwarten kann, wenn er sich allein auf die Rente verlässt. Manch einer fühlt sich dann tatsächlich verlassen.

Die staatliche Rente ist solidarisch organisiert; sie beruht auf einem Umlageverfahren und verzinst sich nicht. Unter Investmentgesichtspunkten ist die staatliche Rente gar ein blanker Horror. Dennoch ist sie für viele die beste Option, die sie für das Alter haben. Es ist – Verzeihung! – nicht sehr smart, 46 Jahre lang nur auf eine solche Lücke hinzuarbeiten, zumal diese lange Zeit aus Investmentsicht wirklich bessere Optionen bietet, sich auf eine mögliche Krise vorzubereiten.

-54 Prozent Zinsen: Einem eingezahlten Euro entsprechen 46 Cent Auszahlung. Diese Rechnung, die zugegeben vereinfacht ist, würde man beim eigenen Bankberater im Vorsorgegespräch kaum als lukrative Berechnung irgendeiner Altersvorsorge akzeptieren. Bei der Rente ist es aber wahrscheinlich, dass es genau so abläuft.[17]

Jedem dürfte klar sein, dass mit Eintritt der Rente weniger Geld pro Monat zur Verfügung steht – wäre das nicht der Fall, dann würde das deutsche Rentensystem noch schlechter als jetzt funktionieren oder wäre gar längst am Ende. Schließlich bezahlen heute zwei Beitragszahler einen Rentner. In den 60er-Jahren der BRD waren es noch sechs Beitragszahler. Die Folgerung, damit das System dennoch stabil bleibt: Ein Rentenbezieher bekommt später einfach nicht wieder das heraus, was er einst eingezahlt hat.

Sicher hat nicht jeder immer auf dem Schirm, dass er mit Eintritt der Rente als Angestellter bei der gesetzlichen Rente deutlich unter 50 Prozent seines bisherigen Einkommens zur Verfügung haben wird. Diese 50 Prozent sind zudem im Zweifel gar nicht mehr so viel.

24.539 Euro betrug das durchschnittliche Nettoeinkommen eines Arbeitnehmers im Jahr 2021.[18] Das entspricht rund 2000 Euro netto im Monat. Selbst wenn man davon der Einfachheit halber 50 Prozent rechnet, bleiben bei der späteren Rente kaum 1000 Euro im Monat für Wohnen, Essen, Mobilität, Ziele und Träume.

Das Niveau sinkt: Das Rentenniveau sinkt zudem beharrlich. Laut Rentenversicherungsbericht der Bundesregierung ist das Rentenniveau von 47,9 Prozent in 2017 bis 2021 auf 47,5 Prozent gesunken und wird bis 2030 prognostiziert auf 44,3 Prozent sinken (netto vor Steuern, die Rente darf also unter Umständen auch noch versteuert werden).

Und nachdenklich macht auch, dass bis 2030 dann »dem Gesetzgeber geeignete Maßnahmen zum Gegensteuern vorzuschlagen sind«, falls das Rentenniveau unter 46 Prozent sinkt, jedoch »für die Zeit nach 2030 […] keine Untergrenze für die Entwicklung des Rentenniveaus vorgesehen [ist].«[19] Die Rente ist sicher!?

Allein auf die staatliche Rente zu setzen, geht schon anhand einfacher Berechnungen für den Durchschnittsverdiener meilenweit an dem Ziel vorbei, sich für die Zeit des Rentenbezugs krisensicher zu halten oder gar noch eigene Träume zu verwirklichen. Wie aber fühlt man sich, wenn der Tag der Verrentung dramatische finanzielle Veränderungen mit sich bringt, die die eigenen Ziele von einem auf den anderen Tag unerreichbar machen? Dann ist die persönliche Krise da.

Wer hat überhaupt auch nur besagte 2000 Euro im Monat? Ganz schön viele Menschen, aber viele haben deutlich weniger. Zur Mittelschicht in Deutschland gehört schon, wer als Alleinstehender netto mindestens 1500 Euro im Monat zur Verfügung hat oder in einer Familie mit zwei Kindern über mindestens 3000 Euro monatlich verfügt.[20]. Das Wort Mittelschicht klingt in der Sache schon ganz gut und irgendwie recht sicher. Aber lassen Sie uns einmal schnell nachrechnen: 50 Prozent von 1500 Euro würden eine Rente von 750 Euro netto ergeben. Das ist also der Einstieg in die Mittelschicht.

Es ist aber auch der potenzielle Einstieg in die Altersarmut. Eine Rente von etwa 750 Euro liegt dann nämlich wiederum ein gutes Stück unter der sogenannten Grundsicherung, auf die diejenigen Rentner Anspruch haben, die aktuell weniger als 865 Euro im Monat zur Verfügung haben. 865 Euro gelten nämlich grob gesagt als Grenze zur Altersarmut. Liegen die Bezüge darunter, ist der Staat der Meinung, die Menschen unterstützen zu müssen.

Das aber kann das Ergebnis eines ganzen Arbeitslebens in der Mittelschicht sein. Ihre eigenen Ziele können die Betroffenen dann nurmehr schwerlich verfolgen. Als Mitglied der Mittelschicht auf die Altersarmut zuzusteuern, klingt nicht nach einem fairen Deal. Aber da ist die Statistik unerbittlich. Wer allein auf die gesetzliche Rente oder auf Grundsicherung vom Staat angewiesen ist, zieht später beim Amt keine Nummer, um als Neurentner endlich das Wohnmobil zuzulassen und den eigenen Traum zu leben, sondern um Stütze zu beantragen.

Und selbst wer ein Arbeitsleben lang Einkünfte nahe der Beitragsbemessungsgrenze erzielt hat und sich dann auch rein auf die Rente verlässt, wird die gleichen relativen Einschränkungen erleben – über 50 Prozent des vorherigen Lohns fehlen plötzlich. Seinen eigenen Lebensstandard stark einzuschränken, ist eben auch dann nicht schön, wenn dieser vorher höher war. Geht der bundesdeutsche Durchschnittsverdiener 2030 bei einem Rentenniveau von 46 Prozent in Rente, dann bekommt er circa 940 Euro. Damit liegt er 80 Euro über der heutigen Armutsschwelle.

Selbst und ständig verantwortlich: Auf keinen Fall vergessen werden sollen bei all diesen Überlegungen die Selbstständigen und Freiberufler. Diese Personengruppe träumt womöglich davon, dass die Rente später 40 Prozent oder 50 Prozent des bisherigen Einkommens gesichert einbringt. Ohne eigene Altersvorsorge steuert diese Gruppe aber auf null Euro Rente zu. Die eigene finanzielle Krisensicherheit über das Ende des Berufslebens hinaus besonders im Blick zu haben, versteht sich für diese Gruppe eigentlich von selbst. Aus Erzählungen und Beobachtungen wird jedoch klar: Die Betroffenen kümmern sich nicht hinreichend um eine tragfähige Krisenvorsorge, sondern neigen zum Leben im Hier und Jetzt.

Dass dann plötzliche Krisen, wegen Berufsunfähigkeit oder Krankheit eine radikale Änderung der eigenen Geschäftsgrundlage oder ein verändertes Marktumfeld schon zu Erwerbszeiten eklatanten Einfluss auf die eigenen Ziele und die eigene Zukunft nehmen können, ist überdeutlich. Dennoch hört man von dieser Gruppe besonders häufig, dass die eigene Kompetenz eindeutig im Geldverdienen und selten im Geld investieren gesehen wird. So wird die Rentenzeit dann aber auch wieder schnell zur persönlichen Krise.[21]

Nimmt man dann noch die bereits zitierte Statistik hinzu, nach der rund ein Drittel der deutschen Haushalte jetzt schon nicht spontan 1000 Euro aufbringen könnten, um eine plötzlich nötige Investition (z. B. eine Krisenreaktion) zu tätigen, so wird klar, wie wenig zukunftssicher die Krisenvorsorge ausgelegt ist. Es ist offenbar schwer, aus den Gegebenheiten der Mittelschicht und finanziell schwächer gestellter Haushalte überhaupt einen Vermögensaufbau zu erreichen, obwohl das so wichtig wäre. Um zu erkennen, wo das eigene Vermögen in dieser Beziehung einzuordnen ist, gilt es also ganz ehrlich, eine Bilanz zur eigenen Krisensicherheit und zum finanziellen Status quo aufzustellen – und dann auch Konsequenzen daraus zu ziehen.

Fragen Sie sich, wie Ihre eigene Krisenvorsorge vor diesem Hintergrund zu beschreiben ist. Hoffentlich nicht jetzt schon als lückenhaft!?

Private Vorsorge setzt oft aufs falsche Pferd

Wenn mit der Rente nur noch etwas unter 50 Prozent des bisherigen Einkommens zur Verfügung stehen, dann entsteht eine Lücke. Die Rentenlücke beschreibt dabei in der einfachsten Definition genau den Betrag, der im Alter Monat für Monat fehlt.

Allerdings entspricht das wahrscheinlich nicht ganz der Realität. Womöglich ist es einem Angestellten gelungen, zusätzliche private Vorsorge zu leisten. Vielleicht hat er in eine private Rentenversicherung eingezahlt, ohne dass das hier die explizite Empfehlung wäre. Oder er hat mithilfe von staatlichen Fördermodellen für die private Vorsorge wie einem Riester- oder Rürup-Vertrag eine etwas bessere Ausgangslage geschaffen.

Riester- und Rürup-Verträge: Anlagen in Riester- und Rürup-Verträgen haben durchaus Nachteile, daher werden sie hier ausdrücklich nicht empfohlen. Beispielsweise sind sie in der Regel recht verbindlich, aber niedrig verzinst. Wenn dann eine Phase hoher Inflation eintritt, dann verlieren die Inhaber solcher Altersvorsorgeverträge real an Kaufkraft, ein Verlust, der sich in der Regel nie wieder ausgleichen lässt. Das kann recht bitter sein in Bezug auf die eigene Altersvorsorge. Zudem sind die bereits geleisteten Einzahlungen hier häufig sehr fix gebunden oder nur mit hohen Abschlägen vorzeitig auszahlbar. Das beeinflusst dann wiederum die Fähigkeit, auf akute Krisen zu reagieren. Und noch etwas: Verstirbt der Kunde vor der Auszahlung oder während der Auszahlungsphase, dann ist ein Teil des angesparten Vermögens oder alles weg – es sei denn, er war verheiratet. Dann kann das Geld auf den Riestervertrag des Partners übertragen werden. Für Kinder kann es auch als Waisenrente ausgezahlt werden. Aber alles in allem ist das System reichlich eng reglementiert und insgesamt sehr unflexibel.

Vielleicht ist auch das Eigenheim im Laufe des Angestelltenlebens abbezahlt worden. Hierfür muss nun anstatt von Zinsen und Tilgung nur noch Instandhaltung oder Barrierefreiheit gewährleistet werden. Die Kinder sind aus dem Haus und die Betroffenen unternehmen nicht mehr ganz so viel. Viele Anschaffungen wurden in den vergangenen 45 Jahren vielleicht bereits getätigt:

»Oma, was wünschst du dir zum Geburtstag?« – »Ach, ich hab doch alles!«

Aus verschiedenen Gründen wird der individuelle Bedarf womöglich im Laufe der Zeit geringer. Es besteht vielleicht keine reine Abhängigkeit von der gesetzlichen Rente und die Rentenlücke liegt gar nicht bei besagten rund 50 Prozent gegenüber dem vorherigen Einkommen, sondern ist geringer. Dann ist es gar nicht so schlimm mit der Rentenlücke – oder vielleicht doch?

Alles nicht so schlimm? Ist das ein Entscheidungskriterium oder eine motivierende Handlungsempfehlung für Krisen? »Es wird schon nicht so schlimm werden!«

Das ist eher ein sehr passiver Blick auf die eigene Rente, die da potenziell krisenbehaftet kommt. Ein gefährlich passiver Blick noch dazu. »Es wird schon passen, wenn man sich nur genügend einschränkt.« Viele, mit denen ich spreche und von denen ich höre, gestalten ja schon vor der Rente ihr finanzielles Handeln nach diesem Motto.

Wie die Inflation, so ist auch die eigene Rente nur ein sehr anschauliches Beispiel vieler möglicher persönlicher Krisen, die Löcher in das eigene Vermögen reißen, Ziele unerreichbar werden lassen und Einschränkungen erfordern – vor der Rente und während des Rentenbezugs. Krisen achten nicht auf so etwas und nehmen auch keine Rücksicht.

Eine Sache lässt sich aber von den privaten Vorsorgemodellen ableiten: Sie sind verpflichtend und beständig, deshalb funktionieren sie für viele halbwegs gut. Die Rentenbeiträge sieht man nur auf dem Lohnzettel, bekommt sie aber nie in die eigenen Hände (bis zum Rentenantritt). Also zahlt man brav ein und bringt ungeheure Summen für die Vorsorge auf – sie landen leider in der Rentenkasse und nicht im eigenen Vermögen. Das aber kann man auch viel besser, durch andere Investitionsmöglichkeiten, (ergänzend) tun. Und diese sind unter Umständen für den Einzelnen wesentlich rentabler.

Beständigkeit beim Investieren ist eine bereichernde Tugend im Hinblick auf die eigene Krisensicherheit. Daraus entwickeln wir deshalb nach Möglichkeit einen Investitionsplan aus den zur Verfügung stehenden Mitteln, der aber viel mehr Potenzial für Wachstum verspricht als die gängigen Vorsorgemodelle. Er kann dann Lücken auffüllen oder sie gar nicht erst entstehen lassen.

Viel besser wäre es doch, bei kommenden Herausforderungen die notwendigen Finanzmittel einfach zu haben, um Lücken zu schließen, Krisen zu begegnen *und* das erträumte Wohnmobil zu kaufen (oder andere Träumen vor oder während der Rente zu verwirklichen). Sich darauf zu verlassen, in irgendeiner Krise mit deutlich weniger Geld klarzukommen, darauf zu hoffen, dass schon nichts Außergewöhnliches passieren möge, das wäre wirklich blauäugig.

Einfacher und sicherer ist es, eine eigene Anlagestrategie zu entwickeln und ein kleines oder größeres Vermögen aufzubauen. Mancher muss vielleicht sein Risikoverständnis in Bezug auf die eigene Rente und andere finanzielle Lücken in kommenden Krisen überdenken. Mit dem Optimismus, den manche aufbringen, wenn sie denken, »Es wird schon alles nicht so schlimm werden«, kann man auf jeden Fall an die eigene Geldanlage herangehen. Die eigene Zuversicht in eine wirklich krisenfeste Vorsorge zu stecken, das ist viel realistischer.

Die Rentenlücke, wie manche finanzielle Lücke auf dem Weg zu den eigenen Zielen, kann gefüllt werden. So richtig amüsant wird es, wenn auf dem Wege dahin und danach sogar mehr Vermögen aufgebaut wird, als zur Lückenfüllung benötigt wird. Damit beginnen Sie am besten heute.

Heute die Rente planen: Ich erlebe viele Bekannte und Freunde, denen ich ein paar Tipps zu ihrer eigenen finanziellen Sicherheit und dem gezielten Vermögensaufbau gebe, die dann irgendwann angesichts der ersten positiven Ergebnisse sagen: »Das hätte ich gerne früher schon umgesetzt. Als junger Mensch hat man so viel Potenzial, Lebenszeit und Energie, bereits finanziell sehr gut abgesichert zu sein. Ein Vermögen aufzubauen ist mit ein paar wenigen, richtigen Entscheidungen sehr gut und einfach möglich.« Es ist wichtig, so früh wie möglich zu beginnen. Mit dem Wissen aus diesem Buch haben Sie sogar eine Handlungsanleitung.

So ist es. Alt zu werden ist nichts für Feiglinge. Aber etwas für Investoren. Und ein strategischer langfristiger Vermögensaufbau sichert immer Ziele und bietet Chancen.

KRISENVORSORGE ERFORDERT VERANTWORTUNG UND MUT ZUR ENTSCHEIDUNG

Zeit ist immer ein immens wichtiger Faktor, es ist fast schon magisch, wie sie den Vermögensaufbau extrem erleichtert. Je mehr Zeit man zur Verfügung hat, desto sicherer ist der Vermögensaufbau. Zeit ist in diesem Zusammenhang wichtiger als viel Geld! Je mehr Zeit, desto weniger Geld benötigt man, um die eigenen Ziele zu erreichen. Die folgende Frage an interessierte Personen, die auch einen sicheren Vermögensaufbau anstreben und nun die Strategie dazu kennenlernen wollen, ist immer erhellend:

Provokante Frage: Wann haben Sie sich entschieden, kein Millionär zu werden und warum?

Die womöglich empörte Reaktion auf diese Frage, dass das doch nun wirklich keine bewusste Entscheidung gewesen, sondern den Umständen geschuldet sei, ist dann häufig der erste Reflex.

Natürlich ist es oft keine bewusste Entscheidung, kein solches Vermögen aufzubauen. Allerdings ist es das Resultat der vorgenommenen (oder unterlassenen) Handlungen. Viel zu häufig haben die Befragten eben auch die bewusste Entscheidung unterlassen, die notwendigen Schritte konsequent und aktiv zu gehen, um ein solches Vermögen zu bilden! Es wurde eben nie entschieden, ein Vermögen aufzubauen. In jungen Jahren steht oft der Konsum im Vordergrund, und da viele überwiegend junge Menschen zwischen Investitionen und Konsum auch nicht bewusst unterscheiden, erkennen sie diesen entscheidenden Fehler nicht.

Wer jedoch bei einer Laufzeit von 40 Jahren (das ist viel Zeit, andererseits ist es nicht einmal ein ganzes Arbeitsleben nach den Maßstäben der gesetzlichen Rentenversicherung) monatlich 300 Euro in ein Investment mit einer durchschnittlichen Rendite von 9 Prozent pro Jahr eingezahlt hat, der hat am Ende (berechnet mit einfachem Zinseszins und einem jährlichen Ausschüttungsintervall ohne Entnahmen) 1.216.377 Euro Vermögen aufgebaut. Da ist sie plötzlich, die Million. Und es ist doch möglich.

Das ist gleichermaßen überraschend, zumal es mit Einzahlungen von vergleichsweise läppischen 144.000 Euro[22] über die gesamte Zeit funktioniert. Die Raten müssen nur so pünktlich wie bei der gesetzlichen Rente gleich zu Beginn des Monats zuverlässig investiert werden. Hier zahlt sich Beständigkeit extrem aus. Dabei hat der betreffende Anleger 1.072.377 Euro durch Zinsen und – noch wichtiger – durch den sogenannten Zinseszinseffekt geschenkt bekommen. Entscheidend ist die Anlagedauer, die wie gesagt ein enorm wichtiger Faktor sein kann. Es ist die Zeit, die gerade jungen Leuten diese extrem gute Möglichkeit verschafft.

Trotzdem erscheinen Ihnen die Zahlen hier sehr optimistisch? Der MSCI World, ein Index mit breiter Streuung, in den über Indexfonds (ETFs) investiert werden kann, hat im Durchschnitt zwischen 1975 und 2022 genau diese 9 Prozent Gewinn jährlich erreicht[23], und es wäre rückblickend rechnerisch genau mit dieser Strategie möglich gewesen, selbst in diesem Zeitraum besagte Million für die Rente zu machen. Wer heute 60 Jahre alt ist, hat also mit 20 womöglich entschieden, nicht zum Millionär zu werden.

Zu alt zum Arbeiten, zu jung zum Sterben: Das liest man gerne auf Wohnmobilen mit rüstigen Rentnern am Steuer. Rechnen wir mal, dass ein Arbeitnehmer mit 65 Jahren mit der Million (1.216.377 Euro genau) in Rente geht und 85 Jahre alt wird. Weil ich Optimist bin, gebe ich 10 Jahre drauf, schon weil die Reisezeit im Wohnmobil so guttut. Dann könnte der betreffende Angestellte sich zusätzlich zur Rente jedes Jahr 40.545,90 Euro oder monatlich 3.378,83 Euro mit einem Entnahmeplan auszahlen. Das kann Einkunftslücken schließen. Ach so: Die nicht entnommenen Vermögenswerte können sich derweil beständig weiter verzinsen, und es kann sogar deutlich mehr entnommen werden.

Einzahlung monatlich	**Einzahlung gesamt**	**Zeitraum**	**Endkapital**	**Zinseszins-Geschenk**
300 €	144.000 €	40 Jahre	1.216.377 €	1.072.377 €

Wenn man die Million in einem Arbeitsleben nicht erarbeiten kann, dann muss man sie sich eben (vom Zinseszins) schenken lassen.

Die Frage lautet nicht, ob das möglich war. Es war möglich! Die Frage muss dann eher lauten: Sind 300 Euro im Monat für die eigenen Ziele entbehrlich? Und *wie* geht das?

Zumindest wirkt die Million als Ergebnis der Sparbemühungen inspirierend. Dabei kann auch ein anderes, geringeres Vermögen immer sofort als Ziel festgelegt werden. Wem die Zahlen hier zu optimistisch erscheinen, der kann die Berechnung auch konservativer mit 100.000 Euro als Ziel oder 4,5 Prozent Zins durchführen. Die Zeit hilft auch in kleineren Maßstäben mit. Historisch aber wäre es genauso gegangen, Skepsis hin, Optimismus her! Es war und ist möglich!

Eines ist gewiss: Wer nicht früh beginnt oder begonnen hat, eigenes Vermögen in Finanzanlagen mit einem guten Vermögenszuwachs zu investieren, entscheidet sich jeden Tag dagegen, ein Vermögen aufzubauen. Vielleicht muss der Zeitraum individuell angepasst werden, wenn Sie keine 20 mehr sind. Oder die Zielsumme muss niedriger angesetzt werden.

Aber die Entscheidung kann heute getroffen werden. Notwendig ist zu betrachten, welche Ziele erreicht werden sollen, welche Finanzanlagen genutzt werden können und welche Renditen oder Zinseszinsen diese jeweils ermöglichen. Es gibt auch Risiken und manches Aber. Jedoch:

Vermögen aufzubauen, ist wie gärtnern: Der beste Zeitpunkt, einen Baum zu pflanzen, war vor 20 Jahren. Der Zweitbeste ist heute.

Gute Entscheidungen setzen auf Sachwerte und Zinseszins

Mit dem Fokus auf erfolgreiche Investmentstrategien wird es nun schnell greifbarer: Es ist durchaus möglich, einen Zaun um die eigenen finanziellen Ziele zu ziehen, der die meisten Krisen, global oder individuell, vorhersehbar oder überraschend, schlicht aussperrt. Die eigene finanzielle Situation und Reaktionsfähigkeit liegt auch in Krisen in hohem Maße in der Eigenverantwortung jedes Einzelnen. Und es ist mit Zeit und der richtigen Strategie auch möglich, hohe finanzielle Ziele zu erreichen.

Aus A folgt B: Der eigene finanzielle Status quo ist die Summe individueller Entscheidungen.

Im vorigen Kapitel wurde schon beschrieben, was 40 Jahre Einzahlung in einen durchschnittlich verzinsten Aktien-ETF hätten bewerkstelligen können. Die Zahlen sind beeindruckend: Ein Anleger erhält bei dieser Beispielrechnung über 1 Million Euro vom Zinseszinseffekt geschenkt, tatsächlich geschieht dies durch Dividenden und Kursgewinne der Aktienunternehmen im MSCI World, dessen langjährige Durchschnittsrendite für dieses Beispiel Pate stand. Für die Zukunft ist dieser Effekt selbstverständlich auch nutzbar.

Dividenden und Kursgewinne: Börsennotierte Unternehmen schütten Dividenden aus. Wenn ein Geschäftsjahr gut verlaufen ist, dann kann ein Teil des Gewinns reinvestiert, ein Teil vielleicht als Rücklage einbehalten und ein Teil an die Aktionäre ausgeschüttet werden, um sie als Kapitalgeber zu motivieren und zu beteiligen. Das geschieht regelmäßig zu bestimmten Stichtagen. Aktionäre bekommen entsprechend der Zahl ihrer Unternehmensanteile dann Gewinnanteile in Form von Dividenden ausgezahlt.

Kursgewinne hingegen ergeben sich, wenn Aktien verkauft werden. Wurde zwischenzeitlich ein höherer Kurs der Aktie erreicht als beim Kauf der Aktie, so spricht man von einer positiven Kursentwicklung. Dividenden und Kursgewinne zusammen ergeben dann einen möglichen Vermögenszuwachs des Aktionärs.

Bei Aktienfonds werden die Dividenden nicht immer ausgezahlt, sondern manchmal auch gleich wieder ins Fondsvermögen reinvestiert. Thesaurierende Fonds nutzen den Zinseszinseffekt damit optimal.

Dieses Geschenk von Zins und Zinseszins gibt es nicht, wenn ein Individuum sich nicht rechtzeitig dafür entscheidet (oder entschieden hat) und höflich darauf verzichtet. Was hinter diesem Gewinn steht, ist dabei neben der Zeit der zweite treue Verbündete beim Vermögensaufbau: der Zinseszinseffekt. Ein Vermögen wird investiert, einmalig oder in regelmäßigen Raten im Rahmen eines Sparplans, also durch wiederholte Einzahlungen. Die Erträge der Anlage werden jeweils wieder investiert, sie erhöhen ab diesem Zeitpunkt also wiederum den Ertrag. Es gibt Erträge auf die Erträge, mit erstaunlichem Hebeleffekt.

Vergessen Sie Ihr Geld: Das Ehepaar mit der Mietkaution aus dem ersten Kapitel hatte nur einmal investiert und gar nicht mehr daran gedacht, dass dadurch Renditen entstehen könnten. Das ist nah an einem Tipp des Aktien-Experten Kostolany: »Kaufen Sie Aktien, nehmen Sie Schlaftabletten und schauen Sie die Papiere nicht mehr an. Nach vielen Jahren werden Sie sehen: Sie sind reich.«

Der Zinseszinseffekt wirkt sich durch verschiedene Parameter unterschiedlich auf den Investmenterfolg aus, es lässt sich aber insgesamt festhalten: Der Zinseszinseffekt wirkt sich über lange Zeiträume grundsätzlich ausgesprochen positiv auf den Gesamterlös aus[24], wenn der Zins das hergibt. Den Zinseszinseffekt sollten Investoren mit langfristigen Zielen deshalb unbedingt nutzen. Die Tatsache, dass der Effekt nicht durch intuitives Handeln funktioniert und für das Bauchgefühl nicht fassbar ist, bringt jedoch viele Anleger dazu, diesen Faktor außen vor zu lassen. Der Zinseszins ist für Anleger mit Strategie wiederum ein fast schon unfairer Vorteil.

Hier einmal ein paar Zahlen mit verschiedenen Einflussfaktoren, Maßstab ist jeweils eine jährliche Durchschnittsrendite von 9 Prozent:

Einzahlung monatlich	Einzahlung gesamt	Zeitraum	Endkapital	Zinseszins-Geschenk
300,00 €	144.000,00 €	40 Jahre	1.275.675 €	1.131.675 €
300,00 €	72.000,00 €	20 Jahre	191.774 €	119.774 €
500,00 €	120.000,00 €	20 Jahre	319.623 €	199.623 €
50,00 €	24.000,00 €	40 Jahre	211.092 €	187.092 €

Die Zins- und Zinseszinsgeschenke bei dieser Anlagenberechnung über einen langen Zeitraum wären immer weit größer als das eingebrachte Kapital. Sogar die letzte Zeile der Tabelle, mit kleinen monatlichen Raten, zeigt das. Auch mit nur 50 Euro im Monat lässt sich gut ein Vermögen aufbauen.[25] Es wurde bereits gesagt: Zeit kann wichtiger sein als ein hohes Investitionskapital. Diese erhellende Erkenntnis sollte all jene ermutigen, die mit wenig Kapital beginnen. Und sie kann all jene extrem motivieren, die bereits begonnen haben oder mehr Investitionskapital haben.

Der Zinseszins ist, sofern er genutzt wird, also eine erhebliche Unterstützung des Vermögensaufbaus. Er ist in der Höhe nicht garantiert und fällt abhängig vom Zins unterschiedlich aus. Aber es ist unverständlich, warum ausgerechnet deutsche Anleger so häufig rein auf schwach verzinste Anlagemöglichkeiten wie Girokonten und Sparbücher setzen oder gar ihr

Vermögen gänzlich unverzinst in bar aufbewahren – vor allem wenn die Inflation als Gegenspieler zum Vermögensaufbau identifiziert wurde. Nicht mindestens einen Teil des eigenen Vermögens in solchen Anlageklassen zu investieren, die gerade langfristig sehr gute Chancen auf gute Renditen bieten, ist fahrlässig.

Wie der Zinseszinseffekt unterschätzt wird: Bereits bei circa 7,2 Prozent jährlichem Zins auf eine Anlage (die man sich nicht auszahlen lässt), verdoppelt sich schon ein einmalig eingebrachtes Vermögen alle 10 Jahre. Je länger der Effekt wirken darf, desto deutlicher geht es nach oben. Nach 20 Jahren hat sich die Summe bei dieser Rechnung vervierfacht, nach 30 Jahren verachtfacht, nach 40 Jahren versechzehnfacht et cetera. 7,2 Prozent Verzinsung auf einen Anlagebetrag sollten mit der richtigen Auswahl von Anlageklassen und mit einem langen Anlagehorizont möglich sein. Gerade langfristig sind solche Zahlen in manchen Anlageklassen und bei etwas Steuerung gut möglich. Warum nicht einen Teil des Investitionskapitals auf diese Weise investieren? Schauen Sie noch mal auf die Tabelle oben, was 40 Jahre im Vergleich zu 20 Jahren beim Zinseszinseffekt ausmachen können.

Zeit und Zinseszins sind ab heute echte Verbündete aller ambitionierten Anleger, und es gilt, schnell zu starten, um das Zusammenspiel so wenig wie möglich zu beschädigen.[26] Zeit und Zinseszins sind die nächste wichtige Komponente der hier vorgeschlagenen Anlagestrategie, noch bevor gleich konkrete Produkte und Anlagestrategien in den Fokus gerückt werden. Je früher Sie beginnen, desto mehr Zeit kann für die eigene Strategie genutzt werden.

Immer mehr erhellende Erkenntnisse zu Investmentchancen werden jetzt schon zu einem ersten Bild: Auch lohnende Ziele und eine individuelle Lebensgestaltung, ein Dasein in finanzieller und emotionaler Freiheit und Sicherheit können mit einem krisensicheren Vermögen verwirklicht werden. Wenn über Jahre mit strategischen Investitionen ein großes Vermögen aufgebaut werden kann, dann spielt der Motorschaden am Auto eines Tages keine Rolle mehr, selbst das Year off, die einjährige Auszeit von Job und Alltag, fällt nicht mehr ins Gewicht. Dann geht es zunehmend um Ziele und Möglichkeiten, als um die Vermeidung unliebsamer Krisenfolgen.

Zwei wichtige Ziele – finanzielle und emotionale Freiheit: *Finanzielle Freiheit* ist irgendwie klar. Dieser Begriff beschreibt das notwendige Kleingeld, um den eigenen Wünschen folgen zu können, sich Träume zu erfüllen und finanzielle Herausforderungen zu meistern. Idealerweise bieten die Erträge der eigenen Investments die Grundlage, um den eigenen Lebensunterhalt zu sichern, Träume zu finanzieren und Krisen unbeschadet zu überstehen.

Fragt man Menschen mit viel Geld, was sie an ihrem Vermögen wirklich glücklich macht, dann nennen sie oft die *emotionale Freiheit* als größten Gewinn: Die Möglichkeit, jederzeit von jedem Tisch aufstehen zu können, bei dem ihnen das Spiel nicht (mehr) gefällt. Der Job oder die Aufgabe ist mehr Stress als Erfüllung? Dann können Sie sich davon trennen, weil Sie emotional und finanziell frei sind. Und Sie können dann in einer anderen Aufgabe oder einer anderen Konstellation Ihr Potenzial sogar besser entfalten – und davon gleich noch mehr profitieren. Gleiches gilt an Spieltischen im sozialen Bereich, bei vielen Lebensentscheidungen und Träumen: Entscheidungsautonomie bedeutet emotionale Freiheit.

Die einzig logische Konsequenz für die eigene finanzielle Krisensicherheit ist, zügig selbst Verantwortung zu übernehmen. Sonst tut es nämlich niemand. Mehr finanzielle und emotionale Freiheit ist ein Ziel, das über allen anderen Zielen stehen kann.

Überwinden Sie Ihre Skepsis, übernehmen Sie Verantwortung!

Warum werden dennoch nur wenige vermögend, wenn es den eben angestellten Modellrechnungen zufolge relativ einfach ist, langfristig Vermögen aufzubauen? Die besagten 9 Prozent Rendite ließen sich für 40 Jahre nachweisen, der ETF auf den MSCI World kann noch heute in Anteilen erworben werden: Die Hürden sind technisch und logistisch minimal.

Womöglich bleiben Sie skeptisch, wenn hier eben Zahlen zum Zinseszinseffekt in der Vergangenheit angeführt wurden und mit scheinbar traumhaften Renditen und Dividenden jongliert wird? Wobei Skepsis bei Anlageversprechen kein Fehler ist: Eine gesunde Skepsis ist gerade in Vermögensfragen immer angebracht. Die Renditen sind beispielsweise beim MSCI World auch für die Zukunft nicht garantiert. Aber Vorsicht und Skepsis sollten nicht zu Passivität und falscher Zurückhaltung oder gar Ignoranz führen. Zur Vertrauensbildung wäre es jedem Anleger geraten, mal einige Daten mindestens rückblickend selbst zu prüfen.

Ein wichtiger Faktor für die verbreitet geringe Investitionsbereitschaft sind aber vermutlich ganz andere Hemmschwellen, genau die eine Aufgabe zu übernehmen, den eigenen Vermögensaufbau zur Chefsache zu machen. Und es wird stattdessen leicht gemacht, die Verantwortung abzugeben und den eigenen Vermögensaufbau als schwierig oder gar unmöglich abzutun, weil die äußeren Umstände es so vermeintlich aussichtslos machen. Ist das wirklich so?

Der typische, unerfahrene Investor: Er sagt: »Aktien sind zu riskant und Immobilien sind etwas für Reiche, Gold habe ich nur als Schmuck von der Oma.« Dann kommt vielleicht noch die Ausrede: »Wir geben alles Einkommen für das tägliche Leben aus.« Das ist auch oft so, weil leider die Konsumziele mit der Einkommenserhöhung wachsen.

Wer so argumentiert, ist auch Investor, jeder kann das immer sein: Er setzt eigenes Vermögen für seine Ziele ein, jedoch leider nicht immer zur Gewinnerzielung. Geld als Werkzeug zu nutzen und für Ziele einzusetzen mit dem Zweck der Vermögensvermehrung ist die grundlegende Definition von Investitionen in Wirtschaftslexika. Häufig wird eben nicht zum Vermögensaufbau und für mehr Krisensicherheit, sondern für Konsum oder aus Unkenntnis in bester Absicht in Papierwerte investiert. Da ist der Unterschied zwischen Investition und Konsum eben noch nicht erkannt worden. Das aber ist dem Vermögensaufbau nicht zuträglich. Investments können sogar kontraproduktiv oder gar töricht sein. Richtig und wichtig ist anzunehmen: Jeder kann Investor sein und übernimmt die volle Verantwortung für die Ergebnisse. Denn die Investition sollte schon der Gewinnerzielung dienen und sie kann auch mit kleinen Beträgen erfolgen.

Damit schwenken wir zu den eigenen Glaubenssätzen und den inneren Blockaden über. Dort liegt ein weiterer Schlüssel zum persönlichen Investmenterfolg.

Begrenzende Glaubenssätze: Neben mangelndem Wissen ist vermutlich der eigene Fundus an begrenzenden Glaubenssätzen und limitierenden Vorstellungen zum Vermögensaufbau das größte Hindernis für den erfolgreichen Vermögensaufbau. Viel seltener sind es tatsächlich fehlende finanzielle Mittel. Das Empfinden der meisten Menschen ist aber genau andersherum. »Ich würde investieren, wenn ich Vermögen hätte« statt: »Ich hätte Vermögen, wenn ich investieren würde.«

Kernfrage: Welchen Vorbildern eifern Sie in Geldfragen nach?

Bereits die bisherigen Beschreibungen sollten zu der inspierierenden Erkenntnis geführt haben, dass Vermögensaufbau erstrebenswert und möglich ist. Doch mag noch eine gewisse Skepsis und ein Unbehagen vorherrschen – sogar dem Geld selbst gegenüber, obwohl kaum jemand sagen würde, dass er nicht gerne mehr Geld hätte. Und trotzdem lässt sich häufig eine mit dieser Aussage im seltsamen Kontrast stehende negative Haltung gegenüber Geld auffinden. Wie eine Münze hat auch das gesamte Thema Geld offenbar zwei Seiten …

Wer 50 oder 300 Euro Investitionskapital zur freien Verfügung, also wirklich verfügbar, hat, wird vor allem angesichts der eben angestellten Modellberechnungen zu möglichen Renditen wenig gute Gründe finden, es nicht einmal vorsichtig und bedacht in einen Aktienfonds zu investieren.

Auf lange Sicht kann man dort sicherlich berechtigt auf einen ähnlichen Zinseszinseffekt hoffen, wie es der MSCI World etwa (wie auch etliche andere Anlageprodukte) in der Vergangenheit ermöglicht hat. Aber die Taten der Anleger sprechen häufig eine andere Sprache. Es wird gerade in Deutschland sehr wenig auf diese Weise investiert, obwohl häufig die Möglichkeit dazu bestünde. Also muss es an den Überzeugungen liegen. Mangelndes Wissen und mangelnde Investitionserfahrung sind wohl ein Grund, jedoch ist auch die eigene Zurückhaltung dem Vermögensaufbau gegenüber als Hindernis zu erkennen. Das ist der sprichwörtliche Elefant im Raum, über den keiner spricht.

Wer nichts tut, macht keine Fehler, aber er hat auch keine Erfolge: Für manch einen ist der Zahnarztbesuch angenehmer, als sich um die eigenen Investmentfragen zu kümmern.

Insgesamt beeinflusst das eigene Umfeld dabei die Menschen mehr, als sie zumeist selbst annehmen. Das ist nicht zuletzt der Fall, weil wir als hochspezialisierte, soziale Wesen stets um Anpassung und Konsens bemüht sind. Darin sind wir aber gleichzeitig so geübt, dass es unbewusst geschieht. Wir pflegen den Konsens und es fühlt sich richtig an. Dass sich ein Konsens so angenehm anfühlt, kann er aber auch Erfolge verhindern. Wir passen uns an und merken es nicht, weil dieses Verhalten das Leben kurzfristig extrem leicht macht (Konsens ist bequem). Aber fast unsichtbar verstellt dieses Verhalten manche finanzielle Chance (anders zu denken als der Konsens, eröffnet Chancen, ist jedoch anstrengend und erzeugt Reibung). Schade nur, wenn die erfolgreiche Anlagestrategie gegenintuitiv ist und nicht dem verbreiteten Konsens entspricht!

Unsichtbar bleibt dieser Effekt, weil es den anderen ja auch nicht besser gelingt oder sie sogar noch schlechter investieren. Das gilt in der eigenen Schicht, im eigenen Milieu und in noch kleineren gesellschaftlichen Einheiten, unter den Gleichgesinnten, zu denen man sich gerne gesellt. Manchmal genügt schon folgendes Experiment:

Die wichtigsten Fünf: Schauen Sie einmal auf die fünf Personen, mit denen Sie am meisten Zeit verbringen. Welche Glaubenssätze zum Thema Geld und Finanzen, aber auch zu Anlageverhalten und Investitionen, herrschen dort vor? Wird offen und gerne über Geld geredet? Gilt ein Vermögen als legitimes und vernünftiges Ziel oder eher als etwas, das nur andere Menschen erreichen? Heißt es, dass man mit einem Angestelltenlohn nicht reich werden kann? Werden verschiedene Anlagemöglichkeiten heiß diskutiert und tauscht man sich aus? Werden Geld und Vermögen als sehr wichtig angesehen oder eher kontrovers diskutiert? Wie wird über Reiche gesprochen?

Das ist die eigene soziale Blase, der Nährboden der eigenen Glaubenssätze im Konsens der wichtigsten Fünf. Werden bestimmte Vorstellungen immer wieder geäußert und bleiben sie unhinterfragt, so ergänzen sie über kurz oder lang den eigenen Fundus an Glaubenssätzen. Dadurch wird die allgemeine Sicht auf die Welt geprägt, aber eben explizit auch die Übernahme von Verantwortung für die eigenen Finanzen verhindert. Auch die Nutzung hilfreicher Glaubenssätze wird auf diese Weise eingeschränkt.

Statistisch hat jeder Mensch recht viele Personen in seinem Umfeld, die negativ oder allenfalls neutral über Geld und Vermögen denken, teilweise obwohl sie das Gegenteil behaupten würden. Sie sind nämlich in der Gesellschaft, gerade in der Mittelschicht in der Mehrzahl. Das lässt sich belegen:

Das Anlageverhalten wird vom Milieu bestimmt: Fast zwei Drittel der deutschen Privathaushalte gehören zur Mittelschicht und prägen damit das Bild des deutschen Sparers. Eine Studie der Fondsgesellschaft Union Invest, durchgeführt vom Handelsblatt Research Institute, zeichnet ein differenziertes Bild des Sparverhaltens dieser Gesellschaftsschicht. Eine Erkenntnis aus der Studie ist, dass verfügbares Einkommen und Bildungsniveau das Sparverhalten deutlich weniger beeinflussen als angenommen, dagegen Wertvorstellungen und Lebensbild, kurz das soziale Milieu, umso mehr. Der traditionelle Mittelschichtsparer ist wirtschaftlich gut versorgt und bevorzugt vermeintlich sichere und liquide Geldanlagen wie Sparbücher oder festverzinsliche Wertpapiere. Sichere Anlagen werden bevorzugt.[27]

Auch wenn diese sicheren Anlagen in Wirklichkeit nur vermeintlich sicher sind. Sicher ist dann bei den Sparbüchern und festverzinslichen Anlagen nämlich allenfalls der niedrige Zins, der diese Anlagen schnell unsicher macht, da Geldvernichtung droht. Und »gut versorgt« bedeutet eben nicht zwingend »krisenfest«.

Viele umgeben sich auch unbewusst mit Gleichgesinnten. Im Umgang und Austausch bleiben die einzelnen gesellschaftlichen Schichten gerne unter sich: Mittelschicht mit Mittelschicht, Reich mit Reich, Arm mit Arm. Noch gewichtiger ist aber das Ergebnis der Studie, dass sich Menschen offenbar gern in Milieus ähnlicher Wertvorstellungen bewegen, also wenig den Austausch mit Andersdenkenden suchen. Das hat Folgen:

Kinder erben nichts von Fremden: Die soziale Mobilität, also die Chance, aus der eigenen Bildungs- oder Wohlstandsschicht nach oben oder unten auszubrechen, ist in Deutschland sehr gering. Durchschnittlich brauchen die Nachkommen eines einkommensschwachen Haushaltes in Deutschland sechs Generationen, um wirklich wohlhabend zu werden.[28]

Wer gut verdient oder geerbt hat, ist zudem auch wenig bedroht abzustürzen – die gesellschaftliche Durchlässigkeit nach unten ist ebenfalls gering. Wer vermögend ist, kann Krisen nämlich ziemlich gut durchstehen. Und Vermögen bleibt gerne, wo es ist, und vermehrt sich dort. Ohne Diskurs darüber und einen unverstellten Blick auf die eigenen Möglichkeiten ändert sich ein allzu passives oder konservatives Anlageverhalten nicht ohne Weiteres, es mindert aber die Chancen. Dieser Zusammenhang ist übrigens in Deutschland besonders ausgeprägt, die soziale Durchlässigkeit ist sehr gering.

Es findet eben wenig Austausch mit anderen statt, wenn vieles so lange konstant ist, dass das Individuum es nicht anders kennt und erleben kann. Menschen mit wenig Vermögen kennen in der Regel keinen Verwandten oder Bekannten, der es geschafft hat und sich mit ihnen darüber austauschen würde. Weil bessere Anlagestrategien aber keine Geheimwissenschaft sind und sich eigentlich leicht umsetzen ließen, müssen es die Glaubenssätze und Überzeugungen sein, die noch mehr beschränken, was möglich ist. Die Ursachen liegen in der eigenen Gruppe der wichtigsten fünf Personen und den dort vorherrschenden Glaubenssätzen, weil allzu viele Menschen diese im Konsens übernehmen.

Es darf – aus unterschiedlichsten Gründen, aber in der Konsequenz erstaunlich allgemein – konstatiert werden: Die meisten Menschen stehen dem Thema Finanzen und Vermögensaufbau irgendwie etwas passiv oder gar kritisch gegenüber. Vermögen wird als eher konstanter Wert im eigenen Leben mit wenig Gestaltungsspielraum gesehen. Es wird eher auf die Einkommensseite geschaut (die häufig konstant ist). Und meist wird etwas in Form von Papierwerten und schwach verzinsten Bankeinlagen gespart, anstatt sinnvollere Investitionsmöglichkeiten zu nutzen. Dann wird Geld eben als nicht so wichtig angesehen und das Streben nach Vermögen auch immer etwas kritisch beäugt. Geld hat sogar einen häufig ziemlich schlechten Leumund. Was bisher selbst nicht erreicht wurde, wird unterbewusst kritisch gesehen, oft um die eigene Untätigkeit oder Unfähigkeit nachträglich zu rechtfertigen. Woher soll man es auch besser wissen? Schließlich ist ein verbreiteter negativer Glaubenssatz: »Über Geld spricht man nicht.« So begrenzen leider Glaubenssätze die eigenen Möglichkeiten. Vielleicht können Sie die wichtigsten Fünf in Ihrem eigenen Umfeld einmal unvoreingenommen betrachten und prüfen, wie sie über Vermögen denken und ob die dort vorherrschende Einstellung es tatsächlich wert ist, übernommen zu werden.

Wechseln Sie doch mal den Raum: Wenn Sie in Finanzfragen die ambitionierteste Person im Raum sind, mehr wissen wollen als alle anderen und an das eigene Vermögen mehr glauben als der Rest – dann sind Sie im falschen Raum. Suchen Sie sich einen Raum, in dem Sie auf Ihre Fragen qualifizierte Antworten erhalten.

Viele verbreitete Glaubenssätze in Bezug auf Geld haben eine stark begrenzende Wirkung:

Über Geld spricht man nicht.
Das letzte Hemd hat keine Taschen.
Geld regiert die Welt.
Geld allein macht nicht glücklich.
Reichtum erzeugt Neid.
Geld verdirbt den Charakter.
Mit legalen Mitteln wird man nicht reich.
Schuster bleib bei deinen Leisten.
Geld löst keine Probleme, es schafft nur neue.
Geld macht arrogant und hochnäsig.

Es gibt sicherlich viele weitere Sprüche dieser Art. Die darin häufig latent auffindbare Skepsis ist über den eigenen Kreis der Vertrauten hinaus tief in der Gesellschaft verwurzelt.

Glaubenssätze streichen: Je nachdem, ob Sie solche Methoden schätzen, empfehle ich, einmal die negativen Glaubenssätze aus der obigen Liste mit einem fetten schwarzen Stift durchzustreichen und aus dem Kopf zu verbannen. Ich mag so etwas. Das Gehirn verknüpft solche aktiven Handlungen gut mit dem Unterbewusstsein, das die negativen Glaubenssätze erst so stark macht – und schwächt diese damit. Solche stark begrenzenden Glaubenssätze behindern nachweislich das eigene finanzielle Wachstum.

Glaubenssätze zum Thema Geld können selbstverständlich auch hilfreich sein, wenn man nur Geld als neutrales Tauschmittel und als Werkzeug zur Erreichung von Zielen akzeptiert. Man denke und sage nur:

- Wer spart, wird reich.
- Mit Geld kann man viel Gutes tun.
- Geld ist ein Indikator für Erfolg.
- Geld bringt Anerkennung.
- Ich fühle mich sicher und wohl mit viel Geld.
- Geld macht frei und unabhängig.
- Geld gibt mir und meiner Familie Sicherheit.
- Geld bringt finanzielle und emotionale Freiheit.
- Geld erweitert deine Möglichkeiten enorm.
- Nur wer Geld hat, kann spenden.
- Über Geld spricht man unbedingt
- Wohlstand schafft Krisensicherheit.

Die eigenen Glaubenssätze bestimmen sehr stark die Vorstellungen, Entscheidungen und damit den Status quo.

Sagen Sie es sich immer wieder: Solche hilfreichen Glaubenssätze fördern ein finanzielles Wachstum. Darum empfehle ich, diese noch mal zu lesen und sich einzuprägen.

Wie negative Glaubenssätze zu Geld und Reichtum die persönliche Vorsorge behindern

Ist diese Vorstellung von verbreiteten negativen Glaubenssätzen zum Thema Geld und Reichtum, wie sie jetzt ausführlich dargelegt wurde, mehr als nur eine Vermutung? Nun, zumindest manifestiert sich ein solches Denken sehr weitgehend: Als eine Folge der weit verbreiteten Kraft begrenzender Glaubenssätze und mangelnder finanzieller Bildung wird in Deutschland und Österreich, zum Teil auch der Schweiz, wenig über Geld gesprochen. Insbesondere eigene finanzielle Erfolge sind etwa in den USA viel eher ein Thema bei Partytalks. In Deutschland hingegen wird ein Mensch, der von seinen Erfolgen spricht, oft als Prahlhans abgestempelt. Geldanlagen werden hierzulande in der Konsequenz noch viel zu häufig sehr kontraproduktiv ausgeführt. Und das ist vor allem ein deutsches Problem. Das lässt sich belegen.

Aufgrund des jahrzehntelangen Erfolgs der deutschen Wirtschaft sind die Deutschen zwar Exportweltmeister und Deutschland ist eines der reichsten Länder der Welt. Jedoch sind die Privathaushalte in den Kennzahlen zur Eigenheimquote (letzter Platz in Europa[29]), zum verfügbaren Vermögen (rund 60.000 Euro[30]), ziemlich abgeschlagen innerhalb der reichen Länder. Bei der Aktienquote (weit hinten) spielen wir höchstens in der Kreisliga. Deutschland ist ein reiches Land mit gar nicht so vermögenden Bürgern und einer stark verbesserungswürdigen Denkweise im Hinblick auf das Investieren. Da stimmt etwas nicht.

Warum tun die Deutschen so wenig für den Vermögensaufbau? Die US-Amerikaner halten 56 Prozent ihres Vermögens in Aktien, die Deutschen nur ein Zehntel – von den rund 7,5 Billionen Euro ihres gesamten Sparguthabens liegen die größten Anteile in inflationsgefährdetem Bargeld, in Lebensversicherungen oder in Bankeinlagen förmlich herum, wo es kaum positive Renditen erzielt oder unterm Strich gar Verluste macht, eben in Papierwerten. Es wird beständig sehr viel Vermögen durch Inflation und entgangene Investitionsmöglichkeiten vernichtet. Über lange Zeiträume in Bargeld oder gering verzinslichen Anlagen gebunden, verliert das Geld immer stärker an Kaufkraft. Kurz gesagt: Die Deutschen sparen sich arm.

Milliarden zu verschenken: Laut einer Untersuchung der Philipps-Universität in Marburg hat dieses Anlageverhalten die Deutschen allein zwischen 2017 und 2020 rund 130 Milliarden Euro an Kaufkraft gekostet.[31] Und das war noch vor den Zeiten der großen Inflation.

Es ist wie ein Eimer mit Löchern, den man da stetig zu füllen versucht. Aktien werfen im langjährigen Mittel viel höhere Renditen ab als Sparbücher, trotz oder gerade wegen der deutlichen Schwankungen – die man als Risiko oder Chance interpretieren kann.

Immerhin sind die Deutschen Sparweltmeister: Von 100 Euro sparen die Deutschen rund 15 Euro. Das ist die sogenannte Sparquote.[32] So viel Geld scheint also übrig zu sein. Der mit Abstand größte Anteil des Ersparten landet aber auf dem Sparbuch, dem Tagesgeldkonto oder in der geheimen Sockenschublade. Wie würden Sie Sparguthaben und Aktien in Bezug auf ihr Risiko ins Verhältnis setzen? Bezogen auf die letzten 40 Jahre etwa waren Aktien ein klarer Renditebringer, Papierwerte haben hingegen durch die Inflation massiv an Wert verloren. Der Zinseszins zeigt sich auch mit negativen Vorzeichen erschreckend wirkungsvoll. 15 von 100 Euro werden gespart, und dennoch sinkt die Kaufkraft. Statistisch treffen die Deutschen also in Vermögensfragen empörend und erschreckend falsche Entscheidungen.

Deutlich mehr Vermögen pro Kopf erwirtschaftet haben damit folgerichtig die US-Amerikaner (3,5 Mal so viel wie die Deutschen), die Schweizer und die Dänen (immer noch mehr als das Doppelte), und in absteigender Reihenfolge ausgewählter Industrieländer die Niederländer, Schweden, Singapurer, Taiwaner, Neuseeländer, Japaner, Belgier, Kanadier, Engländer, Australier, Israelis, Franzosen, Österreicher, und – Achtung, Klischee! – sogar knapp noch die Italiener, über deren unsolide Finanzen man in Deutschland so gerne witzelt.[33] Die Deutschen sind ein Volk der Dichter und Denker, aber leider keines der klugen Anleger und Investoren.

Dafür, dass die Deutschen den Vermögensaufbau nicht so recht verfolgen, obwohl das Land beste Voraussetzungen hat, kann man dann den Sozialstaat in die Verantwortung nehmen. Auch kann man den im Vergleich zu anderen Industrienationen sehr hohen Steuern die Schuld dafür geben, was sicher auch eine Rolle spielt. Man kann aber auch auf das schauen, was man selbst wirklich beeinflussen kann: nämlich, welche Denkweise jeder Einzelne im Sprechen und Handeln über Geld an den Tag legt. Welche Finanzkultur herrscht im eigenen Milieu der wichtigsten Fünf bezüglich Geld und Vermögensaufbau? Das Umfeld, die Glaubenssätze und das Handeln im Konsens sind maßgeblich für das eigene Anlageverhalten und damit ausschlaggebend für den Vermögensaufbau. Und es lohnt sich zu betrachten, was das mit den eigenen Glaubenssätzen, dem Mut und der Verantwortungsbereitschaft macht.

Ersetzen Sie negative Glaubenssätze durch positive!

Eine plakative Vorstellung davon, wie man das eigene Denken nachhaltig ändern kann, ist die Idee von den zwei Gehirnhälften. Die eine, die weiße Seite, beschreibt die hilfreichen Glaubenssätze. Die andere, die schwarze Seite, repräsentiert die begrenzenden Glaubenssätze.

Durch das eigene Umfeld und das Bestreben nach Konsens synchronisiert sich das Unterbewusstsein immer wieder mit den positiven oder negativen Glaubenssätzen. Sie werden in das Unterbewusstsein übernommen, erscheinen richtig und werden ohne aktives Überlegen verfolgt. Der

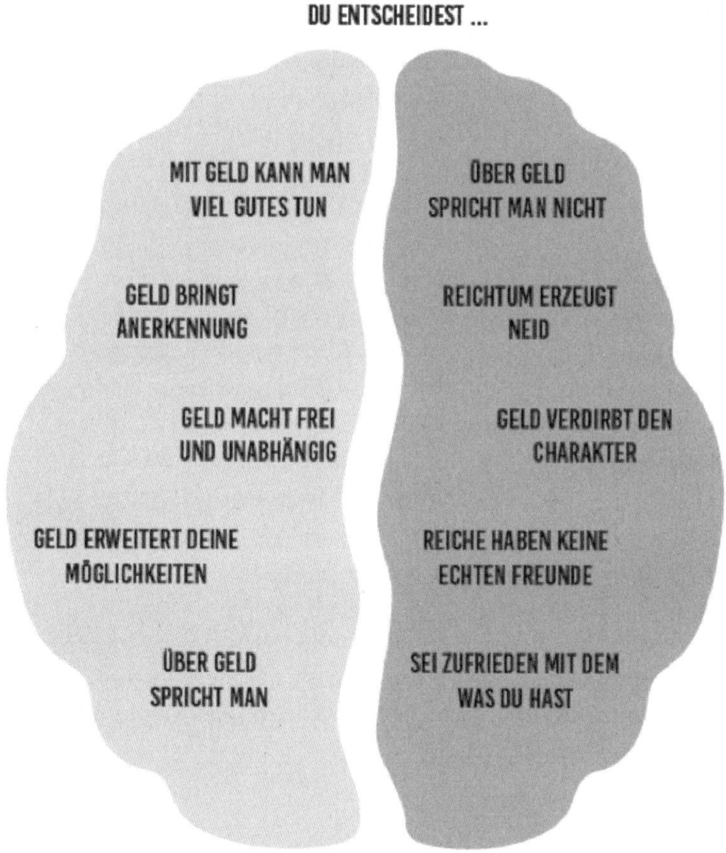

Negative und positive Glaubenssätze über Geld und Reichtum

eigene Antrieb und die Möglichkeiten werden dann unterbewusst durch Intuition gesteuert. Das mag aus Sicht des Gehirns als Ergebnis von Millionen von Jahren der Evolution effizient sein, aber für den eigenen Vermögensaufbau – und viele andere Entscheidungen – im falschen Umfeld ist es nur sehr bedingt hilfreich. Stärken Sie doch bewusst die hilfreichen Glaubenssätze und vermeiden Sie die begrenzenden Glaubenssätze. Das ist auf jeden Fall möglich!

Gegenintuitives Handeln im Finanzbereich: Der Zinseszinseffekt ist beispielsweise so gar nicht intuitiv zu begreifen. Wenn man 50 Euro im Monat spart und nach vielleicht 8 Monaten schaut, ist nicht wirklich viel zusammengekommen: 400 Euro. Das Bauchgefühl sagt: Das kann man machen, oder auch bleiben lassen. Es ist eine abstrakte kognitive Leistung, Folgendes auf die eigene Wahrnehmung von Chancen zu projizieren:

Wenn Sie ein Reiskorn auf das linke untere Feld eines Schachbretts legen und dann für jedes weitere Feld die Menge der Reiskörner verdoppeln, dann haben Sie am Ende wie viel Reis auf dem letzten der 64 Felder? Es sind genau 9 Trillionen, 223 Billiarden, 372 Billionen, 36 Milliarden, 864 Millionen, 775 Tausend, 808 Reiskörner. Mehr, als es Reiskörner auf dem Planeten gibt. Das ist die Wirkung des Zinseszinseffekts. Und irgendwie ist dieses Ergebnis total überraschend.

Man hätte sich intuitiv vielleicht vorstellen können, dass eine gut handhabbare Menge Reis, ein recht ordentlicher Haufen sogar, das Ergebnis auf dem letzten Feld bildet. Aber die Skalen sind so gar nicht intuitiv, und die meisten lägen massiv falsch mit ihrem Bauchgefühl. So ähnlich ist es mit Zinseszinsschätzungen. Kaum einer ahnt, dass sich ein Vermögen bereits bei 7,2 Prozent alle 10 Jahre verdoppelt. Man muss es eben mit einem vernünftigen Zins und Zinseszins anlegen.

Sie können jedoch auch an die Tabelle mit dem Zinseszins in 40 Jahren denken und feststellen, dass aus jedem Euro, der eingespart wird, in Zukunft 16 Euro werden! Der mögliche Gewinn wird trotzdem meist weit unterschätzt. Es fehlt der Glaubenssatz zu diesem Potenzial.

In diesem Zusammenhang weiß die Hirnforschung heute, dass das kognitive Denken, die sogenannte Vernunft, zwar mit der Intuition übereinstimmen kann, dass dies aber mit viel Energieaufwand für das Gehirn verbunden ist. Deshalb ist das Unterbewusstsein meistens schneller und gewinnt häufig. Selbst wenn sich das Individuum rational vorkommt, wird doch das allermeiste an Entscheidungen überhaupt nicht durchdacht, sondern schon vorher unbewusst entschieden – auf Basis von Erfahrung, Wiederholung und Konsens. Da nimmt sich das Unterbewusstsein dann fix die Prokura[34] heraus und stellt die Weichen für die Entscheidungen. Und es ist dabei extrem bequem. Es will Energie sparen und alles beim Alten belassen.

Schön, wenn das bisher Gesagte zu wirken beginnt: Wenn langsam, aber sicher aufgrund der bisherigen Ausführungen die Lust entsteht, den Zinseszins mal für sich arbeiten zu lassen und ein eigenes Vermögen auf- (oder aus-)zubauen, dann beginnt der Effekt zu wirken. Die bisherigen Glaubenssätze werden überschrieben und die Intuition stellt sich auf etwas Neues, Besseres ein: auf Chancen. Das Mindset ist da, so könnten Sie jetzt langsam anfangen, nach den konkreten Anlagemöglichkeiten zu fragen.

Umso wichtiger ist es, dass nun das Unterbewusstsein mit hilfreichen Glaubenssätzen gespeist wird. Dazu können Sie Bücher lesen oder Ihr Umfeld um einen Mentor erweitern, Seminare besuchen oder YouTube-Videos anschauen, in denen eine Sicht auf die Themen abseits vom Konsens im eigenen Umfeld und vom bisherigen eigenen Denken verbreitet wird. Es gilt, Neues zu hören aus Quellen, die ein anderes Verhältnis zum Thema Geld und Vermögen proklamieren, neugierig zu werden auf neue Impulse, auf sich bietende Chancen und hilfreiche Glaubenssätze. Der Raum und die Glaubenssätze dürfen jetzt gewechselt werden.

Wenn dann noch Erfahrungen hinzutreten, die diese Glaubenssätze bestätigen – erste Erfolge mit lukrativen Anlagemöglichkeiten für das investierte Kapital, Aktiengewinne oder ein funktionierender Umschichtungsplan, der sogar noch in mancher Finanzkrise das eigene Vermögen wachsen lässt –, dann stärkt das massiv die weiße Seite des Gehirns.[35] Es wird immer zuverlässiger und intuitiver verantwortungsvolle Entscheidungen treffen und negative Glaubenssätze überwinden. Die Intuition wird langsam aber sicher geschult.

Wie isst man einen Elefanten? Stück für Stück! Finanzwissen, Sicherheit und Intuition bilden sich mit der Zeit immer mehr heraus. Es gilt zu beginnen und einer klaren Strategie zu folgen. Denn die schlägt fast immer das Bauchgefühl, gibt dabei aber Orientierung und Sicherheit. Und sie muss einfach sein, leicht umzusetzen und sie darf nicht verwirren. Für den Anfang schlagen Berechnungen und Fakten das Bauchgefühl; das ist die beste Schule für die Glaubenssätze. Also nicht emotional entscheiden, sondern rational.

Die Tatsache, dass viele Menschen die hilfreichen Glaubenssätze noch nicht verinnerlicht haben, dass vom eigenen Umfeld eher die schwarze Seite bestätigt wird und damit positives Denken über Geld eher gegenintuitiv ist, sorgt oft grundlegend dafür, dass das eigene Finanzpotenzial nicht ausgeschöpft wird. Womöglich ist der eigene finanzielle Status quo aber gar nicht Schicksal oder von Zufällen und einigen Krisen abhängig, sondern es ist das Ergebnis der eigenen, unterbewussten Überzeugung:

Ein bekannter Aphorismus:

Achte auf deine Gedanken, denn sie werden deine Worte.
Achte auf deine Worte, denn sie werden deine Handlungen.
Achte auf deine Handlungen, denn sie werden deine Gewohnheiten.
Achte auf deine Gewohnheiten, denn sie werden dein Charakter.
Achte auf deinen Charakter, denn er wird dein Schicksal.[36]

DIE ANLAGESTRATEGIE ZUR KRISENVORSORGE

Die Grundidee einer tragfähigen Anlagestrategie ist wie versprochen extrem einfach und wurde bereits grob umrissen. Kaufen Sie Werte günstig ein, die sich dann in ihrem Preis positiv entwickeln. Ich vermute, dass viele in diesem Punkt anders entscheiden, obwohl Sie jetzt beim Lesen sagen würden: Ist doch logisch!

Ich behaupte: Die meisten Menschen handeln bei Anlageentscheidungen als angehende Marktteilnehmer nach Emotion und im Konsens mit vielen anderen Marktteilnehmern, oft jedoch falsch.

Reichtum entsteht sehr häufig dadurch, dass etwas preisgünstig eingekauft wurde (oder geschaffen oder anderweitig beschafft wurde) und dann an Wert zulegt: Ein Grundstück im trockenen Nirgendwo Kaliforniens, das später einmal Hollywood heißt, gewinnt an Wert. Ein Rohstoff gewinnt an Wert, wenn er veredelt wird: Eisenerz wird zu gutem Stahl, so wurden Krupp und Thyssen einmal reich. Eine Idee, an sich wertlos, kann Milliardäre machen – so konnte beispielsweise Bill Gates Microsoft gründen und aufbauen, und die Aktien seines Unternehmens später dann gegen gutes Geld an der Börse liquidieren.

Das alles nennt man wirtschaftswissenschaftlich Wertschöpfung. Ein Wirtschaftsgut wird durch interne Prozesse und externe Einflussfaktoren verändert, und dadurch kann sein Wert steigen. Für Investoren besonders spannend: Der Preis steigt häufig gleich mit.

Die zehn reichsten Menschen der Welt haben in der Coronakrise ihr Vermögen extrem erhöht. Genau im Zeitraum zwischen März 2020 und November 2021 haben sie ihr Vermögen stärker vermehrt als in den 14 Jahren vor der Krise, in denen es der Wirtschaft gut ging. Aber nicht, weil sie so reich sind, konnten sie aus den Krisen profitieren. Sondern weil sie die Krise nutzten, wurden sie noch reicher. Sie haben die deutlich höhere Veränderungsenergie einer Krise erfolgreich genutzt, um höhere Gewinne zu erzielen.

Während das weltweite Vermögen von 2019 bis 2021 um rund 1 Prozent sehr zögerlich gestiegen ist, haben die reichsten 0,001 Prozent der Weltbevölkerung, die Milliardäre, ihr Vermögen um 14 Prozent gesteigert. Die zehn reichsten Deutschen haben ihr Vermögen seit Beginn der Corona-Pandemie Anfang 2020 bis Ende 2021 sogar um 78 Prozent gesteigert.[37] Diese Menschen sagen: Schade, dass nicht öfter eine Krise herrscht!

Das sind eindeutig die ganz großen Skalen. Aber erklärt sich dieser Vermögenszuwachs aus dem Guthabenzins von Sparbüchern, auf denen die Millionen und Milliarden als Guthaben lagen, die so gestiegen sind? Ganz sicher nicht. Der Sparzins war nämlich lächerlich niedrig, in Deutschland tendierte er lange gegen Null oder war gar negativ. Verwahrentgelt gab es auch noch …

Es handelt sich vielmehr um eine bewusste Steuerung und die Anwendung von finanziellem Wissen durch diese Personen oder ihre Berater. Das kann sich aber jeder auch selbst aneignen. Sie übernehmen Verantwortung für das eigene Vermögen und passen ihre Strategie den Gegebenheiten an. Sie haben die starken Marktänderungen, die in einer Krise auftreten, häufig zum eigenen Vorteil genutzt und damit eine Vermögensbildung erzielt. Auch haben sie den Fokus (häufig) auf Anlageprodukte mit innerem Wert gelegt, also auf Sachwerte, die sich bei ihnen anhäuften. Und sie haben diese Sachwerte günstig eingekauft. Den positiven Preistrend im Nachhinein brachte dann einfach wieder die Zeit mit sich. Alle Möglichkeiten dieser Strategie liegen also bequemerweise bereits auf dem Tisch.

Als externer Faktor wirkte eine unterschiedliche Nachfrage auf bestimmte Werte (Edelmetalle und Unternehmensbeteiligungen) positiv preisbildend. Sie nutzten die Strategie, Werte billig zu kaufen und abzuwarten, bis der Markt den wahren Wert erkennt, die Preise also wieder anstiegen. Das kann jeder, es macht aber nicht jeder.

Die oberen 0,001 Prozent haben die steigende Volatilität, die Preisschwankungen in den krisengeschüttelten Finanzmärkten, die Preisänderungen verschiedener Anlageklassen und die wirtschaftlichen Chancen, die neu entstanden, genutzt, anstatt zu resignieren oder die Krise passiv auszusitzen. Diese Verantwortung trägt dann bei ihnen immer wieder Früchte.[38] Das ist ihre Strategie. Dafür nötig ist aber ein gesundes Vertrauen in die Tatsache, dass die Preise nach dem günstigen Einkauf auch wieder steigen werden. Dieses lässt sich jedoch besonders bei Sachwerten gut prognostizieren.

Ein Beispiel: Der Börsenkurs der Amazon-Aktie lässt rückblickend einen klaren Erfolgstrend nach einem kurzem Knick nach unten in der 2020 aufkommenden Coronakrise erkennen.

Spannend dabei: Die Krise dauerte viel länger an als die kleine Kurskorrektur der Amazon-Aktie. Die Aktie war jedoch für kurze Zeit besonders günstig zu kaufen:

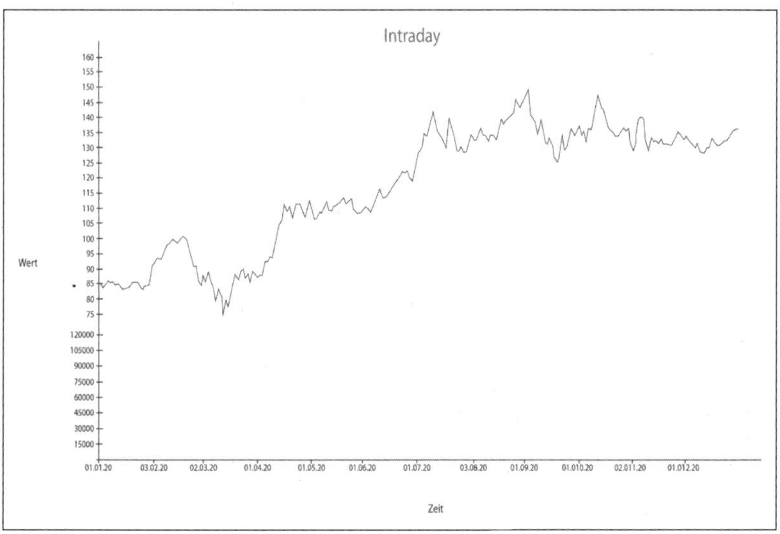

Die Kurskorrektur bei der Amazon-Aktie war schnell vorüber.

Wer aber hatte daran gedacht, zu den ersten Lockdowns der Coronakrise, als die Aktie von Amazon kurz abrutschte, Amazon-Aktien zu kaufen und von der Kurserholung zu profitieren wie ein gewisser Jeff Bezos, Gründer und naturgemäß Großaktionär seines Unternehmens? Vergessen? Nicht darüber nachgedacht? Aktienankauf kommt nicht in Frage?

Schade! Da hätte die Chance auf einen deutlichen Krisengewinn bestanden, auch für Kleinaktionäre. Es wäre darum gegangen, Werte günstig zu kaufen und dann einfach abzuwarten, bis ihr Preis deutlich steigt. Das verrät ein Blick auf den Aktienkurs mit einem steilen Anstieg nach kurzem Tal in diesem umrissenen Zeitraum. Die Aktie war abgerutscht, übrigens parallel zu vielen Aktien und Börsenbarometern in dieser Zeit. Danach war sie aber schnell und deutlich gestiegen, weil Amazon Streamingdienste und Warenversand für Menschen im Angebot hatte, die zu Hause sitzen mussten oder wollten – Amazon hatte Krisengewinnerpotenzial par excellence! Jeff Bezos hat übrigens 2020 Amazon-Aktien für 10,2 Milliarden Dollar verkauft, nachdem sie um 70 Prozent gestiegen waren. Ein Krisengewinner!

Die in einem bestimmten Zeitraum erfolgreiche Entwicklung von Amazon macht noch einmal wunderbar deutlich: Der Kurs einzelner Aktien kann gegenläufig zu bestimmten Krisenentwicklungen verlaufen – schließlich dauerte der Kursverfall der großen Börsenindizes im gleichen Zeitraum viel länger an.

Eine Aktie kaufen und dennoch streuen: Die Börsenlegende Warren Buffett hat mit seiner Firma Berkshire Hathaway eine Holding, von der man Anteile erwerben kann. Im Portfolio dieser Beteiligungsgesellschaft ist unter vielen anderen die Amazon-Aktie vertreten. So könnte man, nach reiflicher Überlegung und Einschätzung, Berkshire Hathaway kaufen, in der eine gute Streuung sowie eine kluge Auswahl an Aktien enthalten ist. Der Appell dieses Buches lautet, Einzelaktien eher vorsichtig oder als kleines Lerninvestment zu betrachten und lieber als Kerninvestment Fonds und gegebenenfalls Beteiligungsgesellschaften mit einer guten Streuung zu nutzen. Wie immer ist das keine Empfehlung, sondern nur eine Idee.

Ohne Aktien geht es nicht

Für Anleger bedarf es einer einfachen Strategie. Es ist im Voraus nicht so einfach, die nächste Amazon-Aktie zu finden und zu kaufen, wie es hier im Nachhinein einfach zu beschreiben war. Da hilft womöglich auch die beste Marktanalyse oder das Studieren der Geschäftsberichte von Amazon und das Lesen von Jeff Bezos' Autobiografie nicht. Aber dafür gibt es eine großartige Lösung.

Nach der Krise zu sagen, dass Amazon ein Krisengewinner war, ist viel leichter, als das vorher zu erahnen und die Aktie zu kaufen. Solche Hellseherei (oder fundierte Prognose?) muss man aber auch gar nicht beherrschen. Nach der Krise nützt das Wissen aber auch nicht mehr so viel, weil der betreffende Wert nicht mehr billig gekauft werden kann.

Viel leichter ist es doch, gefallene Werte zu erkennen, und genau das geht ja bekanntlich auch im Nachhinein, also wenn die Kurse schon sehr attraktiv sind. Da sind wir uns sicher schnell einig.

Das ist aber auch überaus effektiv und mit geringem Aufwand möglich. Diese Strategie ist sehr wirksam und entspricht exakt der eben vorgestellten Entstehung von Reichtum durch kluges Handeln.

Substanzwerte oder spekulative Werte: Übrigens sind natürlich nicht nur Sachwerte volatil, also im Preis schwankend. Auch andere Investmentprodukte, die keinen solchen inneren Wert haben und ihren Preis eher aus künstlicher Verknappung oder reiner Spekulation beziehen, wie Kryptowährungen oder NFT (non-fungible tokens) können sehr starke Preisschwankungen verzeichnen und Menschen durch reines Kaufen und Verkaufen reich machen. Da hier aber keine Substanz als Absicherung gegen sehr negative Preisentwicklungen vorhanden ist, weil der innere Wert fehlt oder schwerer zu fassen ist, sind solche Produkte eher etwas für Spezialisten. Sachwertinvestments mit innerem Wert erfüllen eher die Anforderungen der Krisenabsicherung und stehen schon deshalb hier klar im Fokus der Strategie.

Werte werden eben dann gekauft, wenn ihr Kurs bereits gefallen ist, sie also unterbewertet sind. Das erfüllt doch zu 100 Prozent den Anspruch, billig zu kaufen, und es ist ohne Prognosen und Kaffeesatzleserei möglich.

Diese Strategie soll keineswegs nur auf Einzelaktien beschränkt werden, die immer auch ein Ausfallrisiko haben. Ganze Börsen oder der Weltmarkt für Aktien können beobachtet und dann auf Kaufsignale hin analysiert werden, wenn es soweit ist. Dazu bedarf es zunächst einiger Überzeugungen, die glücklicherweise sehr banal sind, aber die eigene Anlagestrategie effektiv und effizient machen:

1. (Finanzieller) Reichtum zeichnet sich dadurch aus, dass viele Werte bei einer Person landen.
2. Das klappt besonders gut, wenn sie gerade günstig zu erwerben sind.
3. Das ist wiederum der Fall, wenn Unterbewertungen vorliegen.
4. Durch die positive Kursentwicklung und das anschließende Realisieren der Gewinne durch Verkauf entsteht später mehr Vermögen.
5. Diese Entwicklung kann besonders gut genutzt werden, indem man Sachwerte (mit einem inneren Wert) kauft und sich durch Streuung der Investments gegen einen Totalausfall schützt.

Dass Sachwerte irgendwann relativ niedrige Preise erreichen, ist recht leicht zu erkennen. Man muss nicht zukünftige Entwicklungen erahnen, sondern einfach erst dann handeln, wenn der Preisverfall bereits eingetreten ist: Kaufen, wenn die Preise einzelner Sachwerte schon niedrig sind und dann auf steigende Preise warten, das ist also zumindest in der Theorie machbar.

Hinterher ist man immer schlauer: Man unterscheidet bei Analysen zwischen »ex ante« (Prognosen im Voraus) und »ex post« (Analysen, nachdem das Ereignis eintrat). Ex-ante-Analysen prognostizieren Entwicklungen im Voraus, anhand von komplexen Zusammenhängen. Solche Prognosen sind eher schwierig, vielleicht etwas für Profis.

Ex-post-Analysen schauen später auf das, was war. Das ist natürlich einfacher. Kaufen, wenn der Preis von bestimmten Werten schon niedrig ist – das ist auch für Laien einfach und machbar.

Es ist vergleichsweise leicht, gesunkene Preise für bestimmte Werte – einen Börsen-Crash beispielsweise oder einen Abschwung des Goldpreises – im Nachhinein zu erkennen und dann zu kaufen. Man spricht von unterbewerteten Anlageklassen, wenn der Preis unter den angenommenen Wert fällt. Ein Fünfjähriger kann nach kurzer Erklärung treffsicher auf einen Aktienrutsch innerhalb eines Charts mit dem Finger zeigen, der dann wiederum eine solche Entwicklung anzeigen dürfte. Ein Blick auf die folgende Abbildung verdeutlicht die Wertentwicklung des DAX mit den Krisen der letzten Jahre.

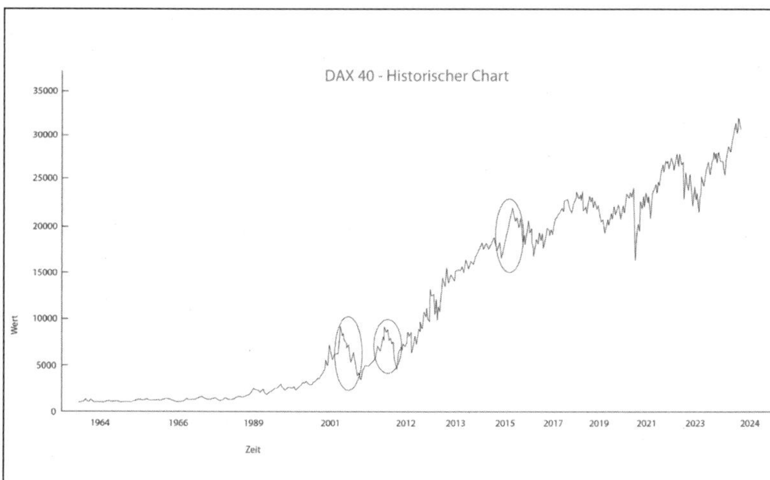

Kurseinbrüche beim DAX

Dort sind während der bekannten Krisen der vergangenen Jahre die Preise für Aktien offenbar jedes Mal stark gesunken.

Politische und wirtschaftliche Ausnahmeereignisse führten zu einem deutlich erkennbaren Kursrutsch. Nun lässt sich rückblickend faktisch feststellen, dass die Preise irgendwann danach wieder gestiegen sind. Genau das lässt sich für ganze Anlageklassen aber auch im Nachhinein erkennen und damit auch im Voraus immer wieder annehmen, auch wenn der genaue Zeitpunkt dabei nicht berechnet werden kann. Börsen sind nach der Krise irgendwann immer wieder zu ihrem alten Wert zurückgekehrt oder haben ihn gar euphorisch überschritten. Es war eben immer so. Mehr wissen wir nicht, aber das dürfte dem geduldigen Anleger, der viel Zeit mitbringt, schon ausreichen.

Am Chart ist klar zu erkennen, dass irgendwann die Indizes immer wieder gestiegen sind. Da ist sie wieder, die Zeit als wertvoller Helfer. Jeder kann nun schon einmal am Chart erkennen, wann er sinnvollerweise gerne Aktien gekauft und damit solide Werte günstig in das eigene Investitionsportfolio überführt hätte. Die simple Erkenntnis, dass es danach wieder nach oben ging mit den Kursen, schafft hoffentlich das Vertrauen: Es gilt beim nächsten Kursrutsch eben genau dann zuzugreifen. Da muss nur noch ein wenig besser zu berechnen sein, damit man auch tendenziell den guten Zeitpunkt erwischt.

Im Einkauf liegt der Gewinn: Für eine gute Krisenstrategie ist die nächste Säule damit klar. Dem eigenen Vermögen wird eine Wertsteigerung ermöglicht, indem Sachwerte preisgünstig eingekauft werden, die anschließend dann durch positive Kursentwicklung die Rendite erhöhen.

Wann Aktien (oder andere Sachwerte wie Gold oder Immobilien) nach einem Preistief steigen, ist sogar ziemlich egal, wenn man genug Zeit und die nötige Geduld mitbringt. Sehr wahrscheinlich ist: Der Preis von unterbewerteten Sachwerten wird irgendwann wieder in eine normale Bewertung übergehen und somit steigen. Nach dem Ereignis analysieren, kaufen und sich dann auf den Gewinn nach der Kurserholung freuen, so kann jeder zum erfolgreichen Investor werden. Nun muss nur noch der Preisverfall erkannt und möglichst treffsicher als Kaufsignal eingeordnet werden.

Die Frage, wie sich solche Zusammenhänge immer klarer erkennen und sich dann intuitiv umsetzen lassen, beantworten die nun folgenden Kapitel zur Anlagestrategie. Wann sinken die Preise, und wann ist der richtige Kaufzeitpunkt? Lässt sich der niedrigste Kaufpreis erkennen? Wie viel Geduld ist denn nötig? Und wie viel Investitionskapital? Woher kommt das Kapital für solche Investitionen und wie sieht die bisherige Bilanz der eigenen Anlagebemühungen aus? Wie analysiere ich als Laie diese Vorgänge, wie also kann ich Chancen und Risiken dann auch selbstständig erkennen?

Das zu erreichen, erfordert eine nachvollziehbare, planvolle Strategie und sie funktioniert für alle hier vorgeschlagenen Anlageklassen. Sie macht Krisen zu Chancen und bietet jedem die Chance, ein gewisses Vermögen nach den Methoden der Reichen aufzubauen. Man muss nur so denken und handeln wie sie.

Nutzen Sie Zeit und den Zinseszinseffekt!

Bereits mit den beiden Faktoren Zeit (man spricht von einem Anlagehorizont) und dem Zinseszinseffekt ist eine funktionierende Anlagestrategie in ihrer einfachsten Form möglich.

Ab heute wird investiert: Mit der Idee, einen Teil des eigenen Vermögens, das vielleicht auf Sparbüchern oder Tagesgeldkonten zur Verfügung steht, in eine Anlageklasse wie Aktien zu investieren und dann Geduld zu haben, ist schon eine Strategie beschrieben. Auf lange Sicht werden Sparbücher, Bargeldreserven und niedrig verzinste Anlagen in puncto Rendite bei Weitem geschlagen. Wenn man einen langen Anlagehorizont hat, ist es absolut entscheidend zu beginnen, denn der beste Vorsatz bringt keine Rendite, wenn er nicht umgesetzt wird.

Historisch gesehen war nur die Länge des Anlagehorizontes und eine breite Streuung dafür ausschlaggebend, dass diese Aussage immer stimmte.

Das lässt sich nun sogar schon an ein konkretes Produkt knüpfen: Der MSCI World wurde in den bisherigen Ausführungen mit seiner breiten Streuung und langfristig guten Wertzuwächsen immer wieder als Beispiel angeführt. Er ist als mögliches Produkt sehr attraktiv, auch wenn er nicht die einzige Säule der eigenen Produktauswahl sein sollte.

Der MSCI World: Als Wertpapier gibt es nicht *den* MSCI World. Es gibt aber verschiedene Aktienprodukte, sogenannte ETFs, die diesen Index oder einen anderen abbilden, der die verschiedenen Aktienmärkte aus verschiedenen Ländern und Regionen repräsentieren. ETFs kaufen und verkaufen eine Menge verschiedener Aktien gerade so, wie sie in den jeweiligen Indizes aktuell mit ihren Kurswerten vertreten sind. Das geschieht rein schematisch durch Algorithmen, ohne dass ein Fondsmanager da mit Bauchgefühl und höherer Strategie aktiv werden müsste. Der MSCI World tut das für eine Auswahl von Aktienmärkten der ganzen Welt.

Aus der MSCI-Familie gibt es auch noch andere Indizes. Einen oder mehrere der entsprechenden ETFs kaufen Sie als Anleger bei dieser Strategie anteilig. Anleger, die Aktien eines MSCI-World-ETFs halten, können dann wie kaum sonst jemand sagen, dass sie direkt an den Entwicklungen der weltweiten Börsenindizes teilhaben, im Guten wie im Schlechten. Weil die Börsen tendenziell über lange Zeiträume Gewinne machen, das Risiko weltweit sehr breit gestreut wird und es so einfach ist, auf diese Weise zu investieren, sind die Gewinnaussichten ausgesprochen gut.

Weil das stumpfe Kaufen und Verkaufen der Aktien nach Börsenentwicklung bei diesem Produkt vollständig automatisiert durch Maschinen geschieht, bringen diese ETFs sehr geringe Kosten für Anleger mit sich. Und dennoch – oder gerade deshalb – funktioniert das alles häufig sehr gut. Die meisten Entscheidungen trifft ein Computer mithilfe eines Algorithmus, also kein Fondsmanager mit Prognosen und Emotionen. Es wird eben nichts prognostiziert, nichts angenommen. Dabei schlagen die Wertzuwächse eines MSCI-World-ETFs viele von Analysten und Spezialisten gemanagte Fonds.

So hat der MSCI World immer wieder lange Phasen der konstanten Steigerung erfahren: Etwa von Oktober 1990 an stieg er 9 Jahre und 11 Monate lang mit einem Zugewinn von insgesamt 436 Prozent. Ein schöner Gewinn, wenn sich das eigene eingesetzte Vermögen entsprechend bei Besitz von MSCI-World-ETF-Anteilen fast verfünffacht hat. Ähnlich gute Phasen gab es immer wieder.[39]

Ein MSCI World hat einige Vorteile: Das Investment ist gestreut, und damit ist das Ausfallrisiko minimiert. Das unternehmerische Risiko ist auf viele Märkte und Branchen verteilt, daher ist es nicht von einzelnen Wirtschaftsdaten oder unternehmerischen Entscheidungen und Herausforderungen abhängig. Deshalb ist ein ETF auf diesen Index die erste klare Empfehlung für ein Produkt innerhalb der hier vorgestellten Anlagestrategie.

Mit sehr hoher Wahrscheinlichkeit gilt: Wer mit genügend Geduld irgendwann einen breit gestreuten ETF mit möglichst geringen Kosten kauft, der kann die Zeit für sich arbeiten lassen und wird recht gute Renditen einfahren. Hier ist Zeit tatsächlich Geld. Die Zeit und der Zinseszinseffekt werden sehr wahrscheinlich dafür sorgen, dass selbst ein mittelmäßiger oder ungünstiger Einstiegszeitpunkt im Laufe der Zeit in einen Aktiengewinn umschlägt. Mit solchen Produkten lässt sich die bequemste aller Anlagestrategien umsetzen: »buy and hold« (Kaufen und Behalten), frei nach Kostolanys Konzept: Aktien und Schlaftabletten. Doch dieses Vorgehen hat immer noch Verbesserungspotenzial.

In der Erweiterung der Strategie erfolgt daher zunächst ein Blick auf die besten Wege, Aktien mit Wertsteigerungspotenzial nicht irgendwann, sondern dann zu kaufen, wenn sie günstig sind. Danach gilt es zu schauen, wo denn die Schwächen des MSCI World oder ähnlicher Aktienprodukte und der Buy-and-hold-Strategie liegen. Aufgrund dieser Schwächen kann man doch noch weitere Produkte ergänzen und behutsame Umschichtungen vornehmen. Es ist ja schon bekannt, dass guter und sehr guter Vermögensaufbau auch darin begründet werden, Werte besonders günstig zu kaufen. Einen besseren Zeitpunkt für den Einstieg in die Aktienmärkte zu erkennen und Vermögen auch einmal anderswo zu investieren, erweitert die eigene Strategie entscheidend. Die Gesamtinvestitionen dann krisenfest zu machen, kommt schon einer ganz großen Strategie gleich, bleibt aber dennoch einfach. Aber dazu später mehr.

Handeln Sie (zunächst) gegen Ihre Intuition

Sie haben sich bis hierher ein neues Investmentdenken angeeignet, aber vielleicht trauen Sie der Sache noch nicht so recht. Die Prinzipien lassen sich zwecks Vertrauensbildung aber an vergangenen Krisen überprüfen. Durch das gewonnene Wissen und durch Selbstvertrauen können Sie schon etwas selbstbewusster an das Thema Investment herangehen.

Nehmen wir irgendeinen Börsen-Crash: Die Kurse der Unternehmen an den Börsen stürzen ab. Das erschüttert das Wirtschaftssystem, die Nachrichten sind reich an negativen Wirtschaftsmeldungen, die Unternehmen reagieren und reduzieren Mitarbeiterzahlen, der Euro sinkt eventuell und das eigene Vermögen scheint bedroht.

Nervöse Anleger, vor allem die unerfahren mit einem kurzen Anlagehorizont, wollen nun ihre Verluste minimieren oder die bisher erzielten Gewinne mitnehmen. Sie verkaufen schnell ihre Aktien, was den Kursverfall noch beschleunigt. Das Verhalten solcher Anleger nennt man auch gerne »zittrige Hände«. Und sie sind zahlreich. Der eine oder andere Aktienindex sinkt infolge all dieser Verkäufe, das ist an der Chartkurve der einzelnen Börsen für jeden Laien sichtbar und typisches Merkmal einer Börsenkrise: »Weltweit werden coronabedingte Lockdowns verhängt.«

Aufgrund der Verkäufe von verunsicherten Anlegern, und der geringen Nachfrage werden Aktien billiger. Das Ganze wird durch die negative Marktstimmung noch befeuert. Die Nachfrage und das Angebot bestimmen wie so oft den Preis: Die Kurse als Preisschild der Aktien sinken.

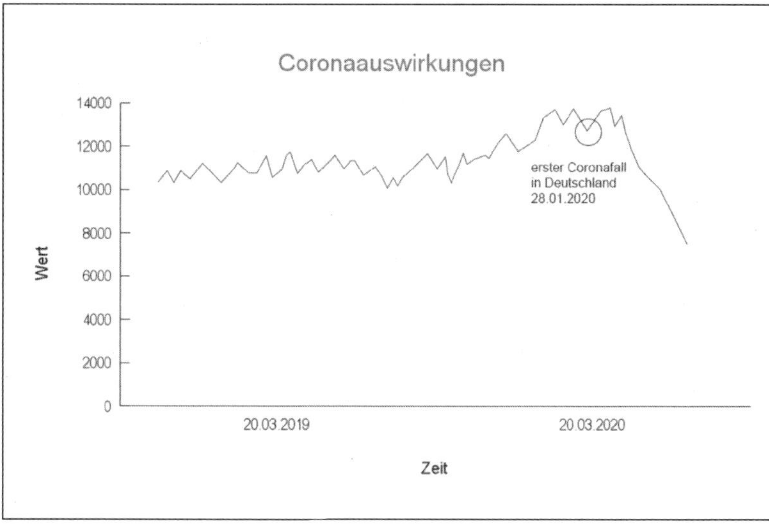

Der DAX unter dem Einfluss der Coronakrise. Binnen kurzer Zeit rutschte der Index um 39 Prozent ab.

Es fühlt sich seltsam an: Solche Zeiten der schlechten Nachrichten und sinkenden Kurse als Gelegenheit für Investments zu sehen, ist für manchen Anleger seltsam, besonders für einen Anfänger. Gefühlt investiert man in ein schwächer werdendes System. Aber mit dem Vertrauen auf die günstigen Kaufsignale und den langfristigen Zuwachs der Märkte kann man sich ruhig für einen Einstieg entscheiden.

Die beschriebenen Szenarien sind beste Zeiten für Aktienkäufer. Die richtige Handlungsweise aus den bisherigen Überlegungen lautet: Nun könnte man Aktien kaufen zu einer Zeit, in der sie eher unterbewertet sind. Der Zeitpunkt ist bei einer solchen klaren Krise dankenswerterweise extrem leicht zu erkennen, auf einen Blick am eben gezeigten Aktienchart.

Warum man Aktien wie Waschmaschinen kaufen sollte: Wenn man in der Gemüseabteilung des Supermarktes einkaufen geht und auf einem roten Schild sieht, dass Blumenkohl für 50 Prozent des Preises angeboten wird, dann schlägt man häufig zu. Das Angebot ist gut. Die Handlung ist folgerichtig. Auch bei einer Waschmaschine oder einem Auto wüssten wir: Wenn ich das Gut für den halben Preis bekommen kann, dann ist das ein guter Zeitpunkt für einen Kauf. Beim Aktieninvestment gibt es hingegen viele (unerfahrene) Investoren, die bei fallenden Kursen entgegengesetzt agieren, also verkaufen, und bei steigenden Kursen kaufen. Diese Handlung ist nicht logisch, entspricht jedoch der Psychologie der Massen.

Wenn man es so betrachtet, wäre eine Hausfrau oder ein Hausmann höchstwahrscheinlich ein besserer Aktionär. Denn die betreffende Person versteht, dass der Preis eines Handelsgutes nicht gleich dem Wert sein muss. Liegt der Preis unterhalb des angenommenen Wertes vom Blumenkohl, wird gekauft. Liegt der Preis oberhalb des Wertes vom Blumenkohl, wartet sie wahrscheinlich ab, bis der Preis dem Wert entspricht. Vermutlich kauft sie jetzt sogar andere Gemüsesorten, die gerade ein besseres Verhältnis von Preis und Wert aufweisen. Diese haben vielleicht Saison. Gemüsekäufer wissen um die Schwankungen und nutzen sie.

Wo bei einem Blumenkohl jeder sofort vor einem miesen Deal warnen würde, wenn teuer gekauft und bei niedrigen Preisen nicht gekauft wird, setzt das Investitionsverständnis bei Aktien häufig aus. Dabei wird der Blumenkohl nach einigen Tagen schlecht, die Aktien aber laufen sehr wahrscheinlich langfristig auf ihren nächsten Höchstkurs zu. Bei Konsumenten wird der Black Friday sehnsüchtig erwartet, genauso sollten Aktionäre den Aktiencrash mit Freude erwarten. Es gibt also immer Grund zur Freude. Fallen die Preise, freut man sich, preiswert einzukaufen, steigen die Preise, ist die Freude am Wertzuwachs garantiert.

Doch wann ist dieser perfekte Zeitpunkt für den Kauf der nun eher unterbewerteten Aktien? Eine Sorge besteht doch darin, dass die zittrigen Hände an Börsen ihre Aktien nicht halten oder den Aktienanteil noch weiter verringern, wenn der Index sinkt: die Sorge vor weiteren Kursverlusten. Das Tal ist womöglich noch nicht durchschritten. Schon müsste man sich gleich nach dem Kauf über Verluste ärgern. Diese Möglichkeit besteht durchaus. Der perfekte Kaufzeitpunkt ist kaum zu treffen. Denn Prognosen sind schwierig, und wir wollen sie so wenig wie möglich bemühen.

Aber grundsätzlich kann man mit viel Zeit die ganze Sache gelassen angehen. Es ist auf jeden Fall besser, zu einem recht guten Zeitpunkt zu kaufen, als die Chance verstreichen zu lassen. Es mag an den Börsen noch billiger werden, aber dann kann man auch nochmal nachkaufen. So hat man schon einmal relativ günstig investiert oder wenigstens überhaupt investiert.

Eventuell kann dann bei noch stärkeren Kursverlusten nochmals und viel intensiver gekauft werden?! Für Investoren, die dann bereits in Aktien investiert haben, ist das eine abermals gegenintuitive, aber sehr wichtige Empfehlung: Wenn die Aktien sinken, dann bleibt das immer ein potenzielles Kaufsignal. Noch weiter sinkende Kurse verstärken dieses Signal lediglich. Ein weiterhin stark sinkender Börsenkurs nach einer Investition stellt ausdrücklich kein generelles Verkaufssignal dar. Er ist vielmehr ein stärkeres Kaufsignal. Es wurde kein generelles Fehlinvestment getätigt und man sollte auf keinen Fall jetzt selbst zittrige Hände entwickeln. Das wäre wirklich falsch.

So lässt sich übrigens dann schon mit voller Überzeugung die eigene Freude über einen Kursrutsch bei Aktien begründen: Wenn Investitionskapital vorhanden ist, besteht eine Handlungsmöglichkeit. Nun können die Werte noch günstiger in einem weiteren Investment eingekauft werden. Dann könnte eine Phase weiter sinkender Kurse durch entspannte und erfahrene Investoren gut genutzt werden, um zu schauen, ob denn in anderen Anlageformen wie Kontoguthaben noch Investitionspotenzial schlummert, das nun zu guten Preisen in Aktien umgeschichtet werden kann. So wird noch mehr das Potenzial der Krise genutzt.

Es ist nun auf jeden Fall klar geworden, dass Aktien dann gekauft werden sollten, wenn ihr Preis im Verhältnis zu ihrem Wert niedrig ist. Auch wenn das jetzt noch nicht ganz berechenbar wirkt, lässt es sich schematisch gut beschreiben. Was zu tun ist, ist nachvollziehbar. Die folgende Abbildung zeigt mögliche Kauf- und Verkaufszeitpunkte beispielsweise von Aktien schematisch an.

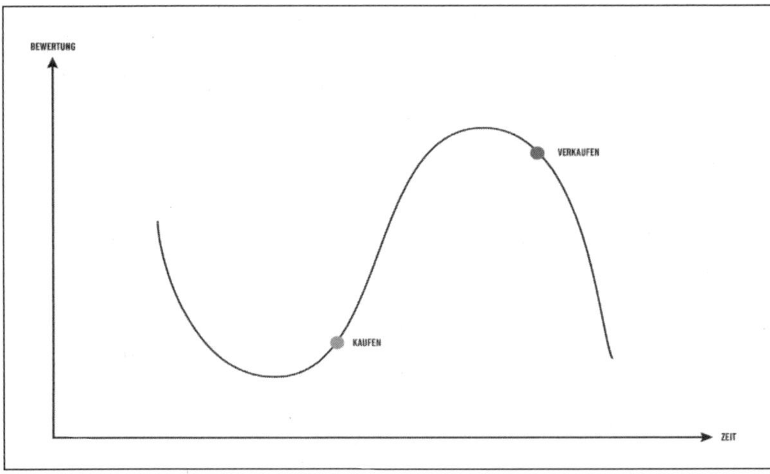

Die entscheidenden Signale (Kauf und Verkauf) sind dabei in der Grafik bewusst nicht am perfekten Zeitpunkt eingetragen. Das wäre aus meiner Sicht eine idealistische Behauptung, die mehr verunsichert als hilft.

Diese Grafik zu Kauf- und Verkaufsempfehlungen in einzelnen Märkten lässt sich dabei auf verschiedene Anlageklassen anwenden, zum Beispiel auf Aktien, Edelmetalle und Immobilien. Der zyklische Verlauf der meisten börsengehandelten Anlageprodukte wird schematisch dargestellt. Dabei kann man sich zunächst einmal entspannen. Man wird kaum den idealen Investitionszeitpunkt erreichen, sondern eher tendenziell gut einkaufen, wenn man lernt, den zyklischen Verlauf zu lesen, und sich einfach mal traut. Langfristig nivelliert die Börse die kleinen Ungenauigkeiten dabei dann ohnehin.

Ein Verkauf von Aktien zum idealen Verkaufszeitpunkt eines Zyklus ist natürlich auch innerhalb eines solchen Zyklus keine Pflicht. Man kann auch auf langfristigen Wertzuwachs hoffen und zu einem eigentlich günstigen Umschichtungszeitpunkt passiv bleiben. Der hier beschriebene Zyklus der Preisentwicklung ist nur eine Welle in einer ganzen Reihe ziemlich ähnlicher, aufeinander folgender Wellen, die allesamt eine Tendenz nach oben aufweisen. Es muss aber gesagt werden: Mit dieser sehr passiven Strategie erzielt man langfristige Gewinne durch alle Höhen und Tiefen, aber man vergibt die Chance, die durch Krisen erst gegeben ist, noch höhere Gewinne zu erzielen. Nämlich, indem man nun (ungefähr) am höchsten Punkt des Zyklus in andere Anlageklassen umzuschichten versucht, die gerade an einem niedrigeren Punkt ihres Preiszyklus stehen könnten und aus dem teuren Anlagevermögen viel Kapital in diese Assets investiert.

Kaufen Sie einen Dollar für 50 Cent

Wer garantiert aber zunächst einmal, dass ein Einbruch des DAX um beispielsweise 39 Prozent, den absoluten Tiefpunkt und besten Kaufzeitpunkt markiert? Niemand! Das ist genau die Unsicherheit, wahrscheinlich nicht den perfekten Kaufzeitpunkt (oder bei einem Hoch, den Verkaufszeitpunkt) zu treffen. Diese Unsicherheit ist aber okay.

Ein Kaufzeitpunkt in einem Kurstief, vielleicht nicht der tiefste Punkt des Kursrutsches, ist ein viel besserer Kaufzeitpunkt als jeder Moment nur wenige Tage vor dem Kursrutsch zu dem Zeitpunkt, als die Aktien, Immobilien oder Edelmetalle noch deutlich teurer gewesen sind. Diesen Vorteil kann man auf jeden Fall nutzen.

Mit dem bereits bekannten Wissen um die historische Entwicklung geht die Sicherheit einher, dass irgendwann ein ordentlicher Gewinnzuwachs kommen wird. Die Kurse der Aktien beispielsweise werden über den Kurs des letzten Hochs steigen, es ist nur eine Frage der Zeit. Dieses Wissen kann bis hierher dazu genügen, solche Investitionen überhaupt erst in Betracht zu ziehen. Man kann Aktien kaufen, insbesondere in breit aufgestellten Produkten, und gelassen beobachten, wie sich irgendwann wahrscheinlich ein Vermögenszuwachs vollzieht.

Beim Sachwertkauf lässt sich als Strategie für den Langfristanleger immer noch festhalten: Mit einem genügend langen Anlagehorizont ist der

Kaufzeitpunkt gar nicht das Entscheidende, sondern wichtig ist es, überhaupt Initiative zu ergreifen. Wer die richtigen Sachwerte nur lange genug hält, kann aus der historischen Erfahrung von einer zukünftigen Preissteigerung dieser Vermögenswerte ausgehen. Etwas stärker engagierte Anleger optimieren diese Strategie durch antizyklisches Kaufverhalten. Das geht ganz gut auch durch nachträgliche Beurteilung der Preisentwicklung, denn es ist ja eindeutig zu erkennen, wann Werte über- und wann sie unterbewertet sind, zumindest relativ. Noch ambitioniertere Anleger schichten dann auch einmal Vermögen um, bevor etwa Aktien im Preis wieder sinken. Sie versuchen auf diese Weise, ihre Aktien den Kursverlusten früh genug zu entziehen. All das ist überschaubar und wird Teil der hier vorgestellten Anlagestrategie.

Das Beste an der Strategie des günstigen Einkaufs: Bei Konsumgütern, wie bei der Waschmaschine aus dem Beispiel eben, kauft man bei niedriger Preisbewertung günstiger, wenn der Preis auf 50 Prozent fällt, aber man kauft wohl selten zwei Waschmaschinen. Bei Aktien (oder besser Fonds und ETFs) kauft man genau dann am besten wirklich zwei (Anteile): sprich, wenn der Wert von zwei Anteilen zum Preis von einem Anteil angeboten wird. Genau das ist in der Krise möglich.

Wenn die Aktien nur wieder auf ihren alten Kurs steigen – sie waren ja vorher unterbewertet und steigen nun wieder –, dann kann man das eingesetzte Vermögen verdoppeln. Fast jeder Langzeitchart zeigt, dass nach der Krise wieder ein Hoch folgt, mit dem dann der alte Kurshöchststand vor dem Eintritt der Krise überschritten wird. Das war bei kluger Streuung immer so, eben weil die Weltwirtschaft wächst und sich weiterentwickelt.

Und schon ist man Krisengewinner, wenn man den richtigen Kaufzeitpunkt eines unterbewerteten Vermögenswertes in der Krise findet und gelassen einen etwas längeren Anlagehorizont anvisiert.

Benjamin Graham sagte: »Kaufen Sie einen Dollar für 50 Cent.«

Verfeinert werden kann diese Strategie eben, indem je nach Ausprägung der Krise berechnet wird, wie weit die Preise unter den letzten Höchstpreis gefallen sind. Entsprechend der Unterbewertung lassen sich daraus eindeutige Kaufsignale ableiten.

Einstieg bei fallenden Kursen – so erzielen Sie einen guten Einkaufspreis

Fällt der Kurs einer Anlageklasse gegenüber dem letzten Höhepunkt nur um etwa 20 Prozent, zeigt er damit einen deutlichen Preisnachlass. Kundige Anleger erkennen darin bereits ein eindeutiges Kaufsignal (den möglichen Beginn einer Krise), und investieren unter Umständen schon. Angemessen kann etwa eine 10-prozentige Erhöhung des eigenen Investments in dieser Anlageklasse sein.

Fällt die Anlageklasse danach weiter, beispielsweise auf ein Minus von vielleicht 30 Prozent, wird der doppelte Betrag gegenüber der ersten Investitionsentscheidung investiert. Und das geht danach so weiter in 10-Prozent-Schritten des beobachteten Kursrutsches. So erzielen Anleger mit dieser ziemlich einfachen, weil mit einfacher Prozentrechnung nachvollziehbaren Strategie einen im Schnitt sehr günstigen Einstiegskurs. Dieses Vorgehen bedeutet ja schlicht: Je tiefer der Kurs fällt, desto mehr Anteile kaufen sie. Der durchschnittliche Einstiegskurs wird damit sehr dicht an den preislichen Tiefpunkt herangerückt.

Als Investitionsreserve werden in dieser Strategie entweder Kontoguthaben genutzt, die ohnehin wenig Renditepotenzial haben oder es werden – bei einer bereits ausdifferenzierten Anlagestrategie – Mittel aus anderen Anlageklassen genutzt. Wir streben hier mittelfristig eine Verteilung der vorhandenen Mittel in die drei immer wieder genannten Anlageklassen Aktien, Edelmetalle und Immobilien mit konkreten Produkten an, wobei selbstverständlich die jeweils überbewertete Anlageklasse, wie für Aktien beschrieben, zuerst als Investitionsreserve genutzt wird.

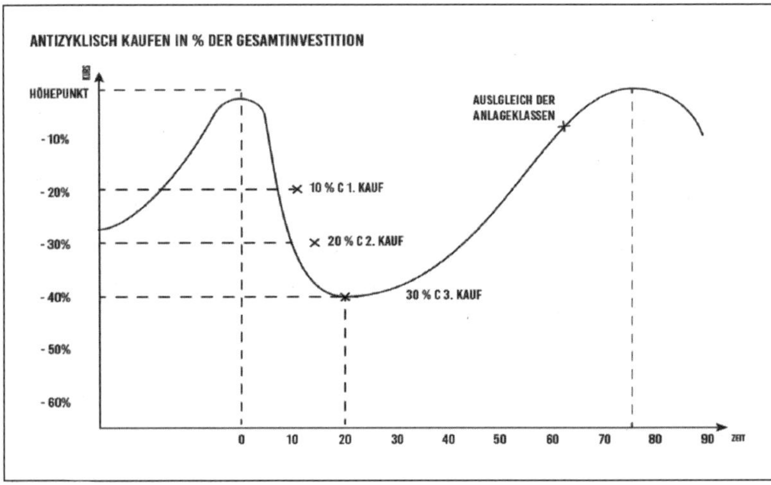

So gelangen Werte preiswert in ihr Vermögen. Diese Möglichkeiten sollten Sie sich nicht entgehen lassen. Auf diese Weise macht nämlich jetzt auch manche Krise nachvollziehbar geradezu Spaß. Sie ermöglicht es, selbst Gewinner zu sein.

Setzen Sie auf Aktien – aber nicht nur auf Aktien!

Mit den bisherigen Ausführungen haben wir in unseren Beispielen und Exkursen überwiegend ETFs etwa auf den MSCI World angeführt und es ging allgemein um Aktien. Aktien sind gut zur Erläuterung, um zunächst einmal das herausragende Ertragspotenzial von alternativen Anlageklassen gegenüber Papierwerten herauszustellen. Das ist aber immer eine Zuspitzung, weil Aktien neben Edelmetallen und Immobilien nur jeweils eine Anlageklasse der Sachwertestrategie sind. Vielleicht ist es gut, erst einmal eine Anlageklasse in der Tiefe zu verstehen und dann das Wissen auf andere Anlagelassen zu transferieren. Denn auch das geht. An Aktien lässt sich vieles erläutern und es gibt sehr gut und einfach zu nutzende Produkte in diesem Bereich, die mit wenig Aufwand und Aufmerksamkeit ausgesprochen zufriedenstellende Renditen ermöglichen.

Aktien zeigen durch ihre Stärke im Bereich des potenziellen Wertzuwachses auch deutlich, dass für ein Vermögensziel von 100.000 Euro nicht zwingend 100.000 Euro angespart werden müssen. Vielmehr ist es gerade bei Aktien eine Frage des Anlagehorizonts, wie hoch der Gewinn durch den Zinseszins ist. Aktien und andere Anlageklassen, deren großartige Möglichkeiten sich noch dazugesellen werden, vergrößern das eigene Vermögen häufig beträchtlich. Sie können aus 1 Euro oft zwei oder viel mehr entstehen lassen, wenn Anleger nur genügend Zeit mitbringen.

Aktien gegen die Inflation: Aktien erzielen nicht nur Kursgewinne und Dividenden, sondern sie sind auch als Inflationsschutz geeignet. Firmen geben Preissteigerungen ja oft mittelbar an ihre Kunden weiter, erhöhen also die Preise. Folglich bieten Aktien oft sogar einen Inflationsausgleich zuzüglich Gewinn. Schon deshalb ist die reale Verzinsung bei Aktien häufig positiv.

Breit gestreut in Aktien zu investieren, ist schon mal eine Strategie für sich: Wer genau dieser Leitlinie folgt und das Sparbuch zugunsten von Aktien zurückstellt, der macht schon ganz viel richtig.

Risiko und Rendite gehen bei Finanzanlagen sehr häufig Hand in Hand. Wo wenig Risiko ist, da lockt auch wenig Rendite. Steigt das Risiko, dann steigt häufig auch die potenzielle Rendite. Das ist ja auch der klassische Vorwurf oder Grund für Skepsis: dass manche Anlagen höhere Risiken bergen. Das probate Mittel dagegen wird noch näher ausgeführt; es gilt, das Risikos zu streuen und damit eine Diversifikation zu erreichen.

Zeigt Ihnen jemand Anlagemöglichkeiten mit angeblich hoher Rendite und ganz wenig Risiko, dann sollten Sie allerdings auch zweimal hinschauen und prüfen.

Aus diesem Grund verteilt unsere Sachwertestrategie die Investitionen auf verschiedene Anlageklassen. Auch was die Wahl der Anlageklassen angeht, ist Streuung (Diversifikation) angebracht.

Sie und ich könnten vermutlich trotzdem weiterhin sehr gut schlafen, wenn Sie genau das schon einmal umsetzen: Einen Teil der Papierwerte zum Beispiel vom unrentablen Sparbuch oder aus dem monatlich verfügbaren Einkommen in einen breit aufgestellten Aktien-ETF zu investieren und sich in Geduld zu üben. Dieser erste Schritt wäre bereits beachtlich. Es wäre ein echter Gewinn, wenn dieses Buch Sie als Leser auf diese Option neugierig machen würde und Sie ein solches Handeln in Betracht zögen.

Für eine vollumfängliche und wirklich bahnbrechende neue Sicht auf die eigenen Möglichkeiten des Vermögensaufbaus genügt aber dieser Ansatz nicht immer. Wie beschrieben, lässt sich die eigentlich gefürchtete Volatilität von Aktien (ihre Schwankungen) zur Chance machen, weil dadurch günstig eingekauft werden kann. Das hat aber auch Nachteile.

Erstens können Aktien und die gerne empfohlenen ETFs eben immer steigen und fallen. Das ist ihr sogenanntes Kursschwankungsrisiko. Es ist schade, wenn nach zehn Jahren guter Kursanstiege kurz vor dem beabsichtigten Verkauf plötzlich eine Finanzkrise die Gewinne der letzten Jahre vorübergehend reduziert. Dann sollte man lieber nachkaufen, anstatt zu verkaufen. Wenn das Ziel aber lautete, mit diesen Gewinnen dem Nachwuchs genau jetzt das Studium zu finanzieren, ist das für alle Seiten ungünstig. Die Anlageklasse Aktien schwankt mitunter eben auch deutlich.

Zweitens vergeben Aktien als alleinige Anlageklasse der Wahl auch Potenzial im Crash – und zwar immer dann, wenn ihr Preis mit der Krise unter dem Wert tendiert und die Börsen eben nicht steigen. Das ist fast das Argument von gerade, dass auf Schwankungsrisiken abzielt, aber nur fast: Wer in Aktien investiert bleibt (und damit an der Buy-and-hold-Strategie festhält), nimmt eben konsequent alle Auf- und Abwärtsbewegungen mit. Die Zeit heilt vermutlich diesen vorübergehenden Schaden irgendwann, und nach einiger Zeit werden die Schwankungen sicher unbedeutend.

Aber es wird auch immer mal phasenweise Potenzial vergeben, wenn andere Anlageklassen besser funktionieren als Aktien. Dann kann man Aktien zwar gut kaufen, aber damit zunächst keine Gewinne erzielen.

Also muss in der Erweiterung der bisherigen Strategie ein Weg gefunden werden, Schwächephasen der eigentlich renditenstarken Aktien nicht nur auszugleichen, sondern auch zum eigenen Vorteil zu nutzen. Auch in solchen Phasen gilt es, Vermögen zu sichern oder es gar noch weiter anwachsen zu lassen. Deshalb kann und sollte man zusätzlich in anderen lukrativen Anlageklassen investiert und auf diese Weise breiter aufgestellt sein. Wer nur auf eine Anlageklasse setzt, vergibt eben auch lukrative Reaktionsmöglichkeiten auf Krisen, die ganz konkret jeweils andere Anlageklassen betreffen. Die einzelnen Anlageklassen reagieren recht verschieden auf politische und wirtschaftliche Ereignisse sowie andere Einflussfaktoren.

Die eigene Anlagestrategie wird dadurch nicht substanziell schwieriger umzusetzen. Denn: Andere Anlageklassen von Sachwerten mit innerem Wert (unserem wichtigsten Kriterium) entwickeln sich zwar in aller Regel nicht im Gleichschritt mit den Aktien; man kann ihre Grundmuster jedoch verstehen. Sie haben ähnliche Zyklen, jedoch sind diese zeitlich versetzt. Diese reagieren sehr ähnlich auf die letztlich gleichen Bedingungen: Angebot und Nachfrage, Unter- und Überbewertung, Preissteigerungen und Verlustphasen und so weiter. Die Erkenntnis, dass alle drei hier vorgeschlagenen Anlageklassen Zyklen haben und dass diese teilweise versetzt gegeneinander verlaufen, ist für die weiteren Überlegungen ein Riesenvorteil. Für sicherheitsbedachte Anleger ist es ohnehin angenehm, das Risiko des eigenen Investments noch in verschiedene Anlageklassen und nicht nur in verschiedene Aktienmärkte zu streuen.

Darüber hinaus bilden Edelmetalle und Immobilien als konkrete weitere Sachwerte der Wahl typische Wahrscheinlichkeiten aus: Die Zyklen der Aktienmärkte und Gold als spezieller Rohstoff verlaufen langfristig betrachtet tendenziell gegenläufig. Immobilienzyklen halten sich eher an die Börsen, die Preisentwicklung erfolgt jedoch zeitlich leicht nach hinten versetzt; die Börsenzyklen laufen den Immobilienzyklen also oft etwas voraus. Wenn also eine Umschichtunsgsstrategie zu mehr Nutzen bei der Rendite führen soll, dann so: Aus der überbewerteten Anlageklasse (vor dem nächsten Kursrutsch?) Vermögen entnehmen und in eine andere Anlageklasse genau dann mehr investieren, die gerade eher unterbewertet ist. So schwimmt man als Investor theoretisch immer oben auf der Welle.

Auf diese Weise kann ein Überblick darüber hilfreich sein, wie sich die Zyklen der Sachwerte zueinander verhalten und wann sich Umschichtungspotenzial ergibt. Dieses Potenzial lässt sich zusätzlich in jeder Krise nutzen, da die Zyklen zeitlich versetzt sind, werden sich nicht alle Anlageklassen gleichzeitig in der Krise befinden.

Die Anlageklassen haben alle drei ihren jeweiligen Charme. Aktien sind volatil, schwankend und haben hohes Wachstumspotenzial. Immobilien sind stabil, oft weniger volatil und werden als solide angesehen. Und Edelmetalle – wir werden besonders auf Gold schauen – geben Sicherheit und steigen bevorzugt gerade dann im Wert, wenn Volkswirtschaften und Aktienmärkte taumeln. Sie sind also zusätzlich gute Sicherheiten der eigenen Krisenabsicherung. Im Team sind diese drei Anlageklassen recht stabil und weisen darüber hinaus gutes Wachstumspotenzial auf, das durch eine Umschichtungsstrategie noch gesteigert werden kann. So kann man die jeweiligen Preisschwankungen und Verschränkungen der Anlageklassen untereinander zu seinem eigenen Vorteil nutzen, indem man gezielt antizyklisch zwischen den Sachwerten umschichtet. Das Vorgehen, das für Aktien bereits umfangreich dargestellt wurde, dass man gemäß den Schwankungen bei Unterbewertungen investieren und bei Überbewertungen Gewinne mitnehmen kann, lässt sich damit genauso auf die anderen Anlageklassen projizieren. Eine Umschichtung auch zwischen diesen Assets bietet sich an. Allerdings funktioniert diese Strategie selbstverständlich auch mit nur zwei Anlageklassen, beispielsweise mit Aktien und Gold, hervorragend. Und diese beiden Assets sind für den zukünftigen Investor am Anfang bestens geeignet.

Es wird in Ausweitung der bisherigen Ideen nun aus überbewerteten Anlageklassen mit hohen Preisen preisgünstig in unterbewertete Anlageklassen umgeschichtet, insbesondere wenn in der überbewerteten Anlageklasse die nächste Krise droht. Weil Krisen in allen Anlageklassen als immer wiederkehrende Kurs- oder Preistäler sehr zuverlässig und eben zyklisch auftreten, meistens jedoch eintreten, wenn Überbewertungen vorliegen, kommen solche Krisen sicher und nicht immer überraschend. In der Theorie kann man auf diese Weise immer aus dem Hoch einer Anlageklasse preisgünstig ins Tief eines anderen Sachwert-Zyklus hinein investieren, somit auf dessen Aufschwung setzen und dadurch noch bessere Renditen erzielen.

Das alles soll aber überschaubar bleiben. Deshalb muss der Fokus nach wie vor auf einer lukrativen, aber einfachen Anlagestrategie liegen. Die nenne ich: Das *Investment, das auf einen Bierdeckel passt.* Ein Plan, der so einfach ist wie die damals von CDU-Politiker Friedrich Merz skizzierte Steuererklärung auf dem Bierdeckel.[40] Was auf einen Bierdeckel passt, liefert eine schnelle Übersicht und bildet eine leicht verständliche Grundlage für weitere Handlungen. Nur soll dieser Bierdeckel-Plan auch wirklich umgesetzt werden, denn wir lassen den Worten auch Taten folgen.

Ein Anleger kann also in die drei genannten Sachwertklassen investieren. Die extrem breite Streuung in Anlagen mit innerem Wert bringt für sich noch einmal mehr Sicherheit und bietet trotzdem Wachstumspotenzial. Zwischen den drei Sachwertklassen kann dann je nach Zyklus umgeschichtet werden, um die eigenen Gewinnmöglichkeiten zu steigern. Das alles lässt sich gut berechnen.

Die sichere Anlagestrategie umfasst drei Anlageklassen

Es gibt bei dieser Sachwertestrategie drei Anlageklassen mit einem inneren Wert, die sich gut zur Risikostreuung eignen.

Alle drei Anlageklassen weisen natürlich Preisschwankungen auf, so wie viele anderen Investitionen auch. Die Tatsache, dass sie aber im Falle einer ernsten Krise immer auf einen inneren Wert größer null zurückfallen, macht sie schon per se vergleichsweise krisensicher. Der Joker ist bei Sachwerten der innere Wert.

Auf dem Bierdeckel notiert ergibt sich daraus in der hier vorgeschlagenen Anlagestrategie eine grundsätzliche Aufteilung der Anlageklassen zu je 33 Prozent.

Anlageklasse Aktien – Wachstum
Anlageklasse Edelmetalle – Sicherheit
Anlageklasse Immobilien – Stabilität

Standen bisher die Aktien im Vordergrund, werden sie nun um Rohstoffe, im Speziellen Gold, und Immobilien sinnvoll ergänzt. Die Verteilungen der Anlageklassen sind immer Richtwerte und werden sich in der weiteren Strategie der jeweiligen Marktsituation anpassen, um dann die Rendite durch antizyklisches Kaufverhalten zu optimieren. Aber für den Einstieg empfiehlt sich grundsätzlich eine gleichmäßige Verteilung auf die einzelnen Anlageklassen. Ein in Papierwerten vorhandenes Vermögen könnte so schon einmal krisensicherer und mit mehr Wachstumspotenzial investiert werden. Vielleicht investieren Sie Ihr vorhandenes Bankguthaben auch nur zu einem Teil, je nach Ihrem persönlichen Sicherheitsbedürfnis.

Das so skizzierte Investment ist aller Voraussicht nach bereits sehr krisensicher. Es wird in verschiedene Anlageklassen investiert und damit ist das Risiko nochmals besser gestreut. Dadurch wird auch ein wesentlicher Vorteil ausgenutzt, der gegenüber einem Investment in einer einzigen Anlageklasse gefordert wurde: Auch wenn eine Anlageklasse einmal Preisabschläge erfährt, kann mit den anderen Anlageklassen des Sachwerteinvestments weiter Rendite erzielt werden oder der Verlust lässt sich durch Gewinne in dieser Anlageklasse kompensieren. Immobilien und das Edelmetall Gold werden dabei seltener großes Wachstumspotenzial zeigen. Aber: Schwankungsrisiken lassen sich so effektiv abmildern.

Mehr noch: In den letzten Jahren waren alle drei Anlageklassen einzeln und in der Summe klare Renditebringer. Die folgenden drei Grafiken zeigen die Preisentwicklung der hier genannten Sachwerte jeweils für den Zeitraum von 2000 bis 2022, um diese noch einmal als dauerhaft geeignete Anlageklassen zu präsentieren.

Immobilien

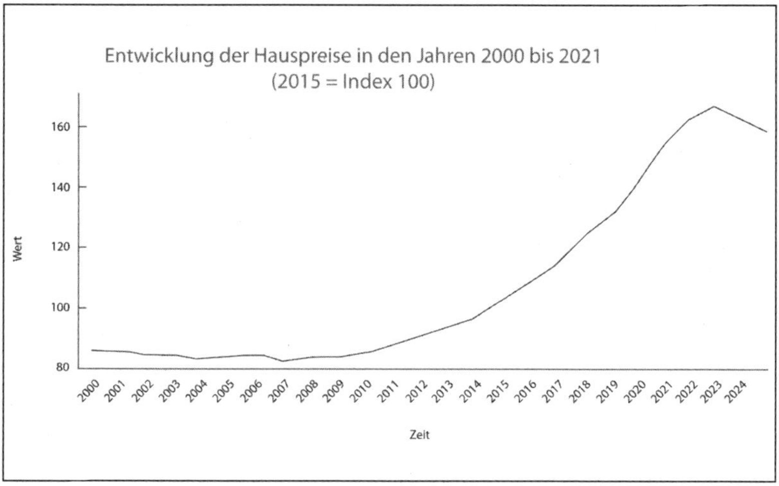

Edelmetalle (Gold)

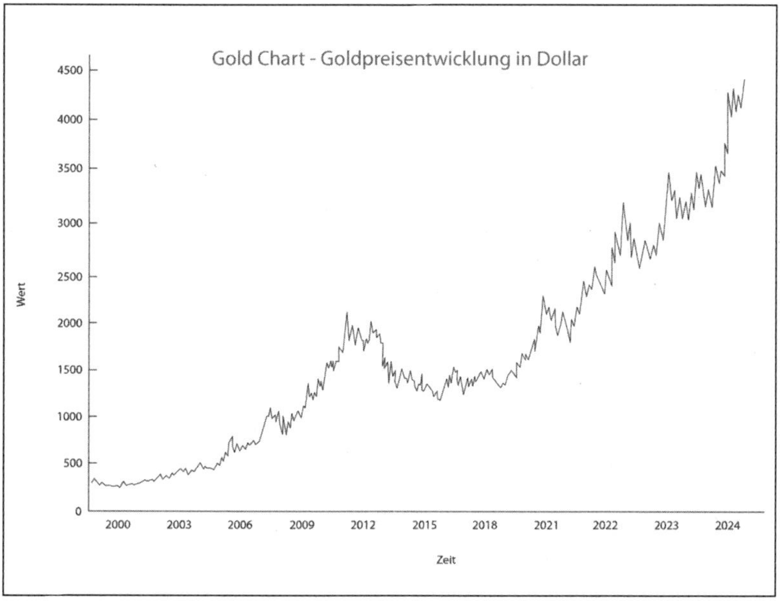

Aktien

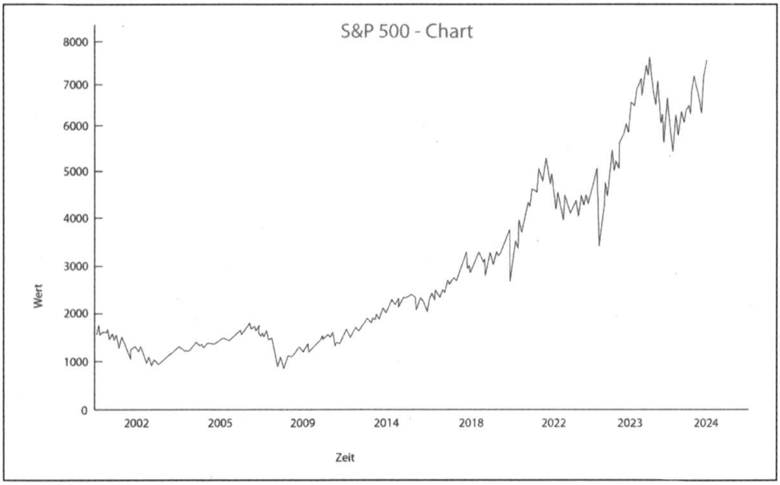

In keiner der gezeigten Anlageklassen hätten Anleger in den vergangenen 20 Jahren Geld verloren. Sie hätten bei Investments über diesen Zeitraum sogar immer Wertzuwächse erfahren.

Das ist in Zukunft nicht garantiert, war aber in den Zeiträumen auch vor 2000 dennoch der Regelfall. Die kleineren Täler der Kurse jeder einzelnen Anlageklasse zeigen auch: Es bestand regelmäßig die Möglichkeit, in jeder Krise finanzielle Ressourcen umzuschichten, um Krisen nicht nur abzufedern, sondern sie bewusst als Chance zu nutzen.

Ein solches diversifiziertes Anlageportfolio mit jeweils 33 Prozent in den drei Sachwerteinvestments allein wäre bei entsprechender finanzieller Ausstattung – einmalig eingesetzt oder via Sparplan fortwährend aufgebaut – ein geruhsames, krisensicheres und zunehmend im Laufe der Zeit immer krisenfesteres Investment. Für den betrachteten Zeitraum seit 2000 gilt das sogar für jede Anlageklasse allein. Keine große Krise seit 2000 hätte auch nur eine der hier vorgestellten Sachwerte-Anlageklassen davon abhalten können zu wachsen und Erträge zu bringen. Für manche individuelle Krise wäre es jederzeit durch die Streuung in drei Anlageklassen möglich gewesen, Vermögen zu einem dafür günstigen Zeitpunkt bei hoher Kursbewertung aus mindestens einer der drei Klassen zu entnehmen.

Im Falle der Unterbewertung einer Anlageklasse, wie sie die eine oder andere Krise immer mal mit sich bringt, konnten die Anleger zudem die anderen beiden Anlageklassen als Investitionsreserve zur Umschichtung nutzen. Es ist auch zukünftig sehr unwahrscheinlich, dass alle drei Anlageklassen gleichzeitig längerfristig im Preis fallen. Das liegt nicht zuletzt an den gegenläufigen Zyklen von mindestens zwei dieser Anlageklassen: Aktien und Gold. Dieser Effekt, der noch erklärt wird, sichert und stabilisiert das Portfolio zusätzlich.

So können Phasen von Unterbewertungen in einer Anlageklasse langfristig nicht nur ausgeglichen oder gar überkompensiert werden, sondern eine Krise oder handfeste Korrekturphase lässt sich sogar nutzen, um genau dann günstig Werte zu kaufen. Finanziert wird das aus der Investitionsreserve der jeweils anderen beiden Anlageklassen, um mit der nächsten Phase steigender Kurse zum Krisengewinner zu werden. Mit der klaren Strategie einer Investition je nach Ausprägung eines möglichen Kursverfalls (10 Prozent Investment beziehungsweise Umschichtung bei 20 Prozent Kursverfall, 20 Prozent Investment bei 30 Prozent Kursverfall der Anlageklasse und so weiter) und dem Wissen um die möglichen Renditen ist mit dieser etwas aufwendigeren, aber immer noch in langen Zeiträumen anwendbaren Strategie viel finanzielles Wachstumspotenzial vorhanden. Genau diese Strategie wird später noch verfeinert.

Bei den Preisschwankungen der Anlageklassen waren solche Zeiten bisher nur als Kaufzeitpunkt beschrieben worden, nun jedoch liegen konkrete Zahlen und Handlungsmöglichkeiten im Grunde für jeden möglichen Investitionszeitpunkt und jede Krise vor.

Wie Sie konkret in jede Anlageklasse investieren können

Bevor die Umschichtungsstrategie noch weiter an Zahlen geknüpft wird, gilt es erst einmal, konkret Geld zu investieren nach dem Schema, das auf einen Bierdeckel passt. Dafür nötig sind konkrete Produkte. So ist die

Sachwertestrategie vor allem dann sicher und lukrativ, wenn mindestens zwei der drei Anlageklassen parallel genutzt werden. Die Strategie der drei Anlageklassen erweitert gewissermaßen das Investieren in Aktien, die tendenziell gute Renditen versprechen, um die Faktoren der Sicherheit und Stabilität.

Dazu ist es ratsam, dass man je Anlageklasse zusätzlich in verschiedene Werte und Produkte streut. Es könnte ja die Idee entstehen, einfach zu je einem Drittel eine interessante Einzelaktie, Gold und ein Eigenheim zu kaufen. Das aber würde kaum dem Anspruch an eine hinreichende Risikostreuung entsprechen und die Wahrnehmung vorhandener Chancen ermöglichen sowie die nötige Flexibilität bieten. Welche Produkte empfehlen sich also beim Erstinvestment in die jeweilige Anlageklasse?

1. Bei Immobilien empfiehlt sich ein einfaches, risikoarmes Investment in einen offenen Immobilienfonds, gerne in Kombination mit einem Immobilien-ETF vorzunehmen (wer bereits Bestandsimmobilien hat, sollte diese natürlich in die Strategie einbeziehen).
2. Bei Aktien sind ETFs und/oder Aktienfonds mit einer weltweit breiten Streuung für dieses Ziel empfehlenswert. (Selbstverständlich müssen vorhandene Aktienanlagen mit einbezogen werden.)
3. Und bei Edelmetallen könnte man sich zu Beginn ganz auf Gold verlassen, dies ist mit physischem Gold oder mit einem Gold-ETC möglich (Auch hier gilt es selbstverständlich, dass bereits vorhandene Goldbestände entsprechend berücksichtigt werden müssen.).

Mehr Diversifikation ist grundsätzlich nicht erforderlich. Damit wäre schon ein Portfolio zur hier vorgestellten Anlagestrategie erstellt. In der folgenden Grafik wurde das einfache »Investment auf dem Bierdeckel« um diese grundlegenden Empfehlungen ergänzt. Das Ganze bildet so eine sehr einfache, jedoch stabile Anlagestrategie ab, die mit viel Zeit und wenigen Eingriffen bereits sehr gute Ergebnisse bezogen auf Sicherheit und Flexibilität erzielt.

Allerdings berücksichtigt diese grundlegende Aufstellung beispielsweise die zyklischen Veränderungen der jeweiligen Anlageklassen noch nicht.

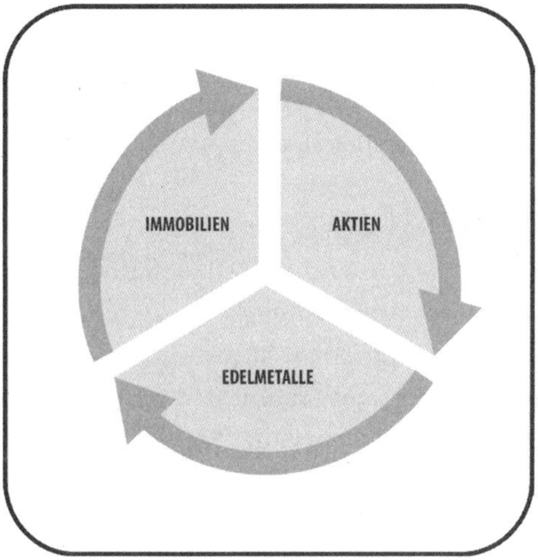

Schließlich wurde eben gerade noch konstatiert, dass Gold und Aktien in Sachen Preisentwicklung einen gegenläufigen Zyklus aufweisen. So ist eine starre Verteilung in die drei Anlageklassen zwar möglich, jedoch kann eine Optimierung auch hier zu höheren Renditen führen, da immer eine Anlageklasse steigen und eine andere im Preis sinken könnte. Das ist oft auch so. Anleger mit etwas mehr Gestaltungswillen können das als Chance nutzen.

Grundsätzlich ist die Einteilung dennoch empfehlenswert: 33 Prozent für Gold, 33 Prozent für Aktien und 33 Prozent für Immobilien. Das war in den vergangenen 20 Jahren eine sehr empfehlenswerte Verteilung. Es gilt dann abzuwägen, ob die Option auf noch bessere Erträge die eigenen Bemühungen leiten soll – mit etwas mehr Aufwand durch die Beobachtung der Zyklen – oder ob die Verringerung der Schwankungen bei guter Renditeaussicht dem eigenen Ehrgeiz und Sicherheitsgefühl genügen soll.

Im Grunde unumgänglich ist aber, der bisherigen Skepsis gegenüber dem eigenen Geld in Papierwerten und den genauso inflationsgefährdeten Bankguthaben nun endlich Raum zu geben, sowie die Erkenntnis, Geld als Werkzeug zu nutzen: Finanzielle Mittel werden dem Bargeldbestand und dem Sparbuch entnommen und in Sachwerte mit allen nun bekannten Vorteilen und Potenzialen schon einmal gut und vergleichsweise krisensicher investiert. Dabei ist diese Entscheidung bei einem hinreichend langen Anlagehorizont auch mit sehr hoher Wahrscheinlichkeit sicherer und lukrativer als ein Sparbuch und eine Geldkassette unter dem Bett. Es gibt also viele Argumente, einen Teil des eigenen Vermögens so zu investieren und damit für Krisensicherheit zu sorgen.

Die sehr einfache Mischung von drei Anlageklassen, in die je zu einem Drittel investiert wird, ist grundsätzlich nicht falsch. Sie ist ideal für Investoren, die kein Interesse an der Beobachtung der Finanzmärkte haben. Viel wichtiger ist es, sich zu entscheiden, Verantwortung für die eigene Rolle als Investor den eigenen Zielen gegenüber zu übernehmen und überhaupt zu beginnen. Besser ist es, eine recht gute Entscheidung für einen Drittelmix in Sachwerten zu treffen, als die sicher falsche Entscheidung, bei Papierwerten zu bleiben.

Die Erfahrung, erste Erfolge, die Sicherheit, die dadurch entsteht, und der eigene Investitionsplan, zu denen dieses Buch verhilft – all dies wird im Laufe der Zeit Vertrauen schaffen. Mit Abstand am gefährlichsten für die eigene finanzielle Sicherheit und Krisenresistenz wäre es, untätig zu bleiben und sich nicht darum zu kümmern sowie keine Entscheidungen zu treffen.

WOHER SIE DAS GELD FÜR INVESTMENTS NEHMEN – ERSTELLEN SIE EINE PRIVATBILANZ

Die einfache Sachwertestrategie wird noch etwas ausgefeilter werden. Aber sie ist schon in der bestehenden Form ein klarer Schritt in Richtung Krisensicherheit. Um das zu verifizieren, lohnt daher nun ein Blick auf das mögliche Investitionsvolumen.

Unternehmen (eine GmbH etwa) sind verpflichtet, eine Bilanz zu erstellen und für jeden einsehbar zu veröffentlichen. Das schützt nicht zuletzt ihre Gläubiger, die Investitionskapital geben. So können diese überprüfen, ob die Investition Rendite abwirft, Gefahren birgt oder gerade eine Durststrecke durchlaufen wird. Aber natürlich ermöglicht eine Bilanz es auch dem Unternehmer, einen aktuellen Überblick über die finanzielle Lage des Unternehmens zu erlangen. Daraus kann er dann konkrete Handlungen ableiten.

Privatpersonen sind natürlich nicht zur Bilanzierung verpflichtet. Aber idealerweise erstellen Sie für sich selbst eine Bilanz, um auch einen umfassenden Überblick über Ihre privaten Finanzen zu bekommen. Das könnte auch etwas Licht in den Dschungel Ihrer Ausgaben bringen sowie die Rechtfertigung, »Ich kann ja nicht sparen«, widerlegen. Dabei wird geschaut, wie das Investitionskapital eingesetzt wird, wo es gefährdet ist und ob man als Investor die eigenen Ziele tatsächlich planvoll verfolgt.

Nettovermögen und »freie Spitze« – auf diese beiden Summen kommt es an

Mit der Privatbilanz werden zwei Summen ermittelt: das Nettovermögen und das frei verfügbare monatliche Einkommen, die sogenannte freie Spitze. Das Nettovermögen ist die Summe der bisherigen vermögensbildenden Bemühungen. Die freie Spitze ist das Geld, das monatlich zur Verfügung stehen könnte, um es zu investieren.

Diese freie Spitze und das Nettovermögen können Sie wahlweise durch Konsum verbrauchen, sparen oder in den Vermögensaufbau investieren.

Sowohl das Nettovermögen als auch das monatlich zur Verfügung stehende Einkommen, und die Frage, wie man beides ermittelt oder optimiert, ist eine gründliche Betrachtung wert. Denn beides lässt sich perfekt für Wachstum und Vermögensaufbau einsetzen – und das wird oft unterschätzt. Damit wird auch das Potenzial zum Vermögensaufbau und zur Wappnung gegen persönliche Krisen unterschätzt.

Erfassen Sie zunächst Vermögen und Einkommen

Einen ersten Überblick zu gewinnen, ist ganz leicht. Durch das Ausfüllen der nun folgenden Tabellen lassen sich Summen bilden, aus denen sich danach wiederum das eigene Sparpotenzial ableiten lässt.

Die erste Tabelle beschäftigt sich mit dem, was in Summe bereits an liquidem oder liqudierbarem Vermögen vorhanden ist.

Liquides oder liquidierbares Vermögen ist solches, das kurzfristig in Geld umgewandelt werden kann oder schon als solches vorliegt. Sicht- und Termineinlagen, also alles, was man vor sich auf den Tisch oder auf den Banktresen legen kann, wie Bargeld, Girokonten, Tagesgeld und das Kleingeldglas auf dem Kühlschrank zählen dazu. Die Goldmünzen im Schrank oder die Barren im Schweizer Zollfreilager (Edelmetalle) gehören darüber hinaus ebenso zu den schnell liquidierbaren Vermögenswerten wie auch Kryptowährungen oder Aktien. Das Wort »liquide« ist dabei Programm. Nicht umsonst sagt man im Volksmund manchmal: »Ich bin gerade (nicht) flüssig.«

Liquides oder liquidierbares Vermögen

	Betrag
Geldwerte	+
Aktien	+
Renten	+
Investmentfonds	+
Zertifikate	+
Edelmetalle	+
Kryptowährungen	+
Summe	+

Wie viel Liquidität ist gerade da, wie flüssig sind Sie? Das sollten Sie prüfen. Dann geht es weiter zu den Wertgegenständen, die etwas aufwändiger in Bargeld zu verwandeln sind, weil sie eventuell gerade genutzt werden, oder sich nicht so leicht von heute auf morgen verkaufen lassen.

Wertgegenstände und Beteiligungen

	Betrag
Auto(s)	+
Schmuck	+
Kunst	+
Sonstige Vermögen dieser Art	+
Beteiligungen (z. B. Unternehmensbeteiligungen)	+
Summe	+

Und dann geht es zu den Immobilien.

Immobilien

	Betrag
Immobilien eigengenutzt	+
Immobilien fremdgenutzt	+
Geschlossene Immobilienfonds	+
Offene Immobilienfonds	+
Grundstücke	+
Summe:	+

Daneben gibt es noch ein paar weitere Vermögenswerte.

Versicherungen und ausgereichte Darlehen

	Betrag
Kapitallebensversicherungen	+
Private Rentenversicherungen	+
Ausgereichte Darlehen (Sie haben Geld verliehen)	+
Sonstige Vermögenswerte	+
Summe:	+

Und unter all dem wird dann ein großer Strich gezogen, die Werte werden aufaddiert und Sie haben nun die Summe Ihres Vermögens ermittelt.

Summe des Vermögens: ___________ Euro

Das ist aber noch nicht unbedingt die Summe, die Sie nun sozusagen als Werkzeug in die genannten Sachwertinvestments überführen könnten.

Dokumentieren Sie auch die Verbindlichkeiten

Anschließend folgen nämlich noch die Verbindlichkeiten, und zwar jeweils wieder in der Gesamtsumme. Denn diese nicht zu berücksichtigen, wäre Schönfärberei der eigenen Vermögensbilanz. (Unser Staat bezeichnet solche Posten gern fälschlicherweise als Sondervermögen). Die Verbindlichkeiten sind noch schneller aufsummiert:

Verbindlichkeiten

	Betrag
Dispokredite	-
Ratenkredite	-
Konsumkredite	-
Immobilienkredite	-
Sonstige Verbindlichkeiten	-
Summe:	-

Das ermittelte Vermögen abzüglich der Verbindlichkeiten ergibt das Nettovermögen.

Vermögenswerte ______________________________ Euro

- **Verbindlichkeiten** ______________________________ Euro

= **Nettovermögen** ______________________________ Euro

Das ist der finanzielle Status quo, die Summe an Vermögen, das bisher aufgebaut werden konnte, und das sich aus den bisherigen Entscheidungen zur eigenen Rolle als Investor ergibt. Fällt nun etwa auf, dass große Summen in Bankguthaben wie dem Girokonto gebunden sind, dann ist das eine wichtige Feststellung bezüglich der eigenen Krisensicherheit: Ja, es ist Vermögen vorhanden, um den finanziellen Folgen künftiger Krisen begegnen zu können; aber dieses Vermögen ist selbst nicht sehr krisensicher gegenüber der Geldentwertung angelegt und hat kaum oder gar kein Wachstumspotenzial. Wenn die Privatbilanz wenig Vermögen in Aktien, Edelmetallen und Immobilien aufweist, dann waren bisher die Chancen auf einen Vermögenszuwachs wahrscheinlich sehr begrenzt und es wurde gegebenenfalls Wachstumspotenzial verschenkt.

Oberstes Ziel: Vorhandenes Vermögen bewahren und ausbauen

Die Übersicht über das eigene Nettovermögen hat nun auch eine starke Aussagekraft bezüglich der Frage, ob Sie Ihre eigene Verantwortung als Investor bisher ernst genug genommen haben.

Das klingt womöglich etwas provokant; doch ist vermutlich jeder in der Lage, einen Teil seines Vermögens gezielt und bewusst in den eigenen Vermögensaufbau zu investieren. Wenn das bisher gemäß der Privatbilanz nicht zu einem nennenswerten Vermögensaufbau geführt hat, dann ist das neben der Verteilung in renditeschwache und renditestarke Anlageklassen auch ein Hinweis auf eine bisher mangelnde Verantwortung gegenüber der eigenen Rolle als Investor. Aber das lässt sich zukünftig ja ändern.

Das, was hier aufsummiert wurde, schafft erst einmal Klarheit und liefert einen Überblick. Nun soll es darum gehen, das vorhandene Vermögen zu bewahren, vor der Entwertung zu schützen und renditestark umzustrukturieren. Und wer nennenswerte Vermögenswerte aufbauen konnte, der ist bereits ein gutes Stück weit krisensicher. Das Vermögen gilt es dann eben aktiv vor Krisen zu schützen und natürlich auszubauen.

Bei starker Inflation ist das, wie beschrieben, beispielsweise auf dem Tagesgeldkonto nicht möglich. Man muss daher objektiv und emotionslos auf das eigene Anlageportfolio innerhalb der Privatbilanz schauen. Dann fällt auch auf, wo bisher bestimmte Schwerpunkte gesetzt wurden. Ein Vermögen in Papierwerten ist dabei bei Weitem nicht das einzige Ergebnis der Privatbilanz, das eine weitere kritische Prüfung der eigenen Krisensicherheit erfordert: Manch einer ist womöglich recht immobilienlastig unterwegs, hat viel Geld in das eigene, selbstgenutze Häuschen investiert. Das ist eine Erkenntnis, die auch auf bestimmte Risiken und Herausforderungen verweist.

Das Vermögen im eigenen Haus ist beispielsweise schwer zu liquidieren – weil man an diesem Lebenstraum hängt, weil es teilweise noch der Bank gehört oder weil die Immobilienpreise gerade so ungünstig sind. Damit ist das Eigenheim nicht so hilfreich in einer akuten Krise, die womöglich finanzielle Mittel in liquider Form erforderlich macht. Geld im eigenen Heim ist aber auch oft sehr solide investiert, vor allem sobald die Immobilie schuldenfrei ist.

Das alles sind Bewertungen, die sich aus der Bilanz des Nettovermögens ableiten lassen. Die Übersicht liefert Denkanstöße. Wer etwa in der eigenen Privatbilanz eine immobilienlastige Grundausrichtung erkennt, der sollte das bei den weiteren Investments auch berücksichtigen: Das eigene Häuschen gehört bei vielen Investoren so sehr zum Leben, dass es faktisch gar nicht als Investition gesehen wird: »Wohnen muss ja jeder!« Für weitere Investitionen sollte dann aber auch die eigene Immobilie in der Verteilung der 33 Prozent auf dem Bierdeckel berücksichtigt werden. Zudem hat das eigene, selbstbewohnte Haus aus Investorensicht auch Nachteile, die wir uns aber noch ansehen, wenn die Anlageklasse der Immobilien im Detail beschrieben und ihre Anlagemöglichkeiten aufgezeigt werden.

Betrachten Sie Ihre Bilanz mit der Renditebrille

Ans Licht kommen sollten bei der Privatbilanz auch die eventuellen Verbindlichkeiten, die teilweise unnötige Kosten verursachen. Diese schnell und übersichtlich zu erfassen, ist ein erster Schritt zum Vermögensaufbau. Vielleicht lässt sich durch die genaue Betrachtung hier sogar etwas optimieren. Die eigene Privatbilanz sollte auch jetzt, nachdem sie einmal aufgestellt wurde, nicht als absolut oder endgültig angesehen werden. Und ich halte es für ratsam, diese Privatbilanz in zeitlichen Abständen mehrmals zu erstellen und die Entwicklung zu kontrollieren.

Ein Beispiel: Gegebenenfalls wird laufend ein Kredit in Raten bedient, dessen Ablöse sich unter Umständen aus anderen Vermögenswerten bedienen lassen könnte – und zwar auf einmal. Die 100.000 Euro auf dem Tagesgeldkonto bringen kaum oder keine Zinsen. Der Autokredit in Höhe von 10.000 Euro wird aber weiter mit Tilgung und Zinsen bedient und schafft zusätzlich Zinsverluste. Der Wertverlust des Wagens und die Zinsen dieses Kredits, plus ein negativer Realzins auf dem Tagesgeldkonto: All das ergibt eventuell gleich mehrfach ein Minus. Weil die Kreditraten recht hoch sind und das Nettovermögen in Form von Bankguthaben keine nennenswerten Renditen oder gar nichts einbringt, fühlt es sich an, als wäre die eigene Investitionsfähigkeit damit ausgeschöpft. Dabei ist eben bisher nur falsch investiert worden.

Warum nicht den Kredit mit den vorhandenen Bankguthaben ablösen und wenigstens die Kreditzinsen sparen? Die bisherigen Raten an die Bank können eventuell sogar ab diesem Zeitpunkt abgelöst werden durch einen Sparplan in Sachwertinvestments. Ab dann besteht mindestens die Chance auf eine angemessene Rendite. Plötzlich sieht die ganze Rechnung anders aus. Mit den gleichen Zahlen ließ sich anhand der Bilanz ein monatlich freier Betrag aufspüren, der Investitionspotenzial bietet, ohne dass das Investment die eigenen finanziellen Möglichkeiten sprengen würde.

Oder vielleicht lässt sich ein aufgefundener Dispositionskredit mit hohen Sollzinsen in einen normalen Kredit mit niedrigeren Sollzinsen wandeln, wenn klar ist, dass er eben nicht zeitnah aus dem eigenen Vermögen ausgeglichen werden kann, weil die Privatbilanz kein entsprechendes Vermögen ausweist. Das reduziert immerhin die Zinsbelastung, deren Ersparnis sich auch wieder investieren ließe. Auch kleinere Summen haben langfristig großes Potenzial für einen lukrativen Sparplan, wie inzwischen schon klar geworden sein dürfte.

Es empfiehlt sich wahrscheinlich, die Verbindlichkeiten vorrangig abzulösen und sich eigene Vermögenswerte, aber auch Verbindlichkeiten, im Lichte der positiven und negativen Rendite anzuschauen. Schon kann sich das eigene Investitionspotenzial positiv entwickeln. Zumindest regt eine solche Betrachtung an zum Nachdenken über die eigenen Finanzen sowie optimalerweise auch über die anschließenden Handlungsoptionen.

Und ganz allgemein gilt es zu entscheiden, ob das aufsummierte Vermögen aus der Privatbilanz, sofern es positiv ausfällt oder durch Optimierung positiv werden kann, in den besten Anlageklassen investiert ist – ob es beispielsweise in der Summe eher inflationssicher investiert wurde oder ob zu viel in Form von Bargeld oder Bankguthaben auf die Kaufkraftminderung wartet. Oder ob eine starke Immobilienübergewichtung ein unnötiges Risiko und finanzielle Belastung mit sich bringt. Es gilt zu entscheiden, ob das monatlich verfügbare Einkommen zukünftig dem Vermögensaufbau zusätzlich Vorschub leisten kann.

Setzen Sie Ihr Einkommen planvoll zum Vermögensaufbau ein

Spare in guten Zeiten, dann hast du in der Krise: Nicht durch Einkommen wird man vermögend, sondern durch Sparen und Investieren.

Neben dem Nettovermögen gilt es die monatlichen Geldzuflüsse zu berücksichtigen. Es ist ähnlich verführerisch intuitiv wie beim Nettovermögen, die Gesamtausgaben und die Gesamteinnahmen eines Monats als gegeben hinzunehmen. Schließlich liegt vor allem bei einem Angestelltenlohn und einigen weiteren fixen Einnahmen sowie den monatlichen Ausgaben (die ja gerne »Fixkosten« genannt werden) das Gefühl nahe, dass sich die Verhältnisse immer ziemlich gleichen. Nach einer Lohnerhöhung fragt man nicht monatlich, Mieteinnahmen oder eine Rente ändern sich in ihrer Größenordnung auch selten substanziell.

Auf der Suche nach Sparpotenzial für den Vermögensaufbau nur auf das monatliche Einkommen zu schauen und den gegebenen Rahmen zu betrachten, wäre jedoch zu kurz gedacht. Also werden wir uns neben dem Nettovermögen auch detailliert das Sparpotenzial aus Einnahmen ermitteln *und* die Ausgaben betrachten und überdenken. Das Nettovermögen zeigt, was bisher hinsichtlich des Vermögensaufbaus erreicht werden konnte. Das Sparpotenzial zu ermitteln, wird einen Überblick darüber verschaffen, was in Zukunft optimiert werden kann. Die Kombination ist sehr aufschlussreich.

Es geht darum, einen Teil des Einkommens zu behalten, um ihn zu investieren. Dabei wird er auch dem unbedachten Konsum entzogen. Nach einer gewissen Zeit bringt das Spaß am Investieren. So kann das Nettovermögen wiederum effektiv erhöht werden. Mit der richtigen Strategie, durch den Einsatz dieser freien Spitze, werden nachhaltige Wertzuwächse erzielt. Auch dazu ist es zunächst äußerst hilfreich, sich das eigene Einkommen und das darin liegende Sparpotenzial einmal anzuschauen.

10 Prozent sparen: Ein gutes Ziel wäre beispielsweise: 10 Prozent der Einnahmen zu sparen und zu investieren.

Dabei hilft wieder eine tabellarische Aufstellung der möglichen Einkommensquellen. Dieses Mal ist die Tabelle mit einer weiteren Spalte versehen, die ein Sparpotenzial von 10 Prozent im Mittel annimmt. Das würde bei der unteren Mittelschicht schon interessante 150 Euro im Monat bringen. Dieser selbstverständlich über den Daumen gepeilte Wert von 10 Prozent ist für die allermeisten Bereiche umsetzbar.

	Einkommen netto	**Sparpotenzial 10 Prozent**
Einkommen aus nicht-selbständiger Arbeit		
Einkommen aus selbständiger Arbeit		
Einkommen aus Land- und Forstwirtschaft		
Mieteinnahmen, Pachten		
Einkommen aus nebenberuflichen Tätigkeiten		
Rente oder Pension		

	Einkommen netto	Sparpotenzial 10 Prozent
Einkünfte aus Kapitalanlagen		
Versicherungsleistungen		
Erziehungsgeld		
Kindergeld		
Urlaubsgeld		
Weitere Sonderzahlungen		
Sonstiges		
Summe:		

Sparpotenzial aus Einkommen

Ganz ähnlich wie beim Nettovermögen mit Vermögensbestand und Verbindlichkeiten gibt es auch beim Einkommen einen Gegenspieler. Das sind die fixen und variablen Ausgaben eines jeden Monats.

Durch Einkommen aus verschiedenen Quellen wächst erfreulicherweise zunächst das eigene Vermögen jeden Monat. Angestellte verzeichnen einen Geldeingang zum ersten oder 15. des Monats. Gleichzeitig haben aber viele Institutionen und Unternehmen auch festgestellt, dass dieser Monatserste eine hervorragende Zeit ist, um fällige Rechnungsbeträge abzubuchen: Der Vermieter bucht am Monatsanfang ab, die Kreditraten fürs Auto und die Abschlagszahlung der Stadtwerke oder der Kindergartenbeitrag werden eingezogen, und die Telefonrechnung wird ebenfalls abgebucht. Dann wird schon in den ersten Tagen jedes Monats klar, wie das Spielchen läuft.

Es kommt Geld rein, Lohn etwa, der Kontostand wächst kurz – und dann geht auch schon wieder Geld raus, der Kontostand verringert sich wieder. Alleine diesen simplen Zusammenhang einmal mit konkreten Zahlen zu hinterlegen, bringt so manche Erkenntnis. Was geht denn so raus?

Sparpotenzial aus fixen Ausgaben

	Einzelsumme	Sparpotenzial
Steuern		
Finanzierungen		
Versicherungen		
Leasingraten		
Telefon		
Rundfunkgebühren		
Vereinsbeiträge		
Kindergartenbeiträge		
Mieten		
Abokosten		
Wasser		
Strom		
Gas		
Sonstiges		

Verschiedene Posten in dieser Übersicht könnten Sparpotenzial haben, und genau dieses Sparpotenzial wird ermittelt und ebenfalls schriftlich in der Tabelle erfasst. Versicherungen könnten auf ihre Leistungen hin überprüft und mit dem Angebot von Wettbewerbern verglichen werden, Online-Portale wie Verivox oder Check24 helfen beim Aufspüren von Sparpotenzial. Auch bei anderen Leistungen, wie Telefon oder Strom, können günstigere Anbieter ermittelt werden.

Es ist sinnvoll, jeden einzelnen Posten zu prüfen – zunächst im Hinblick auf die Frage, ob die jeweilige Ausgabe überhaupt notwendig ist und, falls ja, ob nicht ein gewisses vorhandenes Sparpotenzial vorhanden ist. Die Summe der Sparpotenziale aus jedem einzelnen Posten in der obigen Tabelle der Einzelposten ergibt das gesamte Sparpotenzial.

Sparpotenzial aus fixen Ausgaben: ______________________ Euro

Bei manchen Ausgaben nutzt man gar nicht, was man zahlt. Dazu gehören womöglich bestimmte Vereinsmitgliedschaften oder das Abo des Fitnessstudios. Manche will man dennoch nicht kündigen, etwa die Mitgliedschaft im Förderverein des kleinen örtlichen Freibades, das jeden Euro brauchen kann.

Und weitere, wie etwa der Rundfunkbeitrag, ist eine Pflichtabgabe.

Auch hier kann man sich schnell einen Überblick über die fixen Ausgaben erstellen. Übrigens bedeutet »fix« hier vor allem regelmäßig, jedoch besteht die Möglichkeit, in manchen Bereichen zu wechseln oder einfach etwas sparsamer zu sein. Hinzu kommen dann abschließend noch die variablen Ausgaben, wieder mit Hinweis auf Sparpotenziale.

Sparpotenzial aus variablen Ausgaben

	Einzelsumme	**Sparpotenzial**
Kraftstoff		
Reparaturen		
Sonstige Reisekosten (Bahn, Bus, Flugzeug)		
Hobby, Freizeit		
Sport		
Tierhaltung		
Genussmittel		
Haushalt		
Kleidung, Kosmetik		
Urlaube und Reisen		
Anschaffungen		
Restaurants		
Friseur		
Taschengelder		
Bildung, Seminare		
Bücher		
Büromaterial		
Sonstiges		
Summe:		

Am Ende wird das Sparpotenzial ermittelt:

Monatliche Einkünfte: ______________________ Euro

Monatliche Ausgaben: ______________________ Euro

Sparpotenzial: ______________________ Euro

= Summe Sparpotenzial: ______________________ Euro

Investitionspotenzial ergibt sich oft sogar durch Umdenken

Weil die variablen Ausgaben im besten Wortsinne schwanken, lohnt da ein etwas längerer Betrachtungszeitraum, über den dann der Durchschnitt gebildet wird. Einen guten Überblick darüber liefert beispielsweise das berühmte Haushaltsbuch.

Weiteres Sparpotenzial kann kreativ ermittelt werden: Erwägen sie den Verkauf von Dingen, die nutzlos herumliegen oder lange nicht mehr gebraucht wurden.

Was können Sie schadlos zu Geld machen?

____

Im Keller, auf dem Dachboden und zum Beispiel in der Rumpelkammer kann nach Schmuck, Spielzeug, Bekleidung, Fahrzeugen, Fahrrädern und Ähnlichem gesucht werden; der Verkauf von nicht mehr genutzten Büchern, CDs, DVDs, Spielen und Bekleidung auf Portalen wie Momox, eBay et cetera kann erwogen werden.

Was können Sie durch Verkäufe investieren?

______________________________________ Euro

Es kann geprüft werden, ob Außenstände anderer Personen eingeholt werden können:

Was können Sie durch Außenstände investieren?

______________________________________ Euro

Und es können noch weitere Einkünfte aufgetan werden. Was können Sie tun, um Ihre Einkünfte zu erhöhen? Womöglich hilft Weiterbildung, um eine Lohnerhöhung zu erhalten oder Geld aus einem Nebenerwerb zu beziehen. Es bildet sich eine letzte Summe:

Was können Sie durch Einkommenszuwachs investieren?

______________________________________ Euro

Nun haben Sie Klarheit

Die nun erstellte Übersicht schafft Klarheit. Welche Vermögenswerte sind in der persönlichen Privatbilanz vorhanden und konnten bisher aufgebaut werden? Welche Verbindlichkeiten sind entstanden? Das Vermögen abzüglich der Verbindlichkeiten ergibt das Nettovermögen:

Vermögen ___________________________ Euro

Verbindlichkeiten ___________________________ Euro

= **Nettovermögen** ___________________________ Euro

Dieses Nettovermögen ist ein Beitrag zur eigenen Krisensicherheit. Es gilt grundsätzlich, es zu sichern und auszubauen. Neben dem Nettovermögen erzielt man ein regelmäßiges Einkommen, damit lassen sich (weitere) Vermögenswerte aufbauen. Hier kann die Schere zwischen Einkommen und Verbindlichkeiten in der Regel bereits durch kleinere Änderungen weiter geöffnet werden und es lässt sich Geld sparen. Kurz gesagt: Es ist möglich, mehr zu verdienen und weniger auszugeben.

Einkommen (nach Optimierung) ________________ Euro

Variable und fixe Kosten (nach Optimierung) ________________ Euro

→ (gesamtes) Sparpotenzial: ________________ Euro

Der Begriff »gesamtes Sparpotenzial« darf dabei als die Summe verstanden werden, die investiert werden kann. Das gesamte Sparpotenzial werden wir hier als frei verfügbares Einkommen bezeichnen. Weil das über einen sogenannten Sparplan läuft, verwenden wir hier den Begriff des Sparens. Es sollen aber ausdrücklich nicht das Sparbuch oder die Spardose Ziele der Investitionen sein.

Das frei verfügbare Einkommen, das ermittelt wurde, kann das Nettovermögen steigern. Zusätzlich besteht die Möglichkeit, beides fortan gemäß der Sachwertestrategie zu investieren. So nüchtern und bürokratisch kann ein höchst unterhaltsamer und erfreulicher Vermögensaufbau beginnen.

Abschließend ergeben sich daraus dann zwei hoffentlich nun erfreulich hohe Beträge, die investiert werden können: ein Betrag in Höhe des bestehenden Nettovermögens und der Betrag des monatlich für Investitionen frei verfügbaren Einkommens. Hier noch mal ein Tipp zur Erhöhung der Krisensicherheit, der gar nichts kostet: Schaffen Sie sich ein stabiles sicheres Umfeld von Menschen, die sich gegenseitig unterstützen im Falle einer Krise.

Die Höhe des Einkommens ist nicht ausschlaggebend: Es kommt nicht darauf an, wie viel man verdient, sondern wie viel man behält. Grundsätzlich gilt: Geben Sie monatlich nicht mehr aus, als Sie einnehmen.

ZIELE MOTIVIEREN ZUM VERMÖGENSAUFBAU

Die persönlichen Ziele sind mit Blick auf die Tatsache, dass niemand sonst die Verantwortung für die eigene finanzielle Absicherung und den eigenen Vermögensaufbau übernimmt, eindeutig Chefsache. Und der Chef sind Sie natürlich selbst. Sie legen fest, wie viel Geld aus dem vorhandenen Kapital investiert und wie viel, wann und wofür erwirtschaftet werden soll. Ziele sind sehr wichtig, weil sie dazu motivieren, die verfügbaren Summen auch wirklich in einen Sparplan zu stecken. Wer mag, kann sogar ein Bild von seinem Ziel im Wohnraum aufhängen. Das hilft sicher bei der Umsetzung, denn es steigert die Motivation.

Sicherlich hilft auch ein Blick auf die Privatbilanz, um die verfügbaren finanziellen Mittel zu investieren. Noch erfolgreicher kann es sein, sich die eigenen Ziele anzuschauen und sich auszumalen, wie diese erreicht werden.

Es zählt nicht nur der Broterwerb: Die meisten Menschen verbringen sehr viel wertvolle Lebenszeit, um Geld zu verdienen, und viel zu wenig Zeit, um Geld sinnvoll anzulegen. Jedoch kann Geld durch eine kluge Anlagestrategie zu einer dauerhaft unterstützenden Kraft im Leben werden. Das Ergebnis kann dazu führen, dass mehr Lebenszeit frei zur Verfügung steht.

Sie als Leser möchte ich gerne auffordern, einmal Ihr wichtigstes Ziel aufzuschreiben und das gegenwärtige Budget dafür zu vermerken:

Mein wichtigstes Ziel: ______________________________

____

Budget: (monatlich oder gesamt) ____________________ Euro

> **Wer das Ziel kennt, wird den Weg finden**: Grundlegend ist die Erkenntnis, dass klare Ziele dazu motivieren, Lösungen zu finden. Aus Erfahrung sind Ziele ein Ansporn für die Bemühung, sie dann auch tatsächlich zu erreichen.

Nun mag es sein, dass die eigenen Ziele und das dafür notwendige Budget nicht mit dem übereinstimmen, was laut Privatbilanz verfügbar ist: Es ist einfach nicht genug Geld zur Erreichung mancher Ziele da. Das kennen sicher sehr viele Menschen, und das führt zu Frustration. Trotzdem kann der Blick auf die Ziele die notwendige Energie freisetzen, zumindest den richten Weg einzuschlagen.

Vermögensaufbau ist wichtig und dringlich

Das Streben nach Zielen ist manchmal dringlich und manchmal aufschiebbar. Manchmal sind Ziele wichtig, manchmal auch nicht.

Bekannt – und zudem hilfreich – ist in diesem Zusammenhang das Eisenhower-Prinzip. Dazu werden Wichtigkeit und Dringlichkeit von Entscheidungen in einer Matrix abgebildet.

Manche Dinge sind dringlich, aber nicht wichtig. Das gilt etwa, wenn das Telefon klingelt: »Hallo, haben Sie Lust, an einer Umfrage teilzunehmen?« – »Nein, danke!«

Andere Ziele sind nicht wichtig *und* nicht dringlich: Man könnte mal die Briefmarkensammlung sortieren; es genügt aber auch, sich nächstes Jahr an diese Aufgabe zu machen.

Es gibt jedoch Ziele, die wichtig und dringlich zugleich sind: Der Fettbrand in der Küche droht auf das Haus überzugreifen, da greift man besser schnell zum Telefon und ruft lieber sofort mit Nachdruck die Feuerwehr!

Und manche Ziele sind wichtig, aber nicht dringlich, wie der Check-up beim Zahnarzt, wenn grad nichts wehtut. Diese vier möglichen Kombinationen von »wichtig« und »dringlich« beschreibt die Eisenhower-Matrix:

Wichtig, aber nicht dringlich Exakt terminieren und selbst erledigen	**Wichtig und dringlich** Sofort selbst erledigen
Nicht wichtig und nicht dringlich Nicht bearbeiten	**Nicht wichtig, aber dringlich** Delegieren

Die Eisenhower-Matrix

Im Anschluss werden Handlungsvorgaben aus dieser Matrix abgeleitet.

Wichtig, aber nicht dringlich: exakt terminieren und selbst erledigen.
Wichtig und dringlich: sofort selbst erledigen.
Nicht wichtig und nicht dringlich: gar nicht bearbeiten.
Nicht wichtig, aber dringlich: delegieren.

Dieses Prinzip wird in Firmen gerne angewendet, um Managementprozesse zu verschlanken und zu optimieren. Dort lautet die Grundfrage: Wie kann ein Verantwortlicher seine Aufgaben mit limitierter Zeit und Energie schaffen und so priorisieren, dass er wirklich effizient und effektiv Fortschritte macht?

Das sollte Anlegern auch gefallen. Denn die eigene Anlagestrategie sollte möglichst einfach sein, dabei aber bedeutende Fragen beantworten. Dieses Prinzip lässt sich gut auf die eigenen Ziele im Finanzbereich anwenden. Dann lautet die Frage: Wie kann ein Verantwortlicher seine Ziele bei begrenzten finanziellen Mittel erreichen und so priorisieren, dass er wirklich Fortschritte macht?

Was taucht unter diesem Gesichtspunkt denn an Aufgaben auf?

Wichtig und dringlich sind beispielsweise die kurzfristigen finanziellen Herausforderungen, wie die Zahlung einer nötigen Reparatur des Autos, mit dem man zur Arbeit kommt oder die Kinder zur Schule bringt.

Nicht wichtig, aber dringlich sind regelmäßige Konsumkosten, wie Rechnungen für Abonnements, die bezahlt werden müssen. Sonst schreibt Netflix eine Mahnung mit Mahnkosten, die immer höher werden.

Nicht wichtig und nicht dringlich sind viele einmalige Konsumausgaben, Impulskäufe und die kleinen Belohnungen im Alltag. Wer meint, dass Konsum meistens nicht dringlich ist, hat Recht, sollte das aber mal mit dem eigenen Kind am Quengelregal an der Supermarktkasse diskutieren oder die eigenen Impulskäufe betrachten.

Wichtig, aber nicht dringlich ist der zukunftsorientierte Vermögensaufbau, der gerade deshalb immer mal gerne nach hinten geschoben wird. Denn er schreit nicht sofort nach Bearbeitung, lässt sich problemlos aufschieben und rückt erst in der nächsten finanziellen Krise urplötzlich und manchmal brutal in das Feld »wichtig und dringlich«. Irgendwann wird es plötzlich wichtig, ein Vermögen zu haben. Und das ist genau dann, wenn eine Krise herrscht. Bis dahin lässt sich das Thema noch auf morgen verschieben. Dann war heute wieder der Tag, an dem entschieden wurde, kein Vermögen und keinen Krisenschutz aufzubauen.

Damit wird die Entscheidungsmatrix für Investitionen mit Handlungsempfehlungen auch klar.

Eisenhower für Investoren: Das Investieren sollte als wichtig und zugleich dringlich eingestuft werden: Daran erinnern meist kleine und große Krisen, die dazu anhalten, sich sofort selbst ums liebe Geld zu kümmern und die Hausaufgaben in Sachen Investments gründlich zu erledigen, um für kommende Herausforderungen gewappnet zu sein.

Es gilt, sich selbst als Investor um den eigenen Vermögensaufbau zu kümmern, der wichtig ist und schnell dringlich werden kann. Dafür sollte die begrenzte Ressource Geld optimal eingesetzt werden.

Mein Rat: Beginnen Sie sofort, damit Sie das Maximum an Zeit nutzen können. Investieren Sie nicht bloß dann, wenn etwas Geld dafür übrig ist, sondern investieren Sie von vornherein Geld, damit mehr vorhanden ist, wenn eine Krise kommt. So können Sie zunehmend gelassen sagen: »Lass die Krise kommen!«

Es ist ratsam, sich um die wichtigen Ziele zu kümmern, am besten (auch) um solche, die wichtig, aber noch nicht unbedingt dringlich sind. Diese sollten genauso zeitnah behandelt werden, da sie ja spätestens in Zeiten einer Krise ganz sicher dringlich und wichtig werden. Das ist jedoch gegenintuitiv, und deswegen neigen viele Menschen dazu, es anders zu handhaben.

Denn dringliche Probleme und Aufgaben sind lauter als wichtige: Das Amazon-Prime-Abo mit 20 Prozent Rabattcode aus der Werbung erzeugt womöglich höheren Handlungsdruck und auch mehr Spaß am Handeln als der 50-Euro-Sparplan für die Rente in 40 Jahren. Den kann man auch nächsten Monat noch einrichten, dann ist die Rabattaktion von Amazon aber ausgelaufen. Sie sollten trotzdem besser genauso handeln wie in einem Unternehmen und nach dem Eisenhower-Prinzip strikt die Kategorien »wichtig und dringlich« sowie »nur wichtig« gegenüber den »dringlichen und nicht wichtigen« priorisieren.

James W. Frick formulierte es einmal so:

»Sag mir nicht, was deine Prioritäten sind. Zeige mir, wofür du dein Geld ausgibst, und ich sage dir, was sie sind.«

Sind Ihre Ziele eher der Vermögensaufbau oder der Konsum?

Ziele. Wir brauchen große Ziele.

Ziele verstärken die Motivation. Es nützt wenig, voller Energie und Tatendrang zu sein, wenn man nicht weiß, wofür man seine Kraft einsetzen sollte. Das ist wie ein Auto mit 1000 PS auf einer ölverschmierten Fahrbahn. Es ist viel besser, die eigene finanzielle Gestaltungskraft an einem klaren Ziel auszurichten, um die Energien zu bündeln und die Motivation zu heben.

Wenn dann zum klaren Ziel ein kluger Plan erarbeitet wird, ist die Sache schwerlich aufzuhalten. Bestens geeignet ist die Formulierung von SMART-Zielen.

Die Abkürzung SMART bedeutet:

Spezifisch
Messbar
Attraktiv
Realistisch
Terminiert

Erfüllen Ziele diese fünf Kriterien, so ist es realistisch, sie auch zu erreichen.

Schwierig ist:

»Ich möchte reich werden.«
»Ich möchte erfolgreich sein.«
»Meine Kinder sollen es einmal besser haben als ich.« Oder:
»In der Rente will ich das Leben führen, das ich immer schon führen wollte.«

Das sind zwar verbreitete Aussagen und oft geäußerte Wünsche, aber keine besonders guten Ziele.

Versuchen Sie es lieber nach SMART und formulieren Sie Ihre Ziele konkret, anstatt allgemein.

»Ich möchte in zehn Jahren 100.000 Euro haben, um damit eine einjährige Auszeit zu nehmen und mit dem Kreuzfahrtschiff die Welt zu umrunden.«

Das ist ein konkretes Ziel.

Gut ist, dass es ein eher langfristiges Ziel ist. Denn die Menschen unterschätzen, was sie in einer langen Periode schaffen können und überschätzen in der Regel, was sie in einem kurzen Zeitraum bewerkstelligen können. Wer sich Zeit nimmt, kann es aber dennoch mit einem großen Ziel versuchen. 100.000 Euro können je nach persönlicher Lebenssituation schließlich eine ganz schön große Aufgabe darstellen. Außerdem ist das Ziel im Beispiel attraktiv und terminiert, es ist ziemlich spezifisch und auf den Cent messbar. Aber ist es realistisch?

100.000 Euro, heruntergebrochen auf zehn Jahre, sind schon nur noch 10.000 im Jahr, das sind dann wiederum 833,33 im Monat. Das ist auch noch viel – oder nicht?! Vielleicht hat die freie Spitze das in der Privatbilanz gar nicht hergegeben? Wenn man monatlich per Sparplan in Aktien eines MSCI World-ETFs anlegt und die durchschnittliche Rendite der vergangenen Jahre zugrundelegt, dann reichen schon 523 Euro pro Monat für zehn Jahre, bei monatlichem Ausschüttungsintervall, weil die Zinseszinsen den Rest auffüllen. Es wird deutlich: Wenn das Ziel klar ist, kann der Weg dorthin ziemlich fix optimiert werden. Die Instrumente ergänzen bereits jetzt das eigene Investitionsverständnis. 523 Euro im Monat sind doch schon eindeutig leichter aufzubringen. Eingezahlt werden bei dieser Rechnung nur 62.760 Euro in den ganzen zehn Jahren.

Wer sich auf Basis dieser Berechnungen als junger Mensch dann sogar noch mehr Zeit lässt, erst mal arbeiten möchte und sich lieber geruhsame 20 Jahre bis zur großen Reise lässt, dem genügen dann unter diesen Bedingungen schon 151 Euro im Monat (und 36.240 Euro Einzahlung in der ganzen Zeit).

Eine schnelle Rechnung lässt erkennen, dass 151 Euro weitaus weniger sind als ein Drittel der in zehn Jahren (der halben Zeit) notwendigen 523 Euro pro Monat. Hier hilft wieder der Zinseszinseffekt, der sich mit der Verlängerung der Anlagezeit in immer stärkerem Maße positiv auswirkt.[41]

Der Anlagehorizont beschreibt, wie lange ein Anleger sein Geld in eine Vermögensanlage investieren kann und will. Durch einen längeren Zeitraum wird logischerweise die monatliche Aufwendung für ein fixes Ziel geringer – oder die erreichbare Endsumme höher. Der Zinseszins entfaltet seine Wirkung dann, wenn die Erträge thesauriert werden und ihrerseits Gewinne einfahren, je länger desto mehr. Anlagezeitraum und Zinsen können extrem hilfreich auf dem Weg zu vielen finanziellen Zielen sein. Sie erlauben sehr oft, das »R« für »realistisch« bei den SMART-Zielen hinzuzufügen und sind bei der spezifischen Formulierung des Ziels nützlich. Die Hebelwirkung des Zinseszinses wird oft unterschätzt, Zeit ist extrem wichtig.

Ein weiteres Ziel:

Mein Kind soll es einmal besser haben als ich: »Zum 20. Geburtstag meines Kindes möchte ich die notwendigen Rücklagen besitzen, um ihm ein Studium zu ermöglichen. Ich kalkuliere für etwa vier Jahre Studium in einer fremden Stadt, mit Miete und allen Kosten etwa 1000 Euro im Monat – das ergibt 48.000 Euro.«

Dieses Beispiel zeigt, dass es sehr hilfreich sein kann, ein vages, eher ungeeignetes Ziel zu konkretisieren, also genauer zu benennen. So lässt sich aus dem Status quo laut Privatbilanz klar ermitteln, wie sich das Ziel erreichen lässt, sprich wie das notwendige Vermögen gebildet wird.

Man bekommt langsam ein Gefühl für die Relationen: Die 48.000 Euro für das Studium sind nicht einmal die Hälfte der 100.000 Euro Vermögensziel aus dem vorigen Beispiel, in ebenfalls 20 Jahren. Dafür wird deutlich weniger als 151 Euro im Monat benötigt, vorausgesetzt, die Anlagemöglichkeit wirft eine vergleichbar gute Rendite ab. Das erscheint nun sehr gut machbar, wenn sich die Aktien durchschnittlich im Rahmen der historischen Entwicklung bewegen. Wenn das Ziel konkret ist, wird der Weg sehr schnell klar. Und viele Ziele passen plötzlich viel besser zu den eigenen Möglichkeiten laut Privatbilanz.

Konkrete Anlage für das Studium des Nachwuchses: Bei einer durchschnittlichen Rendite von 9 Prozent des MSCI World der vergangenen Jahre wären etwa 73 Euro 20 Jahre lang monatlich zu investieren, um die Summe zusammenzubekommen, die für die Ausbildung des Nachwuchses benötigt werden.

Ein Ziel wird in kleinere, schneller zu erreichende Meilensteine zerlegt, die am besten wieder spezifisch, messbar, attraktiv, realistisch und terminiert sein sollten:

Ein Ziel mit einem Plan versehen: Jeden Monat spare ich gut 73 Euro für mein großes Ziel, meinem Kind einmal ein Studium ohne Finanzdruck zu ermöglichen und investiere das Geld dazu per Sparplan in einen globalen Aktien-ETF bei der XYZ-Bank.

Ganz konkret, wie versprochen. Und mit sehr guten Chancen auf Verwirklichung. Legen Sie einmal ihr Ziel SMART-konform fest. So wie hier:

	Ich werde …
Spezifisch	… 523 Euro per Dauerauftrag am 1. des Monats …
Messbar	… zehn Jahre, jeden Monat, die exakte Summe, vor allen anderen Ausgaben …
Attraktiv	… für mein großes Ziel einer Weltreise in der Auszeit …
Realistisch	… durch einen Sparplan investieren, den ich realistisch einhalten kann …
Terminiert	… mit präziser Zielerreichung in zehn Jahren!

Jetzt, da Sie vorhandene Ziele klar und konkret formulieren können, prüfen Sie bitte, ob ihre schriftlichen Notizen dazu tatsächlich konkret sind und ergänzen Sie die notwendigen Angaben gegebenenfalls.

Hier ist Platz für Ihre neuen SMART-Ziele:

Spezifisch ______________________________

Messbar ______________________________

Attraktiv ______________________________

Realistisch ______________________________

Terminiert ______________________________

Das wirkt! Solche Ziele sind erreichbar, wenn dafür nur das nötige Investitionskapital freigestellt und lang genug eingesetzt wird.

Lassen Sie uns noch einmal rekapitulieren: Einerseits wurde die Privatbilanz erstellt, um zu sehen, welche finanziellen Mittel für die eigenen Ziele zur Verfügung stehen. Und andererseits werden konkrete Ziele festgelegt und mit dem notwendigen Budget versehen. Dadurch wird die Anlagestrategie sehr realistisch. Und gegebenenfalls verändern Sie noch einmal die Gewichtung zwischen Konsumausgaben, bei denen das Geld sicher weg ist und den Investitionen, die den Vermögensaufbau zur Zielerreichung fördern.

Zwischenfazit: Das Sachwerteinvestment auf dem Bierdeckel

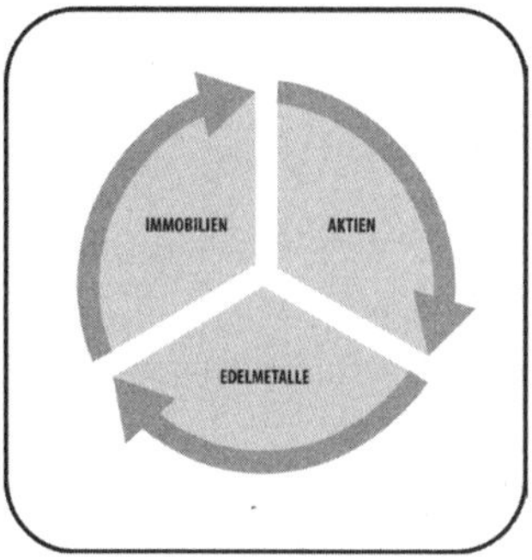

Anlageklasse Aktien – Wachstum
Anlageklasse Edelmetalle – Sicherheit
Anlageklasse Immobilien – Stabilität

Das Sachwerteinvestment auf dem Bierdeckel

Nun ist klar, welches Investitionsvolumen insgesamt und monatlich zur Verfügung stünde. Hoffentlich haben die SMART-Kriterien Ihren Willen gefestigt, Verantwortung zu übernehmen und die eigenen Ziele zu verfolgen. Es muss nunmehr darum gehen, Geld (Papierwerte) in ertragreiche Anlageklassen (Sachwerte) zu überführen, also zu investieren. Das machen wir mit dem Investitionsplan. Es kann in drei Anlageklassen investiert werden, die allesamt die Kriterien der Sachwerte erfüllen.

Diese drei Anlageklassen werden im Folgenden noch einmal im Detail vorgestellt und auf ihre Vor- und Nachteile hin betrachtet. Zudem werden wichtige Wechselbeziehungen dieser Anlageklassen untereinander skizziert, damit ein mögliches Investment in diesem Bereich sicher und eigenständig gesteuert werden kann. Es wird jetzt schon sehr konkret.

Jede dieser Anlageklassen hat ihre eigenen Vorteile. Diese sind selbst für unerfahrene Investoren nachvollziehbar und durch einfache Investmentprodukte darstellbar. Der geringe Analyseaufwand in Kombination mit der guten Rendite ist für jeden Investor ein Vergnügen. Also nähern wir uns jetzt konkret dem Ziel, in die einzelnen Anlageklassen zu investieren.

DIE MAGIE DER EINFACHEN GELDANLAGE

Im Rahmen der Privatbilanz haben Sie nun hoffentlich das Sparpotenzial ermittelt und neue Möglichkeiten zum Investieren aufgetan. Beim Investment, zunächst einmal ganz gleich in welche Anlageklasse, geht es schnell um die Frage, ob es besser ist, einmal eine größere Summe zu investieren oder einen monatlichen Sparplan zum Vermögensaufbau zu nutzen. Beides hat tatsächlich Vor- und Nachteile.

Einmalinvestment oder Sparplan? Beides ist möglich.

In Aktien, Edelmetalle oder Immobilien kann man technisch eigentlich zu jeder Zeit investieren. Man kann dreimal am Tag für eine kleine Summe kaufen, oder einmal im Jahr sein gesamtes Nettovermögen investieren (was höhere Risiken birgt, falls der Einstiegszeitpunkt ungünstig ist).

Um hier die richtige Entscheidung zu treffen, fehlen vermutlich noch ein paar Informationen. Einiges ist aber auch jetzt schon klar:

Investiert man vor einem Anstieg im jeweiligen Zyklus viel Geld in eine Anlageklasse und kauft man die Sachwerte zur richtigen Zeit, während sie unterbewertet sind, so steigt der investierte Betrag, von beispielsweise 10.000 Euro als Einmalanlage gleich einmal um einige Prozent und bringt Gewinn. Ist die jeweilige Anlageklasse überbewertet, so wird wahrscheinlich in Kürze der Preis fallen, dann geht es in die andere Richtung.

Weil das Investment großer Summen ohne Wissen und Strategie – und ohne Vertrauen – merkliche Ausschläge in beide Richtungen verzeichnen kann, wird häufig doch erst einmal ein Sparplan ins Auge gefasst, bei dem ein Teil des Geldes vom Sparbuch oder das monatlich frei verfügbare Geld ratenweise in die noch zu wählenden Anlageklassen investiert wird. Angesichts der immer gültigen Empfehlung, nicht zu viel Geld auf eine Karte und ins Risiko zu setzen und der guten Praxis, mit kleineren Summen zu beginnen und dabei zu lernen, ist das sicher nicht falsch.

Diese Strategie, das Investment über einen längeren Zeitraum zu strecken, hat darüber hinaus auch den klaren Vorteil, dass Sie die sogenannten Durchschnittskosten nutzen können, auch Cost-Average-Effekt genannt. Weil ja Schwankungen Teil des immer vorhandenen Risikos darstellen, wird einfach regelmäßig in gleichen Raten investiert – beispielsweise monatlich. Diese Möglichkeit des Investments empfiehlt sich besonders für Investoren, die neu am Markt sind, weil sie dadurch ohne umfassende Vorkenntnisse einen vernünftigen Durchschnittspreis für ihr Investment in schwankende Anlageklassen erhalten und damit extreme Über- oder Unterbewertungen vermeiden. Es wird ganz einfach mal teurer und mal billiger gekauft. Ist der jeweilige Wert gerade teuer, reicht die feste Rate nur für eine geringere Stückzahl. Ist er billig, reicht sie für mehr. Das funktioniert auch gut mit geringen Raten, und auf den Einstiegszeitpunkt kommt es durch die regelmäßig über die Zeit verteilten Raten überhaupt nicht an.

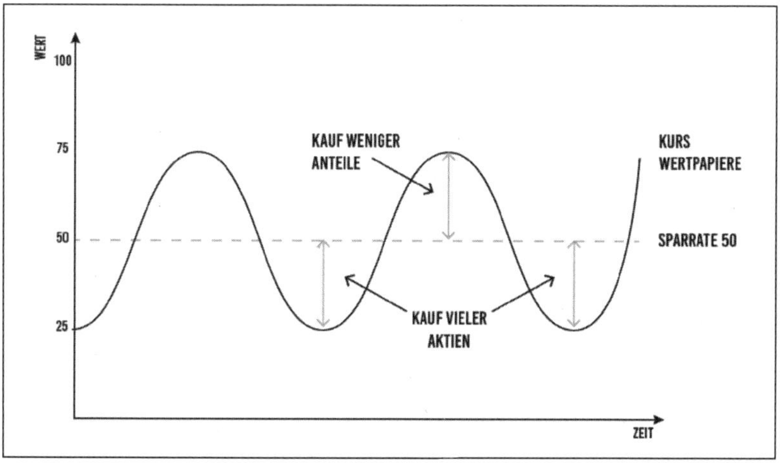

So funktioniert der Cost-Average-Effekt (Durchschnittskosteneffekt).

Durch den Kauf über einen längeren Zeitraum kauft der Anleger dann nicht ausgerechnet zu einem Zeitpunkt extremer Überbewertung der jeweiligen Anlageklasse (beispielsweise bei einem Aktienhoch). Aber natürlich erwischt er dann auch nicht genau den Zeitpunkt, an dem sie extrem unterbewertet ist. Stattdessen wird eben ein Durchschnittspreis bezahlt – allerdings ein günstiger Durchschnittspreis, weil durch die immer gleiche Rate mehr gekauft wird, wenn gerade günstige Preise vorliegen. Das ist weitaus besser als das Risiko, zu einem sehr ungünstigen Zeitpunkt einzusteigen.

Sparpläne sind schon deshalb attraktiv, weil man sofort beginnen kann und sich dann gar nicht mehr um den Kursverlauf kümmern muss. Man muss auch nicht das durchaus riskante Spiel beginnen, ohne Strategie und Übersicht eigene Einschätzungen und Prognosen zu möglichen Kursverläufen zu bilden. Es entfällt schlichtweg die Aufgabe, für eine einmalig große Summe oder für das regelmäßig monatlich anfallende Sparpotenzial den richtigen Einstiegszeitpunkt zu finden.

Langfristig ist der Kursverlauf bei allen hier genannten Sachwertinvestments positiv gewesen. Daher hat diese Strategie, längere Zeit zum Durchschnittspreis zu kaufen und die Assets zu halten, klare Vorteile in der Handhabung. »Buy and hold« (kaufen und langfristig halten) und der Cost-Average-Effekt (Durchschnittskosteneffekt) lassen sich kombinieren, sind einfach und bequem umsetzbar und stellen darüber hinaus auch noch ein gutes Investment dar.

Sachwerteinvestment und Sparplan: Für die bisherige Strategie, die ja fortlaufend durch mehr Wissen und einen besseren Überblick ausgefeilt werden kann, ergibt sich wieder ein interessanter Zwischenstopp: Die Idee, mit einem Sparplan in verschiedene Anlageklassen im Bereich der Sachwerteinvestments zu investieren, also jeweils ratenweise Aktien, Gold und Immobilien zu kaufen, liegt nahe und ist empfehlenswert. Durch das Wissen um den Cost-Average-Effekt erübrigt sich die Frage unerfahrener Investoren, wann der richtige Einstiegszeitpunkt gekommen ist.

Banken empfehlen folglich auch gerne Sparpläne auf Fonds und Aktien nach dem Cost-Average-Effekt, dann müssen sich Kunde und Berater viel weniger um den Einstiegskurs kümmern und es gibt eine realistische Chance auf einen ganz ordentlichen Gewinn.

Auch unerfahrene Investoren können auf diese Weise entspannt beginnen, ihr Markteinstieg wird dadurch etwas besser als durchschnittlich sein. Das ist ganz okay für den Anfang, häufig sogar mehr als okay im Vergleich zu anderen Anlagemöglichkeiten.

Vor allem wenn laut Privatbilanz ein höheres Nettovermögen in Form von Bargeld oder Sparguthaben vorhanden ist, hat aber auch die Einmalanlage ihren Charme, weil das Inflationsrisiko von Geldkassette, Girokonto, Sparbuch oder Tagesgeld dann abgewendet und in eine gute Chance auf eine bessere Rendite verwandelt werden kann. Gerade da lohnt sich die Überlegung, ob es nicht günstiger wäre, alles möglichst schnell in inflationsgeschützte Sachwerte zu investieren. Wer größere Summen auf dem Sparbuch hat und dann nur die monatliche freie Spitze in einen Sparplan mit mehr Renditeaussicht investiert, der setzt den Rest der hohen Liquidität eben weiter dem Inflationsrisiko aus. Zwar nutzt er dann schon das Werkzeug zur Gewinnerzielung, setzt es allerdings zunächst nur für einen kleinen Teil seines Vermögens ein.

Herrscht gerade eine hohe Inflation und reduziert sich die Kaufkraft der Papierwerte auf Giro-, Spar- und Tagesgeldkonto, kann dieses Streben nach besserer Rendite und einem profitableren Realzins schnell an Bedeutung gewinnen. Außerdem entgeht dem Anleger bei schwerpunktmäßigem Investment in Papierwerten ja auch viel Renditepotenzial. Das muss er sich buchstäblich leisten können und wollen. Das vorhandene Vermögen wird nach den bisherigen Ausführungen unter einem neuen Aspekt der Chancen betrachtet: Auf dem Sparbuch ist es langfristig mehr Risiken als Chancen ausgesetzt.

Eine hohe einmalige Investition empfiehlt sich dennoch eher den erfahrenen Anlegern, die entsprechende Vorkenntnisse mitbringen. Solche Profis können den Markt einschätzen und wissen genau, in welcher Börsenphase er sich gerade befindet. Sie sollten in der Lage sein, Unterbewertungen zu erkennen und einen ziemlich guten Einstiegszeitpunkt zu nutzen. Hilfestellungen, um gute Kaufgelegenheiten zu erkennen, werden daher im weiteren Verlauf des Buches geboten. Grundsätzlich kann ja auch die Strategie, bei einem gewissen Kursverfall der anvisierten Anlageklasse erst einmal einen Teil des Nettovermögens einzusetzen und dann bei stärkerem Kursabfall noch mehr zu investieren, schon vorsichtig in Betracht gezogen werden. Eine Anlagestrategie mit planvollen Abläufen macht es möglich, erste Entscheidungen zu treffen und sich in diesem Bereich vor allen Dingen sicher zu fühlen.

Für unerfahrene Investoren ist dennoch der Cost-Average-Effekt, umgesetzt durch einen monatlichen Sparplan, immer eine gute Möglichkeit zum vorsichtigen Einstieg. Bei größeren Barmittelbeständen, Sicht- oder Spareinlagen können die Sparplanraten ja zunächst einmal üppiger ausfallen. So könnte beispielsweise über das monatliche frei verfügbare Einkommen hinaus zusätzlich ein Teil des vorhandenen Nettovermögens in die monatlichen Raten einfließen, bis alles angemessen investiert ist.

Level 2 der eigenen Anlagestrategie bestünde jedoch darin, sich die notwendigen strategischen Entscheidungen zu erarbeiten und die Analyse zu einem jeweils guten Investitionszeitpunkt auch für höhere Investitionen oder für eine Umschichtung innerhalb der Anlageklassen zu beherrschen. Am Ende sind es dann wieder die Strategie und die eigene Analyse, die den Unterschied machen. Die Expertise wächst ja hoffentlich schon während der ganzen Zeit mit dem Lesen dieses Buches. Dann kann die bestehende Sparplanrate über die Summe der monatlichen freien Spitze hinaus deutlich erhöht werden. In diesem Rahmen lässt sich auch ein Teil des Nettovermögens monatlich neu investieren. Alternativ ist es denkbar, in künftigen Phasen starker Unterbewertungen größere Einmalinvestitionen zu tätigen.

Ebenfalls möglich: Einmalinvestment und Sparplan in Kombination

Am Ende bleibt es jedem selbst überlassen, wie er sich entscheidet, denn mit einem Sparplan und dem Cost-Average-Effekt läuft schon einiges richtig, und der Aufwand ist überschaubar gering. Einmal eingerichtet funktioniert alles automatisiert. Das schafft Beständigkeit, man kann sofort beginnen und muss den Markt gar nicht weiter beobachten.

Wer jedoch mehr Rendite erzielen möchte, kann sein vorhandenes Nettovermögen für eine Einmalanlage bereithalten, weil es dann bei einem gut zu ermittelnden günstigen Kaufzeitpunkt gleich mal in unterbewertete Vermögenswerte fließen kann. Mit dem monatlich verfügbaren Einkommen wird parallel dazu ein Sparplan aktiviert, der im Durchschnitt günstige Einstiegskurse liefert. In einer Phase der Unterbewertung kann ein Anleger, der sie erkennt, mit dieser Strategie eine womöglich vorhandene Reserve als Einmalanlage investieren. Das ist für erfahrene Investoren immer eine sinnvolle Option.

Wenn die Privatbilanz wenig Nettovermögen zutage fördert und wenig Geld auf Bankkonten liegt, dann richten Sie einen Sparplan ein. Die Höhe der Raten richtet sich nach dem ermittelten und optimierten Sparpotenzial, also dem monatlich verfügbaren Investitionspotenzial. Damit beginnen Sie mit dem Vermögensaufbau.

Wurde ein größeres Nettovermögen ermittelt, das zudem noch auf der Bank gerade wenig Rendite bringt, so können Sie diesen Teil des Kapitals als Investitionsreserve nutzen. Sie können wahlweise auf eine Kaufgelegenheit für ein Einmalinvestment warten oder es nach und nach investieren, indem Sie die Raten Ihres Sparplans entsprechend erhöhen. Wenn Sie sich schon zutrauen, Unterbewertungen sicher zu erkennen, dann können Sie den Sparplan und die Einmaleinlage danach steuern.

Es ist ansonsten empfehlenswert, dieses Sachwertinvestment auf mehrere Anlageklassen zu streuen. Investieren Sie eine gute Summe aus dem Nettovermögen erst einmal zu etwa gleichen Teilen in die drei Anlageklassen Aktien, Gold und Immobilien – so viel, dass Sie sich damit sicher und gut fühlen. Die freie Spitze investieren Sie dann entsprechend den Kenntnissen, die Sie sich in den nächsten Kapiteln aneignen: entweder gleichmäßig verteilt in alle drei Anlageklassen oder, wenn eine klare Unterbewertung vorliegt, verstärkt in eine unterbewertete Anlageklasse. Wann von einer Unterbewertung auszugehen ist, das gilt es noch zu ermitteln, weil sich damit die Wahrscheinlichkeit einer besonders rasanten Entwicklung nach oben erhöht.

Dazu gleich mal ein Tipp: Auch wenn es hier vorrangig ums Investieren geht – das Monatseinkommen gehört auf das Girokonto und bedient die notwendigen Ausgaben und Verbindlichkeiten. Das frei verfügbare Investitionskapital wird in einen regelmäßigen Sparplan überführt. Wichtig: Zuerst bezahlen Sie sich selbst, also sollte dieser Dauerauftrag vor allen anderen Abbuchungen eingerichtet werden.

Zwei bis drei Monatsgehälter gehören dann noch auf ein Tagesgeldkonto, wo es vom restlichen Geld klar getrennt liegt, aber jederzeit verfügbar ist – für unvorhersehbare Herausforderungen und Krisen. Der Rest sollte sehr bedacht investiert werden, in die Anlageklassen, die in den folgenden Kapiteln noch ausführlich erläutert werden.

Der Sparplan: Regelmäßige Abbuchungen für den Vermögensaufbau

Im nächsten Schritt sollte ein Sparplan eingerichtet werden. Diesen können Sie sich praktisch zunächst wie einen Dauerauftrag vorstellen. Die Höhe der Sparraten ergibt sich aus dem eben ermittelten Nettovermögen und dem frei verfügbaren Einkommen.

Dazu empfiehlt es sich, noch einmal zurückzublicken und zu prüfen, wann denn die großen Abbuchungen für laufende Rechnungen stattfinden, etwa für Telefon, Miete, Strom, Gas, Kreditraten et cetera – nämlich üblicherweise am Anfang des Monats.

Der Stromanbieter und die finanzierende Bank des Autokredits wissen, dass es klüger ist, am Anfang des Monats abzubuchen als am Ende. Denn dann sind weniger Zahlungsausfälle zu beklagen. Beiden ist vermutlich bekannt, dass sie auf diese Weise bei den allermeisten Kunden auch dann an ihr Geld kommen, wenn es mal gerade etwas knapp ist. Es erhöht die Wahrscheinlichkeit, dass ihre Forderungen zuverlässig bedient werden, wenn sie zum Monatsersten am besten per Dauerauftrag ihr Geld bekommen – und das ist für sie sehr bequem.

Und die Rentenkasse nimmt sich ihr Geld, bevor es überhaupt auf dem Konto eines Angestellten landet. Dass das Konto zum Monatsanfang (noch) gut gefüllt ist, das sollte man sich unbedingt zunutze machen. Die Entnahme für den Sparplan gilt es als Dauerauftrag einzurichten – damit ohne jedes weitere Zutun automatisch in die eine oder in mehrere gewählte Anlageklassen investiert wird. Das schafft eine hohe Verbindlichkeit.

Damit ist ein dauerhaftes Sparen etabliert, und das ist als Ausgangspunkt für eine krisensichere Vermögensbildung schließlich am wichtigsten. Warren Buffett sagt dazu:

»Spare nicht, was nach dem Ausgeben übrigbleibt, sondern gib aus, was nach dem Sparen übrigbleibt.«

SACHWERTESTRATEGIE: DIE DREI ANLAGEKLASSEN IM ÜBERBLICK

Sie haben aufgrund Ihrer persönlichen Vermögensbilanz nun ermittelt, was Sie investieren können. Außerdem haben Sie sich erste Gedanken gemacht, ob ein Einmalbetrag oder ein Sparplan oder beides in Kombination individuell am besten zu Ihnen passt.

Jetzt stellt sich zwangsläufig die Frage, in welchen Sachwerten Sie das investierbare Geld anlegen sollten. Darum geht es in diesem Kapitel – um die drei möglichen Anlageklassen Edelmetalle, Aktien und Immobilien. Edelmetalle und Aktien sind dabei aus meiner Sicht für Vermögensaufbau und Krisensicherheit unbedingt erforderlich – Immobilien können zur Vervollkommnung der Strategie ergänzt werden, auch wenn das nicht zwingend notwendig ist.

Die erste Anlageklasse: Edelmetalle

Edelmetalle sind die erste Anlageklasse einer krisensicheren Investmentstrategie. Wie schon erwähnt werden Aktien und Immobilien folgen.

Gold gilt bei vielen Menschen als sehr krisensicher, insbesondere wenn die Wirtschaft stagniert oder schwächelt oder die Inflation hoch ist, die Börsen einbrechen oder geopolitische Spannungen vorhanden sind. Wenn viele ihr Vermögen und ihren Wohlstand in Gefahr sehen, dann wird Gold als sicherer Hafen gesucht. Das ist weithin bekannt und lässt sich so auch beobachten. Das allein ist spannend genug. Gold unterliegt zwar in seiner

Wertentwicklung auch Zyklen, aber die Menschen glauben seit Tausenden von Jahren an Gold.

Gold ist dabei auch nicht so konjunkturabhängig wie etwa Aktien. Es ist damit von vielen wirtschaftlichen Prozessen – und Krisen – entkoppelt oder entwickelt sich in diesen Zeiten sogar eher entgegengesetzt. Genau diese entgegengesetzte Entwicklung verhilft der Sachwertestrategie zu Stabilität und Sicherheit. Gold ist eben vor allem als Wertaufbewahrungsmittel, Schmuck und Wertanlage seit Jahrhunderten bekannt und geschätzt. Es gilt als zuverlässiger und mobiler Wertspeicher und ist sogar gesucht als Inflationsschutz. Gold bringt damit in die eigene Sachwertestrategie neben dem Wachstumspotenzial der Aktien und der Stabilität der Immobilien zusätzlich eine Komponente hoher Sicherheit ein.

Gold ist so etwas wie die letzte Linie der eigenen Absicherung und bietet auch Schutz, wenn Krisen die anderen Anlageklassen beeinträchtigen: Wenn Aktien fallen, dann steigt Gold häufig. Mit diesen beiden Anlageklassen in Kombination wird die eigene Anlagestrategie bereits sehr stabil und damit krisentauglicher. Und mit diesen beiden Sachwerten kann man durchaus Krisen überstehen.

Gold hat folgende Vorteile, die in seinem Sachwertcharakter begründet sind: Es muss gefördert oder recycelt werden, was kostspielig und damit wertbildend ist. Zudem wird es tendenziell immer aufwendiger, Gold zu fördern, weil die leichter zu erschließenden bekannten Vorkommen natürlich zuerst abgebaut wurden. Durch die wachsende Weltbevölkerung entsteht eine immer stärker wachsende Nachfrage nach Gold. Und auch durch die anzutreffende Verwendung im Bereich der Schmuckherstellung, Elektronik, Technik und Medizin sowie als Wertanlage und Zahlungsmittel erhöht sich die Nachfrage nach diesem Rohstoff stetig, auch wenn es kein überwiegend industriell genutzter Rohstoff ist. Gold ist in seiner Nutzung ein Tausendsassa. Es ist gefragt und wird von Anlegern im eigenen Safe oder im Zollfreilager gern gesehen. Die Nachfrage nach Gold steigt weiterhin. Steigender Aufwand bei der Förderung sowie eine hohe Nachfrage, das ergibt langfristig steigende Preise, so will es die Ökonomie.

Gold: Wertstabiles Universal-Zahlungsmittel

Etliche Besonderheiten machen Gold zum eindeutigen Sicherheitspolster für manche Krise. Denn Gold ist in hohem Maße liquide, eine Eigenschaft, auf die man sich gerne verlässt und die für Krisen vorsorgt. Als Krisenanlage wird Gold bis heute sogar mit diesem Argument verkauft. Anleger können bei ihrer Hausbank oder bei spezialisierten Anbietern Gold in bestimmten Formen kaufen, die extra dafür gedacht sind. So wird Gold etwa in kleine, dünne Platten, gewalzt und vorgestanzt angeboten, beispielsweise »50 mal 1 Gramm Gold« als sogenannter Tafelbarren, von dem dann im Bedarfsfall kleine Plättchen abgebrochen werden können, was den Einsatz als Notfallzahlungsmittel ermöglicht.

Abseits der Frage, wie sehr man an solche Szenarien glaubt, ist es extrem aufschlussreich, welchem Sachwert in Situationen höchster Not noch die höchste Sicherheit zugetraut wird: Gold! Ob Einzelne den Eintritt solcher Krisen für wahrscheinlich halten oder nicht: Die Gesellschaft glaubt daran und deshalb steigt in jeder Krise die Nachfrage nach Gold.

Gold ist darüber hinaus weltweit anerkanntes Zahlungsmittel. Wenn heute eine Krise ausbricht, die beispielsweise die Menschen in Europa dazu zwingt, Haus und Hof überstürzt zu verlassen, so können diese tatsächlich wohl weltweit ihre Krügerrand-Münzen bei einer Bank in Bargeld umtauschen.

Etwas Gold für alle Fälle: Wer sich gegen Krisen absichern möchte, der sollte pro Person im Haushalt circa zwei bis drei Monatsgehälter in Form von Gold und Silbermünzen zwar sicher, aber doch jederzeit zugänglich aufbewahren. Gut geeignet sind Gold-Anlagemünzen, zum Beispiel Krügerrand, Schweizer Vreneli, Maple Leaf und andere Münzen, die weltweit bekannt und anerkannt sind. Keine Währung der Welt war so lange wertbeständig wie Gold.

Solche Überlegungen machen Gold in der Vorstellung der Anleger zum berühmten sicheren Hafen in Krisenzeiten. Durch eine Sicherheitsreserve an Gold sind Anleger unabhängig von Bankguthaben und Papierwertversprechen. Gold kann jedoch auch direkt als Tauschmittel eingesetzt werden. Wer Gold hat, ist immer liquide und kann es darüber hinaus auch problemlos mitnehmen.

Gold ist auch international als Universal-Währung anerkannt. Es kann schwer mit Sanktionen belegt werden – zumindest nicht in der Größenordnung, die man als Privatperson mit sich führen kann – und hat einen immensen spezifischen Wert. 1 Kilo Gold, durchaus noch zu transportieren, ist eben über 70.000 Euro wert.[42] Das Gold-Kilogramm ist dabei überraschend handlich. Es ist davon auszugehen das der Goldpreis weiter steigt.

Weil Gold diesen hohen spezifischen Wert (also einen hohen Wert pro Gewichtseinheit) hat, kann der Besitzer auch relativ frei entscheiden, wo er den Rohstoff als Wertspeicher dann lagert.

Gold können Sie bei sich zu Hause deponieren – idealerweise im Tresor. Oder Sie deponieren es in einem Zollfreilager in der Schweiz, wo es auch sehr sicher und außerhalb der EU gelagert ist. Auch dort kann es relativ schnell verkauft und zu Geld gemacht werden, wenn das notwendig werden sollte. Allerdings besteht in diesem Fall ein sogenanntes Drittparteien-Risiko.

Gold – bestens geeignet auch bei schleichender Inflation

Eine Krise, in der das Gold dann große Bedeutung gewinnt, könnte jedoch auch eine Währungskrise sein, wie es sie schon zu Genüge gab. Da muss niemand flüchten, die Bürger bleiben zu Hause und es sind nicht gleich Leib und Leben bedroht.

Merkmal einer Währungskrise: Das Geld, das digital und in Form von Scheinen und Münzen im Umlauf ist, verliert relativ schnell an Kaufkraft. Hohe Inflation nennt man das dann oder gar Hyperinflation. Dieses Szenario kann in einer Währungsreform enden.

Die normale Inflation, die regelmäßige und gewollte Geldentwertung, ist hingegen allgegenwärtig, aber gewissermaßen eine Krise mit Sonderstatus: Sie ist nicht nur wahrscheinlich, sondern immer da. Sie kommt nicht überraschend und vollzieht sich nicht durch plötzliche und starke Veränderungen, sondern langsam, kaum bemerkt und schleichend – jedoch unerbittlich.

Das Geld verliert an Kaufkraft: Bei einer Inflation von 2 Prozent haben 1000 Euro nach 20 Jahren noch eine Kaufkraft von etwa 670 Euro. Bei 5 Prozent dann nach dieser Zeit nur noch 360 Euro.

Das Szenario der schleichenden Geldentwertung durch Inflation ist also viel wahrscheinlicher als ein totaler Crash des Geldsystems. Die Zentralbanken sehen eine Inflation – einen Wertverlust! – des Geldes in Höhe von 2 Prozent pro Jahr ja als ideal an und streben diese sogar aktiv an. Weniger wollen sie gar nicht. Diese Zielvorgabe bestimmt ihr Tun grundlegend. Die EZB definiert sich in diesem Anspruch selbst wie folgt:

Geldpolitik der Europäischen Zentralbank:

Unsere Aufgabe ist, stabile Preise zu gewährleisten. Das ist der beste Beitrag, den die Geldpolitik zum Wirtschaftswachstum und zur Schaffung von Arbeitsplätzen leisten kann.

Wir halten die Preise stabil, indem wir dafür sorgen, dass die Inflation – also die Rate, mit der sich die Preise für Waren und Dienstleistungen mit der Zeit insgesamt verändern – niedrig, stabil und berechenbar bleibt.

Mittelfristig streben wir eine Inflationsrate von 2 Prozent an.

Wir verstehen dieses Ziel als ein symmetrisches Ziel. Das heißt, unserer Auffassung nach ist eine zu niedrige Inflationsrate genauso negativ wie eine zu hohe Inflationsrate.[43]

Dass die Zentralbanken dieses Ziel dennoch häufig nicht erreichen und mehr Inflation zulassen (müssen), steht dabei noch auf einem anderen Blatt.

Im Vergleich ist Gold dadurch für Anleger interessanter als Geld, da es von der Geldpolitik der Zentralbanken unabhängig ist und damit nicht der Inflationssteuerung unterliegt. Gold ist unabhängig und eher dem freien Markt ausgesetzt, wo es sehr geschätzt wird und an Wert gewinnen wird. Gold ist ein guter Inflationsschutz, es hat in den letzten 20 Jahren weit mehr als 2 Prozent im Schnitt an Wert gewonnen und damit die Inflationsrate bei Weitem übertroffen. Keine Kaufkraft zu verlieren ist mit Blick auf die Wirkung der Inflation schon ein beachtlicher Vorteil.

Hier kommt wieder der Sachwertcharakter ins Spiel. Weil Gold einen inneren Wert hat, der beim Handel mit der Währung in Relation gesetzt wird, wird Gold bei Inflation der Papierwerte tendenziell einfach teurer und gleicht die Inflation quasi automatisch aus – mindestens.[44] Gold wird überdies immer seltener in der Erdkruste vorhanden sein. Bei mindestens gleichbleibender Nachfrage droht eine Verknappung. Jedoch wird die Nachfrage mit hoher Wahrscheinlichkeit steigen.

Wer sich schon einmal gefragt hat, wie der Preis von Gold überhaupt entsteht: Neben der Nachfrage sind die Aufwendungen, es aus der Erde zu holen, wesentlich.[45] Das wirkt wertstabilisierend: Wenn der Goldpreis durch Marktfunktionen (Angebot und Nachfrage) unter die gegenwärtigen Förderkosten sinkt, wird die Förderung in einer Marktwirtschaft mittelfristig eingestellt oder reduziert, weil sie dann unrentabel ist. So verringert sich das Angebot dann wieder und der Preis steigt. Der Goldpreis ist damit gewissermaßen nach unten abgesichert.

Warum die Zentralbanken auf Gold als Wertspeicher setzen

Historisch resultierte die früher immerhin noch bestehende Geldstabilität, der man heute so wenig trauen kann, meistens aus der Nutzung von Gold, um Währungen abzusichern. Das war die sogenannte Golddeckung, mit der beispielsweise der Dollar durch in großen Mengen eingelagertes Gold physisch hinterlegt wurde. Sollte die Geldmenge ausgeweitet werden, weil etwa der Staat investieren wollte, dann musste er dafür mehr Gold hinterlegen, um den Wert des Papiergeldes weiter garantieren zu können. Dadurch war die Geldmengenausweitung allenfalls begrenzt möglich. Aber genau wegen dieser Begrenztheit haben Staaten und Währungsräume letztlich die Golddeckung aufgegeben.

Allerdings halten Zentralbanken weltweit heute immer noch Goldreserven. Das tun sie jedoch nicht, um damit den Wert des Geldes physisch mit einem Rohstoff von großem innerem Wert zu hinterlegen, sondern eher für den Fall, dass eine Finanz- oder Wirtschaftskrise den Wert des eigenen Geldes auslöscht. Für diesen Fall haben sie wohl gerne etwas Wertbeständigeres in der Hinterhand als das eigene Geld. Amüsant. Die Zentralbanken geben also das instabile Papiergeld für die Bevölkerung aus und nutzen die Sicherheit und Stabilität des Goldes für sich selbst. Ein Schelm, wer Böses dabei denkt.

Diesen Zusammenhang machen Krisen sehr deutlich sichtbar: Der Appetit der Zentralbanken auf Gold hat sich symptomatisch im Jahr 2021, in Zeiten der beschriebenen Coronakrise, massiv gesteigert. So wurde der Nettozufluss, also die zusätzliche Menge, die von allen Zentralbanken weltweit gegenüber dem Vorjahr eingelagert wurde, gesteigert, ein Plus gegenüber 2020. Die globalen Goldreserven der Zentralbanken erreichten gar ein lange nicht erreichtes Hoch.[46]

Das erscheint seltsam; schließlich könnten die Zentralbanken auch Sicherheiten in ihren eigenen Währungen einlagern, sie sitzen ja an der Quelle. Das tun sie aber nur zu einem gewissen Teil. Der Grund liegt vorwiegend in der Krisenanfälligkeit von Geld, die sich historisch immer wieder bewahrheitet hat.

Die Skepsis der Zentralbanken dem eigenen Geld gegenüber hat eine ökonomische Erklärung: So lässt sich immer wieder feststellen, dass in Krisenzeiten auch Papierwerte die Tendenz haben – je nach Art und Schwere der Krise – zu ihrem inneren Wert zurückzukehren. Und dieser liegt bei null.

Gold kann ein gutes Investment sein, um klar und deutlich zu sagen: Eine gesunde Skepsis gegenüber dem eigenen Geld und seiner Werthaltigkeit ist angebracht! Gold lehrt uns auch viel über Geld und unser Verhältnis dazu – wie wir es pflegen und wie wir es pflegen sollten. Es gibt Grund, dem Geld gegenüber skeptisch zu sein. Leider wird über Gold als Wertspeicher dennoch viel zu wenig gesprochen.

Gold zeigt genau an diesem Punkt seine Vorteile im Hinblick auf das eigene krisensichere Vermögen. Plakativ gesagt: Wenn die Zentralbanken dem eigenen Geld nicht trauen und etwas Krisenfesteres einlagern, warum sollten die Bürger stets ausschließlich dem Geld vertrauen?! Würde in einer Krise des Geldsystems, die jederzeit möglich ist, plötzlich von den Banken oder der Zentralbank eines Währungsraumes mehr Gold gehortet, dann würde doch eher noch der Goldpreis steigen. Gold kann eben nicht gedruckt werden, es ist nur begrenzt vorhanden.

Hier darf man mal das Verhalten anderer imitieren und ihnen nachstreben, aber bitte nicht der Masse von Anlegern, sondern den Zentralbanken. Gold übersteht nämlich Währungsreformen und Bankenmiseren, Kriege und Krisen sicher, es funktioniert auch ohne Strom und ist mobil. Schon deshalb empfiehlt es sich für die eigene krisensichere Anlage. In der hier vorliegenden Strategie dient es einerseits als Absicherung gegenüber Währungskrisen und andererseits als antizyklisch zu den anderen Anlageklassen passende Investitionsreserve.

Weitere Vorteile von Gold

Gold hat noch weitere Vorteile, und diese machen es zu einem echten Geheimtipp unter den Anlagemöglichkeiten: Gold kann in begrenztem Umfang noch anonym gekauft werden. Der Kauf wird – bis zu einer bestimmten Preisgrenze – nirgendwo erfasst. Das kann man sympathisch finden.

Das ist jedoch kein Tipp zur Steuerhinterziehung oder für halbseidene Geschäfte, sondern auf wirkliche Krisen ausgerichtet. Mancherorts wird das mit dem Golderwerb nämlich schon zum Problem: In der Türkei mussten etwa im Zuge hoher Inflation 2021 und 2022 durch den Staat vermeintlich Maßnahmen verhängt werden, um die eigene Währung zu stützen. Als alles nichts nützte, wurden die Bürger angehalten, ihr privates

Gold (und ausländische Devisen) in Geld umzutauschen. Und zwar nur in die türkische Lira bitte, denn sie sollte ausdrücklich gestützt werden, weil ihr so recht niemand mehr vertraute.

Die türkische Zentralbank hatte abseits davon begonnen, ihre Goldreserven deutlich auszubauen – was wiederum aufschlussreich ist. Sie wollte die Währung durch eine Absicherung mit Gold nun im Wert stützen – was noch aufschlussreicher ist. Die Bevölkerung hat aber in der Breite nicht mitgemacht und wenig getauscht. Angesichts der katastrophalen Wertentwicklung der Landeswährung war das auch klug. Man tat eben genau das, was die Zentralbank selbst tat, um gegen den Wertverfall des eigenen Geldsystems einigermaßen gewappnet zu sein. Man investierte in einen Sachwert mit innerem Wert: Gold. Die Zentralbank predigte Wasser und trank Wein, und die Bürger bemerkten diese Doppelmoral. Bekannt wurden Berichte von Menschen in der Türkei, die ihr Auto verkauften, um davon Gold zu kaufen. Da muss eine wirkliche Krisenstimmung geherrscht haben. Aber in der Sache war es eine kluge Entscheidung. Seit dem Währungs- und Wirtschaftschaos in der Türkei steigt der illegale Goldschmuggel extrem an. Sicher haben die Bürger erkannt, dass sie der Inflation, sprich der sicheren, massiven Abwertung ihrer Währung, durch die Stabilität des Goldes entkommen.

Gold statt Geld: »Simbabwe führt Goldmünzen gegen Inflation ein«, lautete eine Schlagzeile Mitte 2022. In Simbabwe ist die Landeswährung mit Blick auf ihre Wertaufbewahrungsfunktion eine Katastrophe (Inflationsrate 2022: circa 193 Prozent, 2023: circa 670 Prozent), und für 2024 wird eine Inflation in Höhe von 560 Prozent gegenüber dem Vorjahr prognostiziert, also wurden Goldmünzen geprägt und ausgegeben (Mosi-oa-tunya) die der Bevölkerung als Inflationsschutz dienen sollte. Und diese Ersatzwährung funktionierte viel besser. In diese Währung (Goldmünzen) aus Afrika könnte man jederzeit investieren, ohne irgendwelche Wirtschaftsdaten dort zu analysieren.

Vorkommnisse wie in der Türkei und in Simbabwe sollten aufmerken lassen. Womöglich ist eine gewisse Skepsis auch im eigenen Währungsraum angebracht. Wie würde es denn wohl hierzulande in mancher Krise aussehen? Wie könnte es mit dem Euro weitergehen? Was wäre, wenn es ein Zentralregister über privates Vermögen inklusive der Goldbestände gäbe mit Angaben dazu, wer wie viel Gold wann gekauft hat? Immerhin könnte der Staat mit solchen Informationen dann gezielt nachfragen, warum die eigenen einstmals erworbenen Münzen und Barren noch unter dem Kopfkissen liegen. Aber das sei Ihrer individuellen Einschätzung überlassen.

Wem das zu abstrakt und zu pessimistisch erscheint, der möge trotzdem immer noch ein Auge darauf haben, wo die Zentralbanken den wirklichen krisensicheren Wertespeicher verorten: im Gold, nicht im Geld. Und sie horten auch nicht Kupfer oder Nickel.

Auch für Menschen, die solche Bedenken nicht teilen, ist ersichtlich, dass Gold ein Steuerprivileg genießt, was der nächste Vorteil ist, wenn auch ein kleinerer. Gold kann nach mindestens einem Jahr Haltedauer immer noch steuerfrei veräußert werden; es fällt keine Einkommenssteuer an. Auch der Kauf ist steuerfrei möglich, genauer gesagt greift hier eine Befreiung von der Umsatzsteuer, sofern das gekaufte Gold als Anlagegold durchgeht (beispielsweise nicht zu Schmuck verarbeitet wurde).

Goldgewinne unterliegen auch nicht der Abgeltungssteuer, wie das bei Aktiengewinnen der Fall ist. Aus all diesen Gründen empfiehlt sich Gold mit seinen besonderen Vorzügen für die Geldanlage.

Die Nachteile von Gold sind überschaubar

Gold hat aber auch Nachteile, aber diese sind meiner Meinung nach schnell aufgezählt. Wenn ein größeres Investment in Gold[47] getätigt wird – und dafür kann es je nach Lage der Finanzmärkte durchaus Argumente geben –, kann es durchaus sinnvoll erscheinen, diese Goldbestände nicht zu Hause zu lagern, wenn die Voraussetzungen für eine sichere Lagerung nicht vorhanden sind. Allerdings empfiehlt es sich, einen Teil (im Gegenwert von zwei bis drei Monatsgehältern je Person) als Krisenreserve für den schnellen Zugriff zu gewährleisten.

Bei einer Lagerung auswärts fallen allerdings Lagerkosten an, im Zollfreilager ebenso wie im Schließfach der Bank. Im eigenen Tresor sollte überprüft werden, ob die Hausratversicherung genügend Schutz vor Diebstahl bietet. Also fallen oft Kosten für die sichere Aufbewahrung an. Sie werden idealerweise durch Preisanstiege des Goldes wieder kompensiert. Oder es gilt zu akzeptieren, dass die eigene Krisensicherung eben mit gewissen Kosten einhergeht.

Der zweite Nachteil von Gold liegt wie bei jeder Anlageklasse in den Preisschwankungen des Rohstoffes.

Der dritte Nachteil, den Gold hat, ist das Aufgeld. Als Aufgeld bezeichnet man die Differenz zwischen dem aktuellen Marktpreis und dem Kaufpreis physischer Goldprodukte. Hierunter summieren sich die Kosten und die Gewinnmarge der Produktion der jeweiligen Münze oder des jeweiligen Barrens, aber auch der Aufschlag des Zwischenhändlers. Da gibt es deutliche Unterschiede, jedoch auch Internet-Portale, die einen Preisvergleich ermöglichen.

Gold ist zudem in vielen Phasen seiner Preisentwicklung zwar nach unten abgesichert, von einer kurzfristigen Wertsteigerung kann aber nicht unbedingt ausgegangen werden. Gold ist ausdrücklich wertstabil, gibt Sicherheit und Stabilität, ist jedoch kein Garant für einen kurzfristigen Wertzuwachs. In diesem Punkt kann Gold seine Zugehörigkeit zu den bekanntlich schwankungsanfälligen Rohstoffen nicht ganz verbergen. Das ist auch einfach nachvollziehbar: Dem Gold fehlt das eigene Momentum der Wertschöpfung, wie es beispielsweise Aktiengesellschaften haben, die nach Gewinnen streben. Wie bei anderen Rohstoffen auch hängt der Preis nur von Angebot und Nachfrage sowie den Förderkosten ab.

Trotzdem Wertzuwachs: Eine gewisse Wertsteigerung erlaubt dennoch die zunehmende Verknappung durch aufwändige Förderung, ebenso durch eine Steigerung der Nachfrage.

Weil Gold einen stabilen inneren Wert hat, der von den Zentralbanken und Geldsystemen in gewisser Weise entkoppelt ist, gleicht es immerhin die Inflation recht gut aus. Schon allein deshalb ist dieser Sachwert den Papierwerten vorzuziehen. Die Menschen wollen den Wertespeicher Gold besitzen. Oft laufen Inflation und Goldpreis parallel, bis eine Krise kommt. Innerhalb des Sachwerteinvestments zur Absicherung gegenüber Krisen empfiehlt sich Gold damit zunächst einmal als Wertspeicher sowie als Investitionsreserve: Wenn eine Krise herrscht, die die Finanzmärkte und damit vielleicht auch Aktien und Immobilien belastet, ebenso das Geldsystem in Schieflage bringt, dann kann eine Reserve in Gold eben nicht nur beruhigen. Dann kann Gold sogar als plötzlich gefragter sicherer Hafen deutliche Zuwächse haben. Das Sachwerteinvestment bleibt stabil und gibt Sicherheit. Im Wert sowieso – es kann eventuell im Preis sogar deutlich steigen.

So lässt sich Gold zur Wertsteigerung nutzen

Ein Teil des eigenen Vermögens kann guten Gewissens in Gold investiert werden. Es wird langfristig seine Kaufkraft bewahren – auch dann, wenn die Börsen gerade sehr volatil sind und Papierwerte tendenziell im Wert sinken. Gold kann die Volatilität der anderen Anlageklassen ausgleichen und ist deshalb das ideale Kerninvestment der Anlageklasse Edelmetalle. Im schlechtesten Fall ermöglicht Gold eine Vermögensabsicherung, die mobil ist. Darüber hinaus ist Gold eine Investitionsreserve.

Ein Teil des Vermögens kann und sollte deshalb in Gold gesteckt werden, auch um die notwendige Beinfreiheit zu bekommen. Dann können weitere Teile des Vermögens in Anlageklassen mit mehr Ertragspotenzial investiert werden. Das ist zwar verbunden mit einem etwas höheren Kursschwankungsrisiko, ermöglicht aber auch mehr Rendite. Insgesamt muss das Vermögen jedoch vor extremen Schwankungen und Krisen geschützt werden.

Beispiel: Sie haben einen Teil ihres Vermögens in Gold angelegt. Zusätzlich investieren Sie in die eine Aktie (das heißt, ausdrücklich ohne Streuung und im Bewusstsein, ein hohes Ausfallrisiko in der Anlageklasse Aktien einzugehen). Es handelt sich um eine Aktie, die Ihnen aufgrund eigener Analysen großen Wertzuwachs in der Zukunft verspricht. Angenommen, der erhoffte Zuwachs tritt trotz sorgfältiger Betrachtung des Marktes nicht ein; die Aktie des Unternehmens bricht sogar in ihrem Wert zusammen und das Unternehmen wird vielleicht sogar insolvent und abgewickelt. Dann ist Ihr Risikokapital weg. Das Gold jedoch bleibt, könnte sogar verkauft und für ein neues, hoffentlich erfolgreicheres Investment eingesetzt werden oder die nächste Krise abfedern. Oder Sie haben in Aktien breit gestreut, doch sind diese nun allesamt von einer Krise betroffen, die Sie nicht haben kommen sehen. Den kurz- oder mittelfristigen Verlust in dieser Anlageklasse kann das Gold eventuell ausgleichen.

Die Funktion der Investitionsreserve kann man sich grundsätzlich so vorstellen: Vermögen wird in verschiedene Anlageklassen investiert, exakt wie mit dem hier präferierten Sachwerteinvestment vorgeschlagen. Sind gerade Aktien oder Immobilien unterbewertet, so kann etwas Kapital aus der Anlageklasse Edelmetalle entnommen und antizyklisch in eine unterbewertete Anlageklassen investiert werden. Daraus ergibt sich dann ein weiteres Wertsteigerungspotenzial.

Durch den Verlauf der Zyklen verändern sich die Bewertungen der Anlageklassen im Vergleich zueinander. Deshalb werden periodisch entsprechende Umschichtungen vorgenommen. Überbewertung geht stets mit der Gefahr eines künftigen Preisverfalls einher – also einer Senkung der Preise. So kauft der klug analysierende Anleger immer günstig, wartet Kurssteigerungen ab und schichtet rechtzeitig in die jeweils unterbewertete Anlageklasse um. Für diese Umschichtungen nutzt er die jeweils anderen Anlageklassen als Investitionsreserve, vor allem Gold ist dafür geeignet. Das ist der Grund, warum auch das Zusammenspiel von Aktien und Gold als Anlageklassen bestens funktioniert. Und schon mit diesen beiden Anlageklassen ist eine Umschichtung ohne Weiteres möglich.

Die Investitionsreserve fungiert wie ein Ausgleichsbehälter in einem komplexen Heizsystem aus kommunizierenden Röhren mit unterschiedlichen Temperaturen und Druckverhältnissen. Ist der Druck in einer Klasse zu hoch (Überbewertung) wird gewissermaßen etwas Druck abgelassen (umgeschichtet), und zwar genau dorthin, wo der Druck gering ist (Unterbewertung). Steigt der Druck anderswo, beginnt das ganze Spiel von vorn.

Dieser Druckausgleichsbehälter kann mal etwas mehr Vermögen speichern, aber auch mal etwas Vermögen in das System abgeben und so für solide Druckverhältnisse sorgen. Gold stabilisiert die eigene Anlagestrategie. Das ist ziemlich smart.

Wertentwicklung: Ohne Krise kann die Goldrendite schwach sein

Der Umstand, dass Gold in langen Zeiträumen sehr wertstabil ist, ist aber auch sein größtes Problem. Es nimmt langfristig eben manchmal lange kaum an Wert zu. Gold ist als Kerninvestment der Anlageklasse Rohstoffe so etwas wie ein festes Fundament, auf dem dann ein System zum Vermögensaufbau und zur Erreichung eigener Ziele errichtet werden kann. Seine Funktion als Wertspeicher und als Zahlungsmittel in Notzeiten macht die Sache rund.

Gold kann auch recht lange unberechenbar und schwach sein, auch bei dieser Anlageklasse spielt der Faktor Zeit eine große Rolle. So hat Gold etwa zwischen 1980 und 2000 sogar leicht an Wert verloren. Innerhalb von insgesamt rund 27 langen Jahren (1980 bis 2007) war Gold in einer Seitwärtsbewegung verhaftet und brachte den Anlegern wenig Gewinn ein. Das muss man erst einmal durchhalten.

Anleger, die bereits in Gold investiert hatten, profitierten dann aber 2007 bis 2022 von einem sehr starken Wertzuwachs. Der seit 20 Jahren steigende Goldpreis, der weiter vorn in diesem Buch gezeigt wurde, ist eben nur als ein Zeitfenster in der langen Historie zu interpretieren. Langfristig bewahrt Gold die Kaufkraft, gleicht die Inflation aus und ist recht wertstabil. Es bringt dem Grunde nach aber langfristig meist weniger Rendite als etwa Aktien.

Nach der eben beschriebenen Schwächephase hat Gold aber seine Kaufkraft wieder erlangt und sogar langfristig deutlich an Wert gewonnen. Dabei hat es sogar andere bedeutende und beliebte Anlageklassen manchmal weit übertroffen: Den Dow Jones ebenso wie die Staatsanleihen der USA beispielsweise – mit durchschnittlichen Renditen von rund 8 Prozent pro Jahr zwischen 2001 und 2023. Es ist schon richtig, in mehrere Anlageklassen zu investieren, wenn man wirklich krisensicher ausgerichtet sein will.

Aber warum fiel der Goldpreis trotz seines Sachwertcharakters immer wieder über Jahre, wenn Gold doch grundsätzlich einen Inflationsausgleich bietet und von zunehmender Verknappung bei steigender Nachfrage profitieren sollte?

Gründe für die Goldpreisentwicklung lassen sich im Nachhinein finden. So war es etwa der starke Glaube an die neuen Technologien ab den 1990er-Jahren und die Begeisterung über den Erfolg von Aktien der beteiligten Unternehmen über viele Jahre, der die Börsen im Vergleich zu Gold für eine längere Zeitspanne weitaus attraktiver erscheinen ließ. Das galt auch für weniger strategische Anleger, also die breite Masse. Anleger suchten über eine lange Boomzeit wenig nach Krisenhäfen. Die Stärke der Aktien war die Schwäche des Goldes. Da zählte das Argument eines sicheren Hafens nicht und Gold wurde eher am Rand der potenziellen Investmentmöglichkeiten gesehen – Aktien waren einfach beliebter. Die schwache Nachfrage wirkte sich auf den Preis aus. Auch das ist immer wieder ein Phänomen der Anlageklassen, es ist die Psychologie der Massen. Denn sie bestimmen ja die Nachfrage und somit das Marktgeschehen.

Man kann sich das vorstellen wie eine Person, die in einem dunklen Raum ist, in dem es drei Anlageklassen gibt. Macht die Person nun eine Taschenlampe an und erspäht sie eine Anlageklasse, beleuchtet sie diese. Automatisch richtet sich der Fokus anderer Personen in diesem Raum nun auch auf dieses Objekt der Begierde, alles andere bleibt unsichtbar. Auch wenn alle die meiste Zeit sprichwörtlich im Dunklen tappen, leitet der Taschenlampen-Fokus die Aufmerksamkeit einiger Protagonisten in Richtung des Taschenlampenstrahls.

Das beschriebene Phänomen wiederum sollte sich dann mit der Dotcom-Blase und den Börsenkrisen der Folgejahre immer mal wieder umkehren. In Reaktion darauf stieg der Goldpreis, und ab 2000 setzte eine sehr interessante Preisentwicklung ein. Plötzlich waren Aktien in der Krise, als Gradmesser für die Wirtschaft. Die Erwartungen der Investoren sanken und der sichere Hafen Gold wurde nachgefragt. Eindeutig ist hier der Verlauf der großen Zyklen erkennbar.

Gold reagiert eben antizyklisch auf andere Anlageklassen, insbesondere auf Aktien. Herrscht dort eine Krise, dann steigt oft der Goldpreis. Wegen dieser Krisenabhängigkeit ist Gold aber auch eine Versicherung gegen Krisen der anderen Anlageklassen. Solche Krisenphasen waren zum Glück bisher historisch seltener und kürzer als die guten Zeiten, in denen beispielsweise Aktien die Anlageklasse der Wahl waren. Zumindest erzielen Aktien meist eine bessere Rendite. Die Idee der Umschichtung, mindestens zwischen Aktien und Gold, erscheint jetzt augenfällig sinnvoll.

Deshalb sollten sich Sachwertinvestoren darauf versteifen, Gold als Sachwert und damit als stabilisierende Anlageklasse zu halten und zu ermitteln, wann es im Verhältnis zu anderen Anlageklassen trotzdem günstig gekauft werden kann. Denn es geht auch hier darum, eine Über- und Unterbewertung zu erkennen.

Gold kann einen Teil des eigenen Vermögens solide vor einschneidenden Krisen sichern. Es kann zeitweise auch einen Vermögenszuwachs bringen. Es kann aber eben auch eine Investitionsreserve und ein zwischenzeitlicher Wertspeicher sein. Es empfiehlt sich daher einen grundsätzlichen Anteil von circa 33 Prozent des Vermögens für Edelmetalle und speziell Gold zu planen. Anleger, die etwas stärker eingreifen und mehr auf Renditen abzielen wollen, können dieses Volumen den Entwicklungen der anderen beiden Anlageklassen anpassen, aber entsprechend der Erkenntnis, wo im jeweiligen Zyklus diese jeweils stehen. Der ideale Anteil der Anlageklasse Edelmetalle ist natürlich auch der eigenen Bewertung der Anlageklassen anzupassen: Ermitteln Sie selbst, ob Gold gerade über- oder unterbewertet ist und legen Sie den Anteil der Edelmetalle für ihr Vermögen selbst fest. Sie müssen sich ja wohl fühlen, mit ihrer eigenen Anlagestrategie.

Die Möglichkeiten, in Gold anzulegen

Grundsätzlich gibt es drei verschiedene Möglichkeiten, in Gold zu investieren.

Gold-ETCs: Die erste Möglichkeit, in Gold zu investieren, ist der Kauf von Goldwertpapieren an der Börse. Dazu zählen insbesondere Gold-ETCs. Sie vollziehen die Entwicklung des Goldpreises nach. Die Vorteile, an der Börse in Gold zu investieren, liegen auf der Hand: Der Kauf ist einfach und mit geringem Aufwand und geringen Kosten möglich, die Umschichtung erfolgt in Sekundenschnelle. Dadurch sind Anleger flexibel und notfalls schnell wieder liquide. Diese Anlageform ist auch für einen Sparplan geeignet. Das bietet insbesondere dann Vorteile, wenn man regelmäßig umschichten möchte. Der Nachteil ist, dass die Anleger keinen direkten Zugriff auf das Gold haben.

Gold-ETCs sind zwar kein Sondervermögen wie ein börsengehandelter ETF. Aber durch eine spezielle Treuhandkonstruktion und die oftmals physische Hinterlegung mit Gold sind sie ähnlich gut abgesichert.

Die ETCs spiegeln die Entwicklung des gehandelten Goldes an der Börse wider. Folgerichtig vollziehen Gold-ETCs den Goldpreis sehr exakt nach. Der sogenannte Emittent des ETCs kauft in der Regel mit dem Geld, das alle Anleger zusammen ihm überlassen haben, physische Goldbarren. Diese sollten hinterlegt sein, weil die Sicherheit des ETC-Investments gegen bestimmte Risiken bestmöglich gewährleistet sein muss. Diese Goldbarren, von denen je nach Investition in der Regel nur ein kleines Stück dem Anleger gehören wird, kommen selbst im Falle der Insolvenz des Emittenten dem Anleger zugute. Dafür wird das hinterlegte Goldvermögen an einen Treuhänder verpfändet, der es im Insolvenzfall beansprucht, verkauft und den Erlös an die ETC-Anteilseigner auszahlt.

Wenn sich der Goldpreis nun in eine Richtung entwickelt, dann zeigt der ETC dies in seiner Kursentwicklung an. ETC-Anteile können jederzeit mit Verlust oder Gewinn wieder verkauft werden.

ETCs sind Schuldverschreibungen, also eine Art Zertifikate. Denn als Fonds würden sie mit nur einer Position, in die Sie investieren, sprich Gold, in der EU schlichtweg nicht zulassungsfähig. Sie bieten durch die oben geschilderte Treuhandkonstruktion aber einen Schutz gegen das Emittentenrisiko.

Ganz ehrlich: Ob ETCs Ihrem persönlichen Geschmack und Sicherheitsempfinden entsprechen, bleibt Ihnen überlassen. Eine physische Hinterlegung ist aber immer ein gutes Ruhekissen. Einen Gold-ETC können Sie als Anleger an den deutschen Börsenplätzen kaufen und verkaufen. Alles, was sie dazu benötigen, ist ein Wertpapierdepot. Ein solches können Sie bei ihrer Hausbank oder bei einer Direktbank (Onlinebroker) eröffnen. Wer als Anleger besonders flexibel handeln, jederzeit sehr unkompliziert kaufen und verkaufen will, und das alles in Sekundenschnelle und sehr bequem vom Computer aus, für den ist ein börsennotierter ETC eine sehr flexible Option. Auch sind Sparpläne möglich, ähnlich wie bei Aktien-ETFs.

Goldminenaktien: Eine Art indirektes Goldinvestment sind die Aktien von Goldminenbetreibern. Sie sind durchaus interessant, weil sie den Goldpreis mit einem gewissen Hebel versehen. Eine Firma, die Gold und andere Rohstoffe fördert, kann durchaus mehr vom Goldpreis profitieren, als die Preisentwicklung des Rohstoffs dies hergibt. Allerdings funktioniert das in beide Richtungen, weshalb es auch größere Risiken aufweist. Deshalb sind solche Aktien nur als Beimischung (Lerninvestment) zu empfehlen, insbesondere für Anfänger. Sie haben jedoch den Vorteil, als Aktien von Unternehmen auch Dividenden unabhängig von der Goldpreisentwicklung zu ermöglichen.

Etwas risikoärmer zu handeln sind da Aktien-ETFs mit börsengehandelten Unternehmen aus dem Goldsektor. Hier wird die Wertentwicklung von Goldminenaktien und anderen Unternehmen der Branche viel weiter diversifiziert über einen bestimmten Aktienindex abgebildet. Mit dem Kauf eines solchen ETFs streut man das Risiko auf die ganze Branche. Unternehmerische Fehlentwicklungen, die jedes Einzel-Unternehmen immer mal in Schwierigkeiten bringen können, werden auf diese Weise noch deutlicher reduziert. Auch der Goldpreis spielt nur eine vermittelte Rolle. Durch die Streuung wird auch das Ausfallrisiko verringert. Als erschwerender Faktor bleibt bei Aktien aus dem Goldsektor auf jeden Fall die Tatsache bestehen, dass eine ohnehin schon nicht ganz triviale Einschätzung der Rohstoffentwicklung keineswegs immer klare Hinweise auf die Entwicklung der zugehörigen Branche gibt. Der Vorteil, dass der Goldpreis sich häufig entgegengesetzt zu den Aktienmärkten bewegt, trifft auf einen ETF mit vielen Unternehmen der Goldbranche nicht unbedingt zu.

Unternehmen in dieser Branche können aus verschiedensten wirtschaftlichen und politischen Gründen stark beeinflusst werden und sich auch einmal recht unabhängig von den Rohstoffpreisen entwickeln. Damit ist die Investition in ETFs der Branche wesentlich sicherer als in reine Goldminenaktien. Sie ist aber etwas unberechenbarer als ein Investment in den reinen Goldpreis.

Direkter Erwerb von physischem Gold: Viele Anleger finden die Idee anziehend, das Gold irgendwo physisch zu deponieren. Das ist die dritte Möglichkeit, Gold als Anlage zu besitzen. Die Idee ist wirklich nicht neu, schon die Pharaonen füllten gerne ihre Lager mit Gold. Goldmünzen oder Goldbarren können ganz direkt physisch erstanden werden. Das kann man bei der eigenen Hausbank tun, die dann etwas höhere Aufschläge für die Ausgabe erhebt, oder bei spezialisierten Anbietern, die oft geringere Aufschläge erheben. Man zahlt also etwas mehr als den Goldpreis, weil das sogenannte Aufgeld noch dazukommt.

Das erworbene Gold kann man dann an einem selbst gewählten Platz deponieren. Der Ort der Wahl kann zu Hause sein, idealerweise mit einem Tresor mit einer entsprechend umfassenden Versicherung. Gegebenenfalls kommen dann noch Versicherungskosten hinzu. Durch den physischen Besitz wird aber das Drittparteienrisiko ausgeschlossen. Wer Gold möglichst anonym und mobil für einen direkten Zugriff aufbewahrt, betreibt damit auch gleichzeitig eine persönliche Krisenvorsorge. Das Gold kann aber auch anderswo, im Bankschließfach der eigenen Bank oder in einem Schweizer Zollfreilager aufbewahrt werden mit den entsprechenden Vor- und Nachteilen.

Geringe Lagerungskosten haben sogenannte Zollfreilager als dritte Möglichkeit oder Ergänzung der Anlage in physischem Gold. Das sind eigentlich Aufbewahrungsstätten für Gold und andere Edelmetalle mit Kauf- und Verkaufsservice, die rechtlich zollfrei sind, insbesondere wenn sie in der Schweiz oder in Liechtenstein liegen.

Münzen als Klassiker: Beim Kauf von Goldmünzen sollten Sie darauf achten, dass es Anlagemünzen sind. Sammlermünzen haben ein wesentlich höheres Aufgeld. Durch die hohen Prägekosten und wegen der Seltenheit sind sie eher für Numismatiker geeignet. Das Aufgeld bei Anlagemünzen ist wesentlich geringer. Wenn Investoren Anlagemünzen kaufen, dann sind weltweit bekannte Münzen empfehlenswert. Zum Beispiel Krügerrand, Mappe Leaf, Wiener Philharmoniker und ähnliche. Bestimmte Anlagemünzen sind auch anerkannte Zahlungsmittel der ausgebenden Länder (der Krügerrand oder Schweizer Vreneli beispielsweise). Solche Münzen erfreuen sich daher großer Beliebtheit.

Aber Münzen haben auch Nachteile. Sie müssen geprägt werden, was aufwendiger ist, als einen Barren zu gießen, so dass in der Regel ein etwas höheres Aufgeld verlangt wird. Massenhaft produzierte Münzen haben jedoch einen geringen Aufpreis, zum Beispiel die oben genannten. Ganz grob gilt: Je größer das Feingewicht, desto näher ist man mit dem Kauf am Goldpreis.

Diese Länder haben durchaus ein florierendes Geschäftsmodell darin gefunden, diesen Service anzubieten. Die Aufbewahrungsorte liegen faktisch außerhalb der EU. Selbst in der Schweiz sind die entsprechenden Bunker und Tresore baulich getrennt vom ansonsten zoll- und steuerbehafteten Rest des Landes. Ob das praktisch ist, muss jeder selbst beurteilen. Es hängt wieder am Vertrauen in die Institutionen dies- und jenseits der Grenze.

Der Steuervorteil, den Zollfreilager bieten, ist vor allen Dingen für andere Edelmetalle wie seltene Erden, Platin, Palladium und Silber interessant und angenehm, die sonst in der EU umsatzsteuerpflichtig wären. Gold ist ja hierzulande unter gewissen Bedingungen umsatzsteuerfrei. Auch die Möglichkeit, einen Sparplan einzurichten, bieten die meisten Zollfreilager an, auch hier wird keine Mehrwertsteuer beim Kauf fällig.

Es handelt sich also um Steuervorteile, die legal genutzt werden können. Das Gold im Zollfreilager ist physisch hinterlegt und sicher; es kann per Nachricht an den Dienstleister gekauft oder verkauft werden. Man hat nur den klobigen Tresor nicht selbst zu Hause herumstehen. Doch gibt es hier wieder ein Drittparteienrisiko.

Noch ein Tipp: Dem Grunde nach ist bei Gold immer zu berücksichtigen, dass das reine, physische Gold meistens die beste und sicherste Anlagemöglichkeit darstellt. Schmuck etwa ist schwierig, weil bei Wiederverkauf nicht der Aufpreis für die Handarbeit, die beim Kauf bezahlt wurde, mitbezahlt wird. Ausnahmen sind eventuell besonders schöne oder antike Stücke. Zudem ist Schmuck mehrwertsteuerpflichtig.

Für ein Kerninvestment (80 bis 100 Prozent der Anlageklasse) im Bereich der Anlageklasse Edelmetalle sind also physisches Gold und/oder ETCs geeignet. Darüber hinaus können als Beimischung Goldminen-Aktien oder -Fonds genutzt werden (Letzteres als Lerninvestment, maximal 20 Prozent der Anlageklasse). Ihre Entscheidung sollte so ausfallen, dass Sie sich mit der Investition wohl fühlen.

Wann der Goldkauf ratsam ist

Mit dem richtigen Vorgehen beim Kauf verringert Gold die Volatilität Ihres Gesamtinvestments. Wenn Gold bestimmte Wertentwicklungen im Verhältnis speziell zu Aktien zeigt, dann lässt sich daraus eine Empfehlung zum Kauf oder Verkauf ableiten. Umgekehrt wiederum lassen sich Rückschlüsse auf den Ein- und Ausstieg in die Anlageklasse der Aktien ziehen. Billig kaufen, teuer verkaufen, das ist anzustreben, in welcher Anlageklasse das auch immer gerade möglich ist. So ist zur weiteren Verfeinerung der eigenen Strategie vorzugehen:

1. Ermitteln, wie Aktien und Gold gerade bewertet sind.
2. Die unterbewertete Anlageklasse dann aus Mitteln aus der überbewerteten Anlageklasse heraus aufstocken.

Das ermöglicht es, vom zukünftigen Wertzuwachs verstärkt zu profitieren. Es gilt also, strategisch antizyklisch zu handeln. Irgendwann geht es dann wieder andersherum weiter, jedoch sind das langfristige Zyklen.

Weil der jeweilige Preis einer Anlageklasse im Verhältnis zum Preis einer anderen Anlageklasse berechenbar sein soll, werden Aktien und Gold ins Verhältnis gesetzt, klassisch über das Dow-Jones-Gold-Verhältnis, das sich als einfacher Quotient berechnet und dessen Berechnung weiter hinten in diesem Buch noch genauer vorgestellt wird.

Das Verhältnis von Aktien zu Gold, von teuer zu günstig, von überbewertet zu unterbewertet und von Kaufempfehlung zu Verkaufsempfehlung lässt sich eindeutig in dieser Zahl ausdrücken. Mit ihr als Bewertungsgrundlage schließt man Emotionen aus und handelt rational nach exakten Daten. Das tun wir gleich.

Zyklen in Zahlen: Die Analysten des Bankhauses Goldman Sachs errechneten das Verhältnis von Gold zu Aktien über einen Zeitraum der letzten fünf Jahre vor 2022 in einigen großen Märkten (S&P 500 in den USA, DAX in Deutschland und Nikkei in Japan sowie mit den Indizes einiger Schwellenländer). Die Korrelation von Gold zu Aktien war durchweg negativ im Bereich –0,12 bis –0,31. Für Investoren bedeutet das: Stieg eines, fiel das andere zuverlässig – und andersherum. Die Behauptung, dass Gold und Aktien in ihrer Entwicklung negativ korrelieren, hat sich so aufs Neue erwiesen. Sie wurde rechnerisch belegt.

Der Bereich von Unter- und Überbewertungen als Momentaufnahme ist dabei in der Theorie leicht zu erkennen. Allerdings ist der Goldpreis dabei nicht anhand irgendwelcher Unter- oder Obergrenzen zu bewerten. Man kann nicht sagen: »Wenn Gold 2000 Euro kostet, dann sollte man es kaufen.« Und gleichsam kann man für Börsenkurse oder Indexstände solche absoluten Werte nicht benennen: »Wenn der Dow Jones bei 30.000 Punkten steht, dann sollte man Aktien kaufen« – so funktioniert es nicht.

Währungen sind durch die eigene Volatilität als Referenz eingeschränkt. Weil sie keinen inneren Wert haben und durch Inflation zudem an Kaufkraft verlieren, sind sie als Maßstab fast unbrauchbar. Wenn der Dollar als Referenzwährung für Gold im Wert sinkt, muss man mehr davon aufbringen, um eine festgelegte Menge Gold zu kaufen: Aber der Wert des Goldes hat sich damit noch nicht zwingend erhöht. Zudem steigen alle drei genannten Anlageklassen langfristig im Wert und immer wieder auch im Preis. Die Grenzwerte von Kaufen und Verkaufen müssten demnach ständig neu definiert werden. Das ist unpraktisch, weil der Goldpreis oder der Börsenkurs allein gar nichts aussagt.

Geld als Referenz ist schwierig: Nur kurzfristig funktioniert Geld als Referenz dabei noch, um den Wert von Sachwerten wie Gold einzuschätzen. Doch dazu eine beeindruckende Zahl: Der Euro hat zwischen 2000 und 2023 von 100 Prozent Kaufkraft in Relation zur Kaufkraft von Gold rund 85 Prozent verloren. Das heißt, er hat im Verhältnis zu Gold nur noch 15 Prozent Kaufkraft. Da wird klar, dass Geld langfristig keine eindeutige Referenzgröße für Sachwerte sein kann. Und es ist wiederum ein Beleg dafür, wie riskant Papierwerte sind.

Aber man kann dennoch sehr wohl Sachwerte untereinander in Relation setzen:

Wann ist Gold günstig? Wenn Gold in Relation zu einem anderen Sachwert mit einem inneren Wert günstig ist, dann sollte man es kaufen, um der Forderung gerecht zu werden, Sachwerte unterbewertet zu kaufen. Das funktioniert, wenn man Sachwerte untereinander ins Verhältnis setzt.

Die ideale Bezugsgröße für Gold und seine Bewertung sind nach allen Vorüberlegungen Aktien. Wenn Aktien in Relation zum Gold günstig sind, sollte man Aktien kaufen – und umgekehrt. Also setzen wir die zu vergleichenden Anlageklassen ins Verhältnis, um eine Entscheidung zu treffen. Diese Entscheidung ist nicht emotional gesteuert, sondern rational.

Um diese Berechnung also leisten zu können, die wesentlich die Strategie der Investitionen und der möglichen Umschichtungen im weiteren Anlageverhalten bestimmen wird, schauen wir uns nun die zweite Anlageklasse im Detail an, nämlich die Aktien. So lassen sich die Zusammenhänge umfassend verstehen und fundierte Entscheidungen treffen. Setzen wir die beiden Anlageklassen danach in Relation, können wir darauf aufbauend Kauf- oder Verkaufsentscheidungen fällen. Dann wird noch der Quotient der beiden Anlageklassen eingeordnet und es ist klar, welche konkreten Investitionen getätigt werden können. Nun kann die Investition oder der Sparplan dementsprechend ausgerichtet werden und sie haben antizyklisch gekauft oder umgeschichtet. Ziel erreicht!

Die zweite Anlageklasse: Aktien

Aktien stehen für Anteile an Unternehmen. Dort stehen Maschinen, sind Patente verfügbar, es werden Güter produziert und Erträge erzielt. All das trägt zum inneren Wert bei.

Der britische Unternehmer und Milliardär Richard Branson etwa hat einmal sinngemäß gesagt, dass er es am besten beherrscht, Geld aus einem Unternehmen in ein neues Unternehmen zu stecken, um zu investieren. So kann man es machen und wird ziemlich sicher recht krisenfest, wenn es erst über 100 Unternehmen sind, wie bei Branson.

Oder man kauft Aktien und damit Anteile an Unternehmen. Da kann man dann ja auch gleich Anteile an mehreren Unternehmen haben, an viel mehr Firmen als Richard Branson sogar. Es geht darum, in verschiedene Unternehmen zu investieren, um Gewinne zu erzielen, die dann anteilig ausgezahlt werden. Das ist auch eine Möglichkeit.

Klassisch wären im Hinblick auf eine möglichst breite Streuung, wie schon mehrfach betont, Aktienfonds oder ETFs, die ihrerseits verschiedenste Aktien enthalten und damit auch das Ausfallrisiko minimieren.

Zudem kann auf diese Weise sogar jeder Kleinaktionär anteilig Besitzer eines Unternehmens werden, auch wenn er gerade nicht das neue Apple oder einen Ölkonzern gründen kann.

Auch der Kauf von Aktien eines einzelnen Unternehmens ist möglich, jedoch ist ein Fonds mit vielen verschiedenen Aktien interessanter, um eine Streuung zu erreichen.

Sehr teure Aktien: Eine Aktie der Lindt & Sprüngli AG etwa kostete 2024 rund 110.000 Euro, die A-Aktie an Buffets Berkshire Hathaway schon rund 575.000 Euro. Da kauft man vielleicht je nach finanzieller Ausstattung lieber einen Anteil an einem Fonds, der sich mit dem großen Fondvermögen an diesen Aktien beteiligt. Fondsanteile zu erwerben ist schon für sehr geringe Beträge und oft auch mit einem Sparplan möglich.

Damit kauft der Aktionär bei ETFs je nach Auswahl des Fonds Anteile an Unternehmen, die an den Börsen der führenden Wirtschaftsnationen der Welt gehandelt werden. Selbst wenn dann in Asien gerade eine Krise ist, muss das den Dow Jones noch nicht in die Abwärtsbewegung zwingen. Auf diese Weise verringert sich das Kursrisiko; das Ausfallrisiko ist damit komplett ausgeschlossen. Das ist besser als für über 110.000 Euro sein ganzes Nettovermögen auf Schokoladenhasen zu setzen.

Unternehmen können die Entscheidung treffen, Kapital einzusammeln, indem sie interessierten Investoren in Form von Aktien Anteile an der Firma und damit am Erfolg und am künftigen Gewinn verkaufen. Das sollte Investoren interessieren, an der Produktivkraft dieser Unternehmen und damit an der Wertschöpfung zu partizipieren. So kann schließlich die gute Renditeaussicht der Anlageklasse Aktien ein gutes Stück weit erklärt werden.

Diese Anteile werden zu einem bestimmten Ausgabepreis verkauft und notieren dann fortan an einer Börse, wo der Preis durch Handel ständig neu bestimmt wird – wesentlich durch Angebot und Nachfrage, die aber von der Leistung des Unternehmens und seiner Mitarbeiter abhängen. Da lässt man nicht nur sein Geld für sich arbeiten, sondern gleich mal die ganze Belegschaft eines Konzerns – ein wenig jedenfalls. Anleger erhalten Geld, wenn die Unternehmen Gewinne ausschütten – die Dividenden – oder wenn sie ihre Aktien wieder verkaufen. Ob Letzteres auch Gewinne bringt (Renditen), hängt von der Kursentwicklung seit dem Kauf ab.

Es ist bei Aktien kompliziert zu prognostizieren, wie sich der Kurs entwickeln wird. Maßgeblich sind Angebot und Nachfrage, die sich nach Marktzyklus und -stimmung verändern: gemäß Erwartungen und Befürchtungen zur weiteren Kursentwicklung, gemäß Kaufgelegenheiten und Verkaufsargumenten oder einfach entsprechend den steigenden und fallenden Kursen, die manche Marktteilnehmer für sich selbst genommen zum Kauf- oder Verkaufsargument erklären. Es kommt auch darauf an, ob die Anlageklasse Aktien ganz allgemein derzeit im Fokus steht oder bestimmte Branchen wie zu Dotcom-Zeiten.

Börsennotierte Unternehmen sind zudem verpflichtet, ihre Bilanzen und die Gewinn- und Verlustrechnung zu veröffentlichen und Unternehmensprognosen zu erstellen. Darauf reagieren die Märkte positiv oder negativ. Wenn ein Unternehmen prognostiziert, viel Gewinn zu machen, dann wollen mehr Menschen die betreffende Aktie halten. Die Unternehmen sind dabei den Aktionären verpflichtet. Sie sollen sich möglichst langfristig substanziell weiterentwickeln und ihre wirtschaftliche Basis stärken.

Doch damit nicht genug der Einflussfaktoren auf die Aktienkurse: Auch die Anleger selbst beeinflussen selbstverständlich massiv den Preis. Mancher Anleger wird die Aktie lange halten, andere zielen auf kurzfristige Schwankungen – morgens billig kaufen und abends teuer verkaufen. Es wird geschaut, ob die mittel- oder langfristige Kursentwicklung der Aktie lohnender ist, ob die Dividenden profitable Einkünfte bieten oder ob die Möglichkeit, die Aktie gerade jetzt zu einem hohen Kurs zu verkaufen, lockt.

Die Marktstimmung und die Wirtschaft spielen daher ebenso eine Rolle wie die Anlegerpsychologie und die Auswirkungen der Politik auf die Börsen: Börsen mögen es beispielsweise nicht, wenn es politisch oder wirtschaftlich unruhig ist, wenn es negative Meldungen oder Unsicherheiten gibt. Börsen sind Sensibelchen und die Kursentwicklung wirkt zeitweise manisch-depressiv. Börsen korrespondieren mit Notenbankentscheidungen und Wirtschaftsnachrichten, Wirtschaftsprognosen. Sie reagieren teilweise sogar auf Twitternachrichten. Kurz gesagt, die Börsenentwicklung ist kurzfristig schwer zu prognostizieren.

Trading oder Buy-and-hold-Strategie? Beim Kauf und Verkauf von Aktien gibt es viele verschiedene Strategien. Zwei Extreme stellen das kurzfristige Trading und die Buy-and-hold-Strategie dar. Das Trading ist ein sehr kurzfristiges Handeln, das ein schnelles Kaufen und Verkaufen, häufig im Sekunden-, Minuten- oder Tagesverlauf.

Bei der Buy-and-hold-Strategie ist die Idee, Aktien zu kaufen und dann über lange Zeiträume liegen zu lassen. Dem zugrunde liegt die Überzeugung, dass die Aktien langfristig ohnehin ihren Wert steigern. Für die hier empfohlene Anlagestrategie empfiehlt sich ausdrücklich nur die Langzeitstrategie mit dem richtigen Kaufzeitpunkt und mit einer gelegentlichen Umschichtung, um die eine oder andere Krise zum potenzierten Vermögensaufbau zu nutzen. Daytrading ist für unerfahrene Investoren ausdrücklich keine Empfehlung.

Aktienkurse sind kurzfristig unberechenbar

Wie gesagt: Die vorgestellte Anlagestrategie plädiert ausdrücklich für Langfristanlagen in Aktien. Da sieht die Sache schon ganz anders aus. Firmenbeteiligungen sind langfristig die wichtigste Anlageklasse im Hinblick auf eine gute Rendite, da sie den höchsten Ertrag erwarten lassen. Daher ist es langfristig auch riskant, keine Aktien zu besitzen. Je länger der eigene Anlagehorizont, desto attraktiver sind Aktien. Fünf Jahre dürfen es gerne mindestens sein.

Das hat auch mit den Zyklen zu tun. In der 100-Jahres-Rückschau des US-amerikanischen Standardwerte-Index S&P 500 waren die Phasen der steigenden und fallenden Börsen nämlich durchschnittlich 52 Monate (steigend) beziehungsweise 20 Monate (fallend) lang. So erklärt sich übrigens ganz pragmatisch der langfristige Trend zum Positiven. Zumindest historisch drängt sich der Verdacht auf, dass die Börsen sich nicht nach dem Kalender richten und dass jede Phase steigender und auch sinkender Aktienpreise begrenzt ist und eine Trendwende nach sich zieht – aber dass die Kurse generell sehr wohl nach oben streben.

Die allermeisten der eben genannten Faktoren, die für Preisschwankungen bei Aktien sorgen, beziehen sich auf menschliche Entscheidungen. Aktien werden meistens von Menschen gekauft oder verkauft. Die Psychologie von Investoren zeigt, wie intuitiv diese handeln, manchmal wie Lemminge. Ähnlich fatal wie bei den kleinen Tierchen können aber auch die Konsequenzen sein. Geringe Auslöser können dann an Bedeutung gewinnen, wenn der Druck im System nur groß genug wird. Dabei sorgt die Wertschöpfung der Unternehmen zwar im Durchschnitt für einen Trend der Börsen nach oben, aber immer wieder sorgen Krisen für Rückschritte. Und das hat wiederum viel mit Psychologie zu tun.

Wenn es etwa in einem Börsenzyklus zu lange gut lief, sollten immer mehr Investoren skeptisch werden, weil die Börsen stets zyklisch verlaufen und eines Tages die Trendwende kommen wird. Und andersherum: Geht es schon lange bergab, so genügen manchmal schon zarte Hoffnungsschimmer, um einen Umschwung zum Positiven einzuleiten. Eine Wirtschaftsnachricht ermutigt dann einige wenige Anleger zum Kauf; der steigende Kurs verleitet weitere auch zum Kauf und eine sich selbst verstärkende Bewegung kommt in Gang. Die Ungeduld und das zunehmende Verlangen, eine Trendwende nur früh genug zu erkennen, liegt anscheinend vielen Akteuren an den Börsen irgendwie in den Genen. Sie verstärkt die Zyklen mitunter sogar noch.

Die meisten Anleger handeln intuitiv oder nach Börsenstimmung und nicht anhand von konkreten Daten. Kurz gesagt: Die Börsen werden viel öfter durch Psychologie gesteuert als durch Fakten und Zahlen. Die jeweils vorherrschende Stimmung ist aber in den meisten Zeiten auch erkennbar an Nachrichten und sonstigen Meldungen. Sie verstärkt die Zyklen und ist meistens ein Massenphänomen, weil die meisten Investoren intuitiv handeln. Deshalb können Anleger mit einer guten Strategie sich dagegen wappnen. Dass an den Börsen die Psychologie eine so große Rolle spielt, ist daher positiv einzuschätzen. Man kann selbst nach Strategie und Zahlen handeln und daraus Profite schlagen.

Achtung, das ist nicht sicher: Aus historischen Daten zu lernen, kann sehr hilfreich sein, zur Orientierung. Wenn der S&P 500 im 100-Jahres-Durchschnitt 52 Monate steigend und 20 Monate fallend war, bedeutet das natürlich nicht, dass es in Zukunft genauso sein wird. Jedoch bekommt man so eine zeitliche Orientierung, die sehr hilfreich sein kann. Denn nun kann man den Verlauf grob einordnen.

Dennoch bleibt man als Leser vermutlich skeptisch angesichts solcher Trendbehauptungen, die sich aus der Ex-post-Analyse speisen. Es stimmt schon: Das war so oder ähnlich in der Vergangenheit, es muss aber deshalb nicht weiterhin so bleiben.

Gut ist da wieder, dass solche Erhebungen nach Zeit überhaupt nur überprüft werden müssen, wenn eine Anlageklasse schon überdurchschnittlich lange sehr hoch bewertet ist. Dann kann man schlicht etwas vorsichtiger agieren und wachsamer werden.

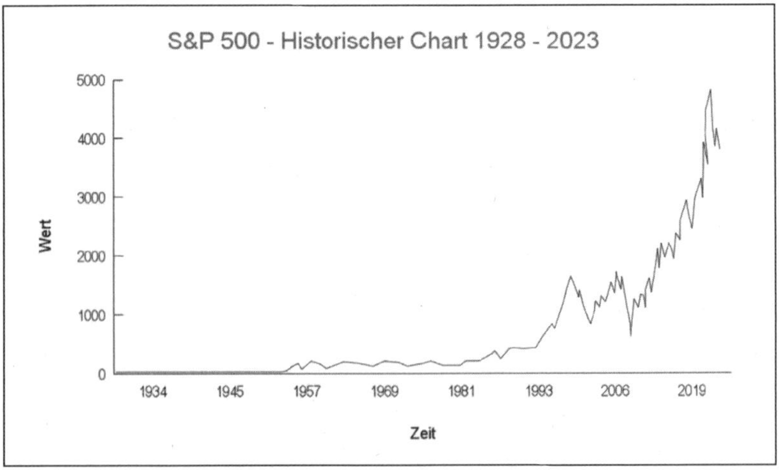

Gute Kaufzeitpunkte lassen sich wie beschrieben ohnehin sehr bequem erkennen, wenn die Unterbewertung schon eingetreten und der Kurs deutlich gefallen ist. Und die Buy-and-hold-Strategie mit langem Anlagehorizont und Vertrauen in den positiven Langfristtrend funktioniert für die ganz bequemen Anleger sowieso immer gut!

Mit einer solch langfristigen Anlage können Aktieninvestments ihre Vorteile sehr gut ausspielen: Zum Beispiel bringen sie hohe durchschnittliche Renditen durch langfristige Wertzuwächse sowie Einnahmen durch die laufend ausgezahlten Dividenden, darüber hinaus sind sie sehr liquide.

Das größere Risiko ist, keine Aktien zu besitzen!

Ein typischer Kurzfristchart des DAX, des Dow Jones oder sonst einer Börse, ist ein Auf und Ab im Zickzack mit unzähligen Ausschlägen pro Minute, Stunde, Tag, Monat und über Jahre. Daher haben die Börsen wohl auch ihren Ruf, ein riskantes und spekulatives Geschäft zu sein. Aktien und Börsen sind komplex, bieten aber gute Gewinnaussichten. Es ist von wirklich vielen Faktoren abhängig, ob eine Aktie steigt oder fällt, und selbst die größten Profis haben Schwierigkeiten, das erfolgreich und präzise zu prognostizieren – für eine Einzelaktie ebenso wie für einen gesamten Markt.

Intuitiv will man einem Profi vertrauen, aber das empfiehlt sich nicht: Man will ja irgendwie trotz aller Fachtermini und hochwichtigen Analysen immer an das Wissen der Gurus herankommen. Was würden Sie spontan sagen, wer bessere Gewinne einfährt? Ein passiver Aktien-ETF, der ganz stumpf den Kursverlauf bestimmter Börsen-Indizes nachbildet, oder ein Fonds, der gezielt nach Expertise von geschulten, ausgebildeten und erfahrenen Managern Aktien analysiert und diese ganz zielgerichtet für den Fonds auswählt? In rund 80 Prozent der Fälle gewinnt der passive Aktien ETF; der Mensch verliert.

Die gerade getroffene Unterscheidung beschreibt ETFs (der stumpfe Algorithmus) und sogenannte gemanagte Fonds (der erfahrene Fondsmanager). Es ist auf den ersten Blick ernüchternd: Das rein technische, emotionslose Nachbilden eines Index schlägt langfristig überdurchschnittlich oft den Menschen und seine Analyse. Obendrein ist der ETF meistens günstiger, weil ein Computer die Arbeit macht und für seine Arbeit weniger Gebühren anfallen. Allerdings gibt es sehr viele Fondsanbieter und in der Breite verliert sich durchaus auch etwas Qualität. Es gibt aber auch eine sehr gute Nachricht: Hier ist die einfache und günstige Strategie des ETFs meistens die erfolgreiche.

Sie entscheiden natürlich selbst, ob sie den Aktienprognosen der Profis folgen wollen oder nicht. Jedoch etwas Vorsicht ist geboten. Langfristig ist eines sicher: Besser Sie entscheiden zwischen gemanagtem Fonds und ETF, als beim Sparbuch zu bleiben.

Ein großer Fehler wäre es, angesichts der Komplexität von Aktien zu resignieren und diese Anlageklasse als zu risikobehaftet zu brandmarken. Denn es sind wesentlich zwei Sorgen, die man bei Aktien haben kann:

Aktien mit Risiko: Es gibt die Sorge vor dem Ausfallrisiko *der* Aktie (das Unternehmen wird insolvent, die Aktie, die man gekauft hat, wird wertlos) und das Kursschwankungsrisiko (die Kurse steigen und fallen). Das Ausfallrisiko wird ganz einfach umgangen beziehungsweise sogar komplett ausgeschlossen, indem man auf eine sehr breite Streuung setzt, das heißt, sehr viele Aktien im Portfolio hat oder gleich einen Fonds beziehungsweise ETF kauft, in dessen Portfolio viele Aktien enthalten sind. Das Kursschwankungsrisiko wird durch einen langen Anlagehorizont ausgeglichen. Börsenkrisen werden dann vielleicht sogar zum preiswerten antizyklischen Kauf genutzt, was dem eigenen Depot einen Turbo verleiht.

Die Risiken lassen sich also ausmerzen. Daher stelle ich im Folgenden drei Möglichkeiten vor, in die Anlageklasse der Aktien zu investieren. Ihre Entscheidung, was für Sie richtig ist, können Sie dann aus der Schilderung der spezifischen Vor- und Nachteile treffen.

Einzelaktien: Mit Einzelaktien kauft man sich ein Miteigentum an einem bestimmten Unternehmen, oder auch an mehreren, die man jedoch individuell und eigenverantwortlich auswählt. Hier setzt man auf Unternehmen, von denen man für die Zukunft erwartet, dass sie gut wirtschaften werden und dann hohe Gewinne einfahren – und einen Teil davon in Form von Dividenden auch wieder an die Aktionäre ausschütten. Schließlich ist man als Aktionär direkt an diesen Gewinnen beteiligt. Wenn die Aktie dann aufgrund des Unternehmenserfolges im Kurs steigt, kann man durch Verkauf der Aktie ein weiteres Mal profitieren. Kurssteigerungen und Dividenden können zusammen sehr attraktive Renditen einbringen.

Der Nachteil von Einzelaktien: Man muss als Anleger die richtige Auswahl treffen, was teilweise recht aufwändig sein kann, weil man eine Analyse betreiben muss. Daher empfehlen wir Einzelaktien eher für erfahrene Investoren oder als geringe Beimischung (Lernwerte) für unerfahrene Investoren, die den Wunsch verspüren, auf diese Weise noch Erfahrungen zu sammeln oder ihr eigenes Portfolio etwas interessanter zu machen, aus welcher Motivation auch immer. Bei Einzelaktien sind die Eigenverantwortung und der Aufwand vergleichsweise hoch. Auch bei einer geringen Anzahl einzelner Aktien schließt man das Ausfallrisiko für diese Werte nicht aus. Darüber hinaus ist mit recht starken Schwankungen zu rechnen, die womöglich voll durchschlagen und nicht durch andere Werte eines breiteren Portfolios kompensiert werden. Das sind zwei Kriterien, die man unbedingt beachten sollte.

ETFs: Bei ETFs werden Aktien eines bestimmten großen Bereichs gekauft, der üblicherweise durch einen Index repräsentiert wird. Das könnten Aktien aller Einzelunternehmen im Deutschen Aktienindex DAX sein. Oder alle Aktien der führenden Börsen weltweit, wie beim MSCI World. Es könnten auch nur die Unternehmen sein, die gewisse Kriterien von Nachhaltigkeit und Umweltschutz berücksichtigen, grüne Unternehmen. Oder die Aktien der aufstrebenden Volkswirtschaften Afrikas und Asiens, oder viele andere Konstellationen. Der Hauptvorteil ist, dass dabei stark gestreut wird. Es werden viele Aktien von vielen Unternehmen gekauft, und damit wird der unternehmerische Misserfolg einzelner Unternehmen (Missmanagement und schlechte Branchenaussichten) in der Masse ausgeglichen. Wenn ein Unternehmen scheitert oder gar ausfällt, bedeutet das noch lange nicht, dass der ganze ETF ausfällt. ETFs bilden doch gemäß ihrer Definition bloß einen Börsenindex mit den darin enthaltenen Unternehmen nach. Die Aktien werden also auch gehalten, ob die betreffenden Unternehmen nun erfolgreich oder weniger erfolgreich sind. Nur, wenn diese den Index verlassen müssen, verschwinden sie auch aus dem ETF-Portfolio und werden durch neue Indexmitglieder ersetzt. Darüber hinaus gelten ETFs als optimales Kerninvestment für unerfahrene Anleger, weil sie das Ausfallrisiko ausschließen und ideal für automatisches Investieren über Sparpläne geeignet sind. So lässt sich der Cost-Average-Effekt perfekt nutzen.

Gemanagte Aktienfonds: Aktienfonds enthalten ähnlich wie ETFs viele Aktie verschiedener Unternehmen. Diese Aktien werden ins Fondsvermögen (Portfolio) gekauft. Manchmal werden sogar weitere Anlageklassen eingeschlossen, etwa Rohstoffe oder Staats- und Unternehmensanleihen. Streng genommen sind das aber dann keine reinen Aktienfonds mehr, sondern Mischfonds. Bei einem reinen Aktienfonds kauft ein Fondsmanager nach eingehender Analyse Aktien und versucht damit, die durchschnittliche Kursentwicklung zu übertreffen. Es werden also nicht Aktien nach ihrer gegenwärtigen Performance gekauft und gehalten, sondern ein Fondsmanager kauft gemäß seinen Prognosen und Analysen und sicher auch nach Bauchgefühl. Auch Aktienfonds sind geeignet für Sparpläne. Der Aufwand ist gering, die Liquidität bleibt sehr hoch und auf diese Weise wird oft eine breite Risikostreuung erzielt. Allerdings ist zu beachten, dass es teilweise hohe Ausgabeaufschläge gibt (das ist eine einmalige Gebühr bei Erwerb der Fondanteile) und auch zum Teil hohe jährliche Verwaltungsgebühren, mit denen die Arbeit des Fondmanagements und weitere Kosten abgegolten werden. Auch hier wird das Ausfallrisiko minimiert. Schwankungen werden reduziert, das gilt vor allem im Vergleich zu Einzelaktien.

ETFs und gemanagte Aktienfonds zählen beide zur Kategorie der Fonds. Jedoch nennt man ETFs auch *passiv*, Aktienfonds *aktiv gemanagte* Fonds. Das Wort Fonds beschreibt dabei so etwas wie einen Topf. Viele Anleger geben dort ihr Kapital hinein, so dass mit großer Liquidität viele Aktien gekauft werden können. Die Anleger erhalten dafür Fondanteile ins Depot eingebucht. Die Streuung des Fondsvermögens auf verschiedene Aktien bringt ihnen die beschriebenen Vorteile in Bezug auf Ausfall- und Kursschwankungsrisiko.

Zumindest in der Theorie könnte man eine solche Streuung auch als Anleger mit Einzelaktien erzielen. Man müsste nur alle Aktien des Dow Jones mindestens einmal kaufen und hätte schon einen groben eigenen ETF im Depot. Das allerdings könnte schnell das eigene Budget übersteigen. Nicht so bei einem Fonds. Dort kauft man Anteile vom großen Ganzen. Man kann so auch mit kleinem Budget das eigene Investment auf verschiedene Aktien verteilen, weil der Fonds oder ETF ja bereits an verschiedensten Aktien beteiligt ist. Selbst mit wenig Geld lässt sich dadurch eine Streuung erreichen.

Gold und Aktien in Kombination bringen stabile Renditen

Nun sind zwei der drei Anlageklassen für ein einfaches »Investment auf dem Bierdeckel« bekannt. Die Strategie mit zwei Anlageklassen würde schon ohne die Erweiterung auf Immobilien funktionieren und wer mag, kann sie auch so umsetzen. Diese Strategie ist wachstumsorientiert (durch Aktien), stabilitätsorientiert (durch das Investment in zwei negativ korrelierte Anlageklassen) und gesichert (durch Gold). Werden die beiden Anlageklassen ins Verhältnis gesetzt und mitunter behutsam umgeschichtet, so kann die Stabilität gewahrt und trotzdem eine gute Performance erzielt werden. Dazu wird Gold nicht nur als Stabilisator für das eigene Vermögen genutzt, sondern auch als Investitionsreserve. Wenn bei den Aktien ein besonders guter Einstiegszeitpunkt für ein erstes oder ein weiteres Investment erkennbar ist, kann die Investitionsreserve dazu gut aus dem Gold entnommen werden. Sind Aktien gerade sehr hoch bewertet und ist der nächste Kursverfall zu befürchten, kann man Aktien verkaufen, vom Erlös Gold kaufen und damit mehr Vermögen zwischenspeichern.

Aktien ändern ihre Preise – also ihre Kurse – wie beschrieben zyklisch. Bei den Aktien kennt man diese Bewegungen sehr genau, der berühmte Zickzackkurs ist sprichwörtlich für die Börsen. Je größer die Betrachtungszeiträume, desto eher wird aus dem scheinbar ziel- und strukturlosen Auf und Ab aber eine in gewissem Rahmen immer regelmäßigere, eben zyklische Bewegung, die langfristig zudem tendenziell aufwärtsgerichtet ist: Die Bewegung sieht dann schematisch ungefähr so aus:

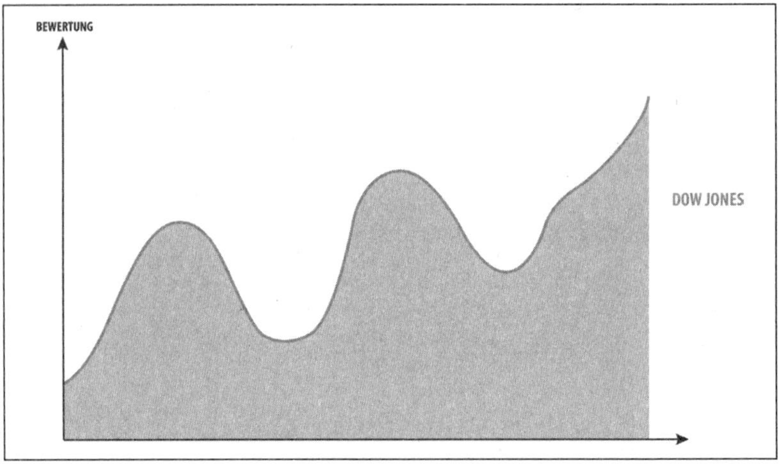

Schematische Darstellung des Aktienzyklus

Zur Verdeutlichung, dass das ungefähr die Realität nachbildet, genügt nochmals der Blick auf einen Langzeitchart, wie hier den Dow Jones 30 zwischen 2000 und 2022.

Mit Blick auf die historische Entwicklung der Aktienkurse lässt sich auch klar ablesen, dass die Zuversicht und Kauflaune sowie die Zeiten guter Wirtschaftsdaten und positiver Nachrichten offenbar überwiegen. Grundsätzlich dauern die Bullenmärkte (steigende Kurse) länger an und sind auch stärker als die Bärenmärkte (fallende Kurse), was den positiven Trend der Börsen erklärt: Es geht in Zyklen aufwärts.

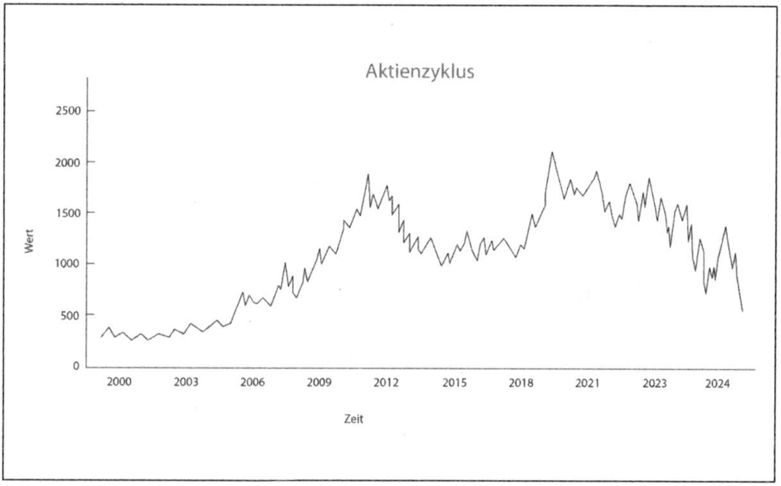

Historische Entwicklung des Aktienzyklus

Eine ganz ähnliche Bewegung vollzieht zumindest der Struktur nach der Goldpreis. Auch er steigt und fällt immer wieder in zyklischen Bewegungen, die sich schematisch analog wie folgt abbilden lassen.

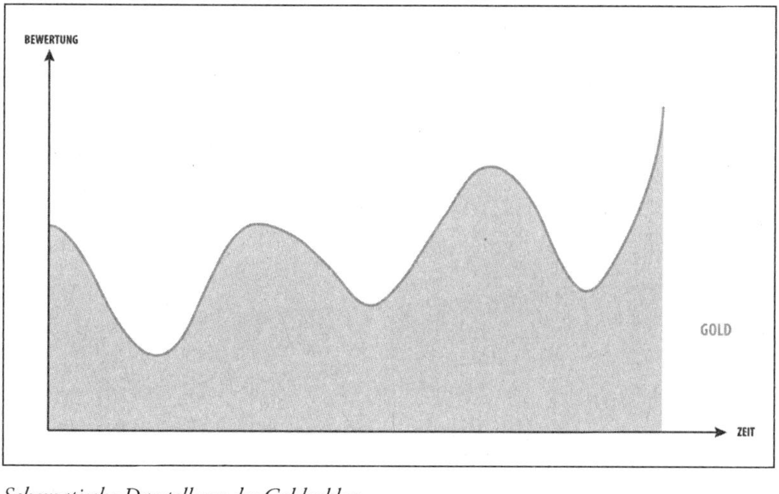

Schematische Darstellung des Goldzyklus

Die Ähnlichkeit der Zyklen ist dabei kein Zufall. Gold entwickelt sich ja, wie beschrieben, oft in negativer Korrelation zu den Aktienbörsen. Aktien hängen eng an der Konjunktur und entwickeln sich prozyklisch, meistens eilen sie der Konjunkturentwicklung etwas voraus.

Aktien und Gold: Geht es der Wirtschaft gut, dann steigen die Börsen. Gold hingegen ist dann meist weniger gefragt, weil es geringere Renditen verspricht als der Bullenmarkt an der Börse, in dem der Fokus der Anleger auf die Aktien gerichtet ist. Gold reagiert antizyklisch. Beide Anlageklassen haben jedoch einen Zyklus mit langfristig steigender Tendenz.

Die Aktienkurve steigt, die Goldkurve fällt? Genau dann schlägt die Stunde des Anlegers, der die hier aufgezeigte Strategie verfolgt: Er schaut, ob Gold womöglich gerade schon unterbewertet ist und eine spannende Alternative zu den noch boomenden Aktien sein kann, erhöht womöglich klug vor der

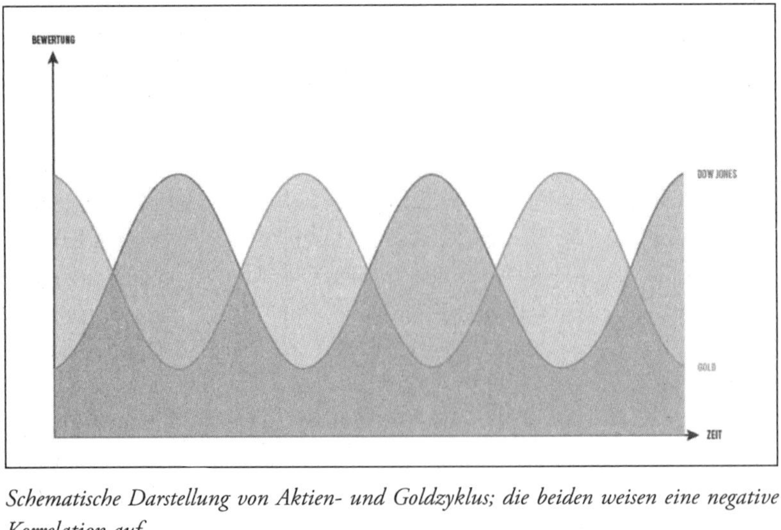

Schematische Darstellung von Aktien- und Goldzyklus; die beiden weisen eine negative Korrelation auf.

nächsten Aktienkrise sein Investment in den Rohstoff Gold und speichert damit die bisherigen Gewinne, weil eine Phase des Kursverfalls bei den Aktien immer wahrscheinlicher wird. Auch damit funktioniert Gold als Investitionsreserve, eben als Ziel des Umschichtens.

Beide Zyklen übereinandergelegt zeigen, dass bei Berücksichtigung der langfristigen Entwicklungen für jede Anlageklasse Kaufsignale entstehen, sowie analog dazu Verkaufssignale in der jeweils anderen Anlageklasse. Nun erklärt sich, warum eine Umschichtung regelmäßig mehr Gewinnpotenzial birgt.

Man sollte in Krisenzeiten Gold und im Wirtschaftsaufschwung Aktien besitzen: Gold wird oft in Krisenzeiten als der sichere Hafen gesehen und genau deshalb gekauft. Deshalb wird Gold in Krisen meistens teurer. Aber da die Aktienmärkte eben nicht zuletzt von Nachrichten und der wirtschaftlichen Großwetterlage beeinflusst werden, reagieren sie wahrscheinlich auch dann eher verhalten oder negativ auf solche Phasen, sie reagieren gar nicht unmittelbar auf den Goldpreis. Aktienbörsen sind ein Gradmesser für die Wirtschaftslage, sie reagieren sensibel auf Nachrichten und Informationen. Welche Krise sie beeinträchtigt und welcher Boom sie steigen lässt, ist fast egal.

Diese Entwicklung, die sich anhand der belegten Kursentwicklungen historisch aufzeigen lässt, bringt eine hohe Berechenbarkeit mit sich, und zwar im doppelten Wortsinne: Zum einen reagieren die Börsen auf Krisen negativ, Gold jedoch als sicherer Hafen reagiert positiv, was ebenfalls ziemlich zuverlässig und berechenbar passiert.

Zudem lassen sich die Kategorien »unterbewertet« und »überbewertet« bei den beiden Sachwerten extrem gut ins Verhältnis setzen, können errechnet werden und sind dadurch aussagekräftig. Wenn Aktien überbewertet sind, dann ist Gold eher unterbewertet, das gilt andersherum genauso. Das Ganze vollzieht sich in zyklischen Wellenbewegungen. Bisher ist die Frage der Berechnung des jeweiligen Zeitpunktes für die Umschichtung offengeblieben, weil erstmal die Gründe ausführlich dargelegt werden sollten. Genau das wollen wir jetzt ändern.

Steigende Kurse bringen Geld, fallende Kurse machen reich

In der Praxis ist es recht einfach, potenzielle Umschichtungszeiträume zu bestimmen. Es wird nur so selten gezeigt, weil die Aktienkursentwicklung beispielsweise beim Dow Jones in Punkten angezeigt wird, der Goldkurs aber in Dollar pro Feinunze und weil damit die Vergleichbarkeit der beiden Anlageklassen nicht direkt gegeben ist. Die beiden Kurven übereinanderzulegen ist also gewissermaßen ein Kunstgriff, den man selten in den Börsenzeitschriften mit aktuellen Zahlen findet. Das kann man jedoch leicht selbst bewerkstelligen.

Um Kaufsignale eindeutig zu bestimmen, wird zunächst der Punktestand des Dow Jones – der sich als Index der weltweit bedeutendsten Börse dafür am ehesten anbietet – durch den Goldpreis in Dollar dividiert. Das Ergebnis hat bereits Aussagekraft. Diese Zahl ist zudem unbestechlich, entspringt nicht einem Bauchgefühl und ist leicht einzuordnen.

Die Dow-Jones-Gold-Ratio: Der gegenwärtige Punktestand des Dow Jones liegt beispielsweise bei 40.000 Punkten. Diese Zahl wird durch den Goldpreis geteilt: vielleicht gerade 2000 Dollar. Das ergibt eine exakte aktuelle Dow-Jones-Gold-Ratio von 20.

Die Relation der Sachwerte untereinander wird anhand von Erfahrungswerten aus der Vergangenheit als Indiz für kluges Handeln angesehen. Zur besseren Veranschaulichung und Einordnung können Sie die schematische Darstellung der Dow-Jones-Gold-Ratio nutzen, um zu entscheiden, wann gekauft und wann verkauft werden sollte.

Die Dow-Jones-Gold-Ratio kann jeder ganz einfach selbst berechnen.

Dow-Jones-Stand _____ / Goldpreis _____ = Dow-Jones-Gold-Ratio _____

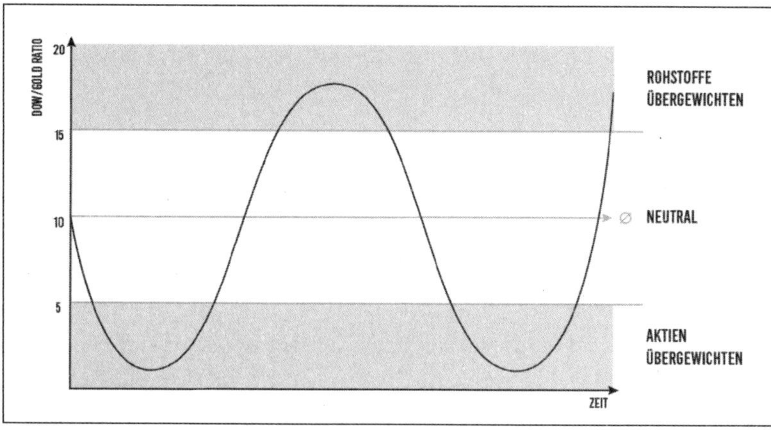

Schematische Darstellung der Dow-Jones-Gold-Ratio

Dann folgt die einfache Auswertung: Von 0 bis 5 ergibt sich ein Kaufsignal für Aktien, diese sind jetzt unterbewertet und können übergewichtet werden. Gold kann etwas reduziert werden. Es lässt sich als Investitionsreserve für den Aktienkauf nutzen.

Werte zwischen 5 und 15 sollten als neutral und ausgeglichen angesehen werden. Es besteht zur Änderung einer vorhandene Anlagegewichtung zu diesen Zeiten kein dringender Handlungsbedarf.

Alles über 15 signalisiert eine Überbewertung von Aktien im Verhältnis zum Gold. Die Anlageklasse der Edelmetalle könnte nun übergewichtet werden, und als Investitionsreserve wird in diesem Fall die Anlageklasse der Aktien genutzt. Dadurch reduziert sich entsprechend der Aktienanteil.

Weil die beiden Anlageklassen Gold und Aktien negativ korrelieren, ist auch klar, dass bei einem Ergebnis größer 15 im Umkehrschluss Gold unterbewertet ist. Das kann dann als Kaufkaufsignal gewertet werden. Neu-Investoren in diesen Anlageklassen können nun die erste Investitionsentscheidung treffen. Gold oder Aktien sind gerade unterbewertet und bieten eine günstige Kaufgelegenheit? Diese Erkenntnis ist sicher eine Hilfe bei der Suche nach einer günstigen erstmaligen Einstiegsgelegenheit.

Für Anleger, die bereits Aktien oder Gold besitzen, empfiehlt es sich, bei solchen eindeutigen Kaufsignalen nunmehr eine Übergewichtung der unterbewerteten Anlagenklasse mindestens für einen gewissen Zeitraum durch Umschichtung vorzunehmen, nämlich bis sich die Verhältnisse in einigen Monaten oder Jahren mit großer Wahrscheinlichkeit umkehren. So ist eine stärkere Kursentwicklung nach oben wahrscheinlich. Als Investitionsreserve sollte jeweils die gegenwärtig überbewertete Anlageklasse genutzt werden. Damit können Sie nun anhand einer eindeutigen Kennzahl Überbewertungen erkennen und antizyklisch umschichten.

Zwischen den klaren Kauf- (und Verkaufs-) Empfehlungen der beiden Anlageklassen ergibt sich ein relativ breites Spektrum, eine neutrale Zone (Werte zwischen 5 bis 15), die aber auch eine ganz klare Empfehlung mit sich bringt: Es besteht derzeit für bestehende Investitionen kein Handlungsbedarf, weil eine ganz eindeutig starke Über- oder Unterbewertung nicht erkennbar ist. Wer hingegen neu investieren möchte, kann beide Anlageklassen nun gleich gewichten.

In diesem Bereich besteht nur Handlungsbedarf, wenn in einer der Anlageklassen ein plötzlicher Crash erfolgt, wenn also gegenüber dem letzten Hoch etwa ein Verlust von 20 Prozent eintritt.

Je klarer die Dow-Jones-Gold-Ratio eine Kaufgelegenheit anzeigt, desto mehr darf aus der jeweils anderen Anlageklasse umgeschichtet werden.

Grundsätzlich gilt: Die Märkte sind ständig in Bewegung und damit ist es auch die Dow-Jones-Gold-Ratio, da die Zyklen beider Anlageklassen voranschreiten. Es lohnt sich also eine halbjährliche Prüfung der Dow-Jones-Gold-Ratio vorzunehmen und immer ein Ohr am Markt zu haben, um eine klare Orientierung zu erhalten.

Wer sich den langfristigen Verlauf der Dow-Jones-Gold Ratio anschaut wird erkennen, wo wir im Zyklus stehen. Bei der Anlageklasse Gold gibt es also nun eine klare Orientierung durch die Dow-Jones-Gold-Ratio. Eine Dow-Jones-Gold-Ratio über 5 oder unter 15 genügt schon, um klare Schlüsse zu ziehen. Was aber entscheidet der Anleger bei einem Wert um die 10?

Bei ausgeglichener Dow-Jones-Gold-Ratio in dieser Größenordnung sollten möglichst alle drei Anlageklassen ausgeglichen gewichtet werden.

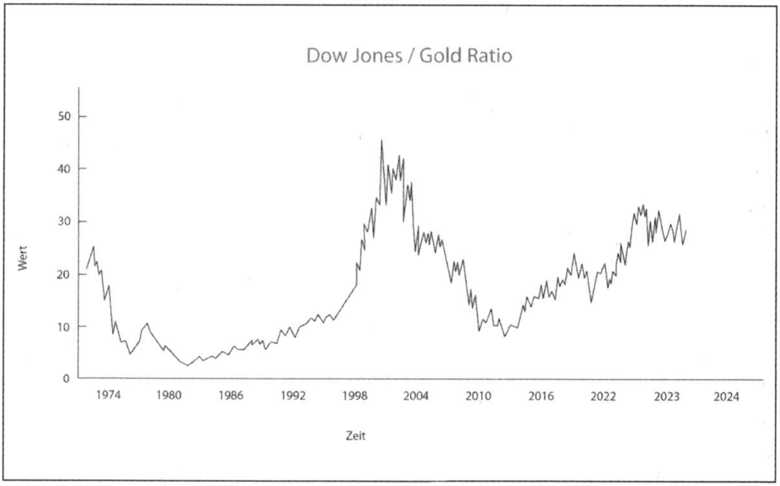

Die Dow-Jones-Gold-Ratio im historischen Verlauf

Wie beschrieben kann der Anleger, der bereits Aktien oder Gold besitzt, eine gewisse Ruhe an den Tag legen. Die Wahrscheinlichkeit, dass die Gewichtung je Anlageklasse kurzfristig geändert werden muss, ist eher gering.

Wer aber nach den Überlegungen zur Inflation und mit einem größeren Vermögen in Form von Bankguthaben und Papierwerten nun eine größere Einmalinvestition tätigen möchte, ist dann gut beraten, auf ein Sachwerteinvestment mit einer ausgewogenen Verteilung zu setzen: zu je einem Drittel in Aktien, Gold und Immobilien.

Falls zusätzlich eine Investition in Raten erfolgt, sollte der monatliche Dauerauftrag in die gerade rechnerisch noch am ehesten unterbewertete Anlageklasse investiert werden. Auch bei weniger klaren Ergebnissen beispielsweise des Dow-Jones-Gold-Verhältnisses lassen sich sicher Tendenzen erkennen, die auf eine Position im aktuellen Zyklus schließen lassen. Das könnte dann eben auch der Immobilienbereich sein, falls Sie diesen einbeziehen möchten. Später, bei klaren Kaufsignalen für eine Anlageklasse, kann dann ja wieder umgeschichtet werden.

Die dritte Anlageklasse als Kür: Immobilien

Für Immobilien als Anlageklasse gilt es zunächst noch, ein besseres Gespür zu entwickeln. Immobilien bringen durch kalkulierbare (Miet-)Renditen grundsätzlich Solidität in das eigene Portfolio. Es kann sich langfristig lohnen, diese dritte Anlageklasse mit eigenem Vermögen zu füllen. Immobilien sind auch eine interessante Sachwertklasse. Zum einen gibt es die grundsätzliche Möglichkeit, einfach 33 Prozent in diese Klasse zu investieren. Zum anderen sind Immobilien für jene Anleger, die etwas mehr Analyse betreiben und gegebenenfalls umschichten wollen, gerade dann eine gute Empfehlung, wenn sich für Aktien und Gold keine klare Kaufempfehlung ergibt. In diesen Zeiten, wo sich Gold und Aktien nicht eindeutig als aktuell günstige Investitionen aufdrängen, kann es vernünftig sein, sich ein bisschen mehr auf Immobilien zu fokussieren und die eigenen Investitionen dort auf die durchschnittlichen 33 Prozent zu bringen.

Offene Immobilienfonds sind eine Möglichkeit, in diese Anlageklasse zu investieren. Sie lassen sich auch mit geringen Beträgen via Sparplan besparen. Als Sachwert sind Immobilien inflationsgesichert. Auf diesem Wege können sie anteilig erworben werden, wenn die anderen Anlageklassen mit Chance auf bessere Renditen hierfür kein wirkliches Kaufsignal liefern.

Bis zu einem guten Drittel des Investitionsvermögens kann in die Anlageklasse Immobilien gesteckt werden. Darüber hinaus darf gerne auch geprüft werden, ob die anderen Anlageklassen nicht zu wenig berücksichtigt wurden. Denn dort werden langfristig noch eher die wirklich spannenden Renditen erzielt.

Wie immer gibt es auch dort ein Aber: Immobilien können in bestimmten Zeiten eine sehr gute Rendite haben, wenn sie günstig gekauft und teuer verkauft werden können. Das war aber in Deutschland früher auch zeitweise einfacher. Zum Zeitpunkt, da ich dieses Buch schreibe, runzeln die Immobilienexperten die Stirn und fragen sich, welche Mastertipps sie noch geben können, die narrensicher sind. Es ist eben schwierig, wenn die Immobilienpreise jahrelang gestiegen sind und nun fallen.

Wichtig ist immer die Berücksichtigung schon vorhandener Immobilien, diese sollten ins Kalkül einbezogen werden. Beträgt der vorhandene Immobilienanteil wesentlich mehr als 33 Prozent, besteht ein Risiko der Übergewichtung im Immobilienbereich.

Für ein Immobilieninvestment sprechen zunächst einmal zwei wesentliche Gründe.

Erstens sind Immobilien Sachwerte. Sie wirken schon in der Vorstellung der Menschen realer als Aktien, die abstrakt in irgendeinem Depot liegen. Man kann sie anfassen, kann darin wohnen und sie stellen etwas dar. Deshalb lohnt sich der Blick auf diese Anlageklasse mit dem Anspruch, inflationssicher und sachwertorientiert möglichst breit gestreut zu investieren. Sachwerte sind vor dem Hintergrund aller bisherigen Ausführungen interessant für den Krisenschutz. Sie sind eine Anlage mit innerem Wert, sprich ein Sachwert. Sie stehen unverrückbar in Beton und Holz irgendwo, haben buchstäblich Substanz. Sie werden physisch erstellt, der Nutzwert ist meist stabil – selbst bewohnt, als Büro oder Industriestandort – und sie sind aus Rohstoffen hergestellt. Das macht sie teuer und in gewisser Weise individuell. Häuser und andere Gebäude haben darüber hinaus je nach Investitionsmodell einen Ertragswert durch laufende Mieten oder Pachten.

Ihre Stabilität äußert sich auch darin, dass Immobilien wenig mit den anderen Anlageklassen korrelieren. Ihr Wert ist vom Goldpreis kaum und vom Aktienmarkt eher wenig abhängig. Immobilien schwanken durch ihren sehr soliden inneren Wert im Vergleich zu Aktien wenig, auch wenn Immobilienblasen immer mal wieder zeigen, dass der Preis von Immobilien den Wert zeitweise auch übertreffen kann. Dann kommt es zu einer Korrektur. Damit haben sie in Bezug auf Kursschwankungen für das eigene Portfolio im Positiven wie im Negativen häufig eine ausgleichende Funktion. Durch ihre Substanz und die möglichen Erträge bringen vor allem Mietimmobilien Stabilität in die eigene Anlagestrategie. Rendite durch Aktien, Sicherheit durch Gold und Stabilität durch Immobilien, das macht die eigene Strategie nun wirklich umfassend krisenfest.

In den gut zwei Jahrzehnten bis 2022 boten Immobilien durchaus auch gute Renditechancen, wie die Immobilienpreisentwicklung in Deutschland von 2000 bis 2022 beweist. Wer genau hinschaut, bemerkt allerdings, dass die Jahre von 2000 bis 2010 eher von einer Seitwärtsbewegung geprägt waren. Es geht eben auch dort nicht immer bergauf, auch wenn der abgebildete Graph einen sehr optimistischen Eindruck hinterlassen kann. Selbstverständlich können Immobilienpreise auch fallen, vor allen Dingen, wenn die Rahmenbedingungen für Immobilienbesitzer negativ gestaltet werden. So ist ab Mitte 2022 eine Trendumkehr bemerkbar.

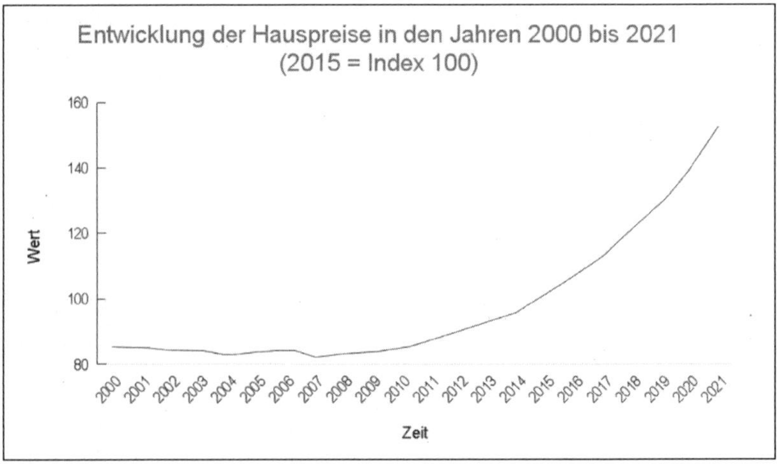

Entwicklung der Hauspreise im historischen Verlauf

Ein wirkliches Manko: Immobilien haben eine recht hohe Investitionshürde, wenn man sie gern selbst und allein besitzen möchte. Bezogen auf die gerade angeführten Entwicklungen der Hauspreise wäre es dennoch vermutlich sehr lukrativ, wenn man sie unterbewertet als Renditeobjekt kauft und dann nach einer solchen Entwicklung wieder verkauft. Auch hier lohnt es sich, in der Blase aus – und im Preisverfall einzusteigen. Mit Blick auf die Zyklen wird der eine oder andere Anleger aber womöglich zweifeln: War das zwischen 2000 und 2022 eine Blase oder nicht?

Um Immobilien für die eigene Anlagestrategie gut einordnen zu können, schauen wir wie bei Aktien und Gold auf die klassischen Herausforderungen dieser Anlageklasse, ebenso wie auf bestehende Investmentprodukte, deren Vorteile dann beleuchtet werden.

Die Möglichkeiten, in Immobilien zu investieren

Es gibt grundsätzlich drei Arten, in Immobilien zu investieren.

Haus oder Wohnung: Zunächst kann ein Gebäude oder eine Wohnung gekauft werden. Dieses kann selbst bewohnt oder vermietet werden. Es gibt aber gute Gründe, ein Objekt, das selbst bewohnt wird, eher als Luxusgut anzusehen, denn als Renditeobjekt mit Fokus auf Krisensicherheit.

Gegen ein eigenes Haus sprechen neben der damit ziemlich verbindlich festgelegten Lebensplanung vor allem die hohen Einmalkosten. Ein Haus muss finanziert werden, mit Eigenmitteln oder über Jahre und Jahrzehnte hinweg mit einem Kredit, der einer laufenden Zahlungsverpflichtung gegenüber der Bank gleichkommt. So müssen neben weiteren Kosten auch Zinsen und Tilgung aufgebracht werden. Das aber rentiert sich im Vergleich zum Wohnen zur Miete nicht unbedingt.

Die laufenden Kosten eines Hauses können leicht die eigenen Mietkosten übertreffen. Dann stellt sich durchaus die Frage, ob ein Investment in eine andere Anlage nicht klüger wäre. Wenn das eigene Haus keinen (rechnerischen) Vorteil bringt, gleichzeitig massive Vermögenswerte und monatliche Mittel bindet und im gleichen Investmentzeitraum Aktien, eventuell gerade 8 Prozent Rendite bringen – dann ist das Eigenheim rein objektiv eine wenig lukrative Anlageklasse.

Objektiv muss man sich bei einem selbstbewohnten Objekt fragen, ob es neben der aus dem inneren Wert der Anlageform resultierenden Absicherung des Vermögens in Beton (oder Holz) auch eine Renditechance gibt. Das fragt man sich bei Vermögensanlagen doch eigentlich immer.

Das Eigenheim wird als Anlage oft voreingenommen betrachtet: Bei einem Rentenfonds der Hausbank werden Sie immer nach der Rendite und den Kosten fragen. Wenn er 0 Prozent Zinsen bringt und hohe Kosten verursacht, werden Sie kaum unterschreiben. Beim eigenen Haus ist man manchmal geneigt, beides bereitwillig in Kauf zu nehmen. Man sollte sich aber fragen: Ist es richtig, das eigene Haus so wenig zu hinterfragen?

Fragen kann man sich beim eigengenutzten Haus oder der eigenen Wohnung aus Investorensicht also:

- Ist der Kreditzins wirklich günstiger als eine Miete? Schließlich wandert auch dieses Geld in andere Taschen.
- Welchen Anteil hat die Tilgung an der monatlichen Kreditleistung, wie viel Vermögensaufbau ist also drin? Die Zinsen und Gebühren landen ja bei der Bank, nur die Tilgung mehrt das eigene Vermögen.
- Wie entwickelt sich zukünftig der Wert des Objekts und damit des investierten Kapitals?
- Wird eine mögliche Wertsteigerung je realisiert (durch Verkauf)?
- Welchen Anteil am Sachwertinvestment hat die Anlageklasse Immobilien, wenn sie ein Eigenheim enthält?

Häufig wird das eigene Haus gar nicht als Investment im klassischen Sinne gesehen. Viele verstehen, dass dort viel Geld für ein Ziel aufgewendet wird, aber es werden nicht die gleichen Maßstäbe angelegt, wie beispielsweise bei einem Sparbrief (Verzinsung, Wertentwicklung, Streuung des Risikos). Viele können maximal ein Haus finanzieren – und dann ist nichts für weitere Investitionen übrig. So könnte man in der Anlageklasse der Immobilien so stark gebunden sein, dass an Aktien und Edelmetalle gar nicht mehr zu denken ist. Ein ganzes Haus zu kaufen, kostet sofort ersichtlich viel, ist wenig krisensicher und extrem unflexibel. Umschichtungen in Krisenzeiten sind damit praktisch ausgeschlossen. Auch die Möglichkeit der Streuung in andere Anlageklassen fehlt und darüber hinaus besteht ein Übergewichtungsrisiko im Immobilienbereich. Im Notfall können Sie eine Immobilie auch nicht mitnehmen oder sofort verkaufen. Es ist irgendwie unschön, ein solches Übergewicht an Immobilien.

Bei Aktien schauen manche täglich in ihre Börsen-App oder ihr Online-Depot, meist in der Hoffnung, dass sich der Preis doch inzwischen erhöht haben dürfte und ein lukrativer Verkauf möglich wäre. Beim eigenen Haus steht dagegen oft der Wohnwert, und das Gefühl, einen Wert im eigenen Leben geschaffen zu haben, im Vordergrund. Da rückt der Wunsch nach Krisensicherheit und Vermögensbildung oft in den Hintergrund. Verkauft werden soll das Eigenheim gar nicht.

Alles auf eine Karte setzen? Einen Großteil des frei verfügbaren oder mühsam angesparten Vermögens in eine Anlageklasse zu investieren, die keine gute Rendite bringt, ist aus Anlegersicht ein Fehler.

Ein abgezahltes Eigenheim trägt schon mehr zur Krisensicherheit bei und genügt viel eher den Ansprüchen an ein krisenfestes Investment als ein mit Hypotheken belastetes Haus. Bei einem frisch abgeschlossenen Immobilienkredit überwiegt der Zinsanteil der monatlichen Raten die Tilgung bei weiten. Das Geld ist also größtenteils weg. Es landet bei der Bank, nicht im eigenen Vermögenstopf.

Aus Investorensicht ist das eine echte Fehlleistung. Also muss auch die Meinung, mit der monatlichen Zahlung an die Bank immer seinen eigenen Besitz zu finanzieren und das Vermögen aufzubauen, auf ihren Wahrheitsgehalt hin überprüft werden. Mit Steuern, Abgaben und Gebühren, den Aufwendungen für die Instandhaltung und den sonstigen Ausgaben summieren sich die Ausgaben gehörig. Die könnte man auch als Miete zahlen. Immerhin kommt es vor, dass die durchs Eigenheim gesparte Miete und die Finanzierungskosten ungefähr gleich hoch sind. Dann kann die Anschaffung noch einigermaßen vernünftig sein.

Eine persönliche Krise verursacht aber oft die Finanzierung der eigenen Immobilie: Der Kreditzins ist zumeist für zehn Jahre festgelegt worden. Danach wird die Anschlussfinanzierung fällig. Weil sich der Zins zwischendurch deutlich geändert haben kann (durch eine Krise womöglich), fordert die Bank nun eventuell erheblich höhere Zinsen, und das hat Konsequenzen. Womöglich lässt sich die Tilgung aufgrund der höheren Zinsbelastung nicht mehr wie bisher leisten. Dann muss die Finanzierung verlängert werden. Dadurch leidet der Kreditnehmer noch länger unter der finanziellen Belastung. Oder der neue Kredit lässt sich gar nicht mehr finanzieren, weil das Investment in diese nunmehr sehr negative Anlageklasse zu viele finanzielle Ressourcen des Kreditnehmers beansprucht und ihn damit überfordert.

Aufgrund dieser Überforderung hat er vielleicht auch nicht in andere Anlageklassen investiert, die ansonsten eine gute Rendite abgeworfen hätten. Aber wer hohe Verpflichtungen durch Zins und Tilgung eingeht, kann oft nicht zusätzlich in krisensichere Anlageklassen investieren. Dann gibt es keine Streuung bei der Anlagestrategie, ja, nicht einmal einen Sparplan für ein Aktiendepot.

So genügt ein Auslöser – etwa ein Jobverlust aufgrund einer Umstrukturierung beim Arbeitgeber –, und die ganze Finanzstrategie inklusive des Traums vom eigenen Häuschen ist schnell gefährdet.

Eine Investition in ein einziges Investment, wie das eigene Haus, ist also mit einem hohen Risiko verbunden. Ein Aktieninvestment erfordert nur kleine Investitionsbeträge; erste Erfahrungen kann ein Anleger schon mit einem Sparplan für 50 Euro pro Monat sammeln. Ein Hauskauf in dieser Größenordnung ist schlicht nicht möglich. Ein Immobilienkäufer geht immer in die Vollen, nimmt einige Hunderttausend Euro als Darlehen auf, und zahlt monatlich oft vierstellige Summen als Kreditrate.

Wer den Pfennig nicht ehrt: Das dabei häufig zu beobachtende Anlegerverhalten finde ich schon bemerkenswert. Ein monatlicher Sparplan in Aktien über **nur** 200 Euro mit guter Renditeaussicht wird als zu spekulativ und risikoreich abgetan. Jedoch über einen Zeitraum von 20 bis 30 Jahren ein Haus für 500.000 Euro zu finanzieren, wird als bodenständig und kalkulierbar gewertet.

Das Investment in ein Haus steht häufig in keinem einzigen Bewertungskriterium besser da als Aktien oder Edelmetalle.

Immobilien können Renditekiller oder Renditebringer sein

Es gibt einen einfachen Kniff, um mit einem Haus oder einer Wohnung ganz schnell ein günstigeres Verhältnis zwischen laufenden Kosten und Rendite zu erzielen. Wie eben erwähnt ist das selbstbewohnte Eigenheim vor allem dadurch belastet, dass es keine monatlichen Renditen erwirtschaftet. Damit werden lediglich andere Kosten vermieden, allen voran die ansonsten nötigen Mietzahlungen. Es ist keine tolle Rendite, wenn nur Kosten gespart werden. Damit kommt man schlecht ins Plus. Die angebliche Rentabilität eines selbstbewohnten Eigenheims ist eine Milchmädchenrechnung.

Wird aber ein Haus oder eine Wohnung vermietet, dann kommt die erwirtschaftete Miete dem eigenen Vermögen zugute. Der Mieter einer vermieteten Immobilie zahlt monatlich in die individuelle Vermögensbilanz des Investors ein. Die relativ konstante und solide Liquidität kann dann sogar wieder in andere Anlageklassen investiert werden, in Aktien oder Edelmetalle. Obwohl mit dem Mietobjekt Kapital gebunden wird, bleibt Liquidität vorhanden. Sie kann dann in andere Anlageklassen investiert werden, und schon wird ersichtlich, warum Immobilien Millionäre machen können. Sie wohnen nur selbst nicht in ihren Objekten – oder wenn, dann haben sie ihre Villen erst angeschafft, nachdem sie wohlhabend waren.

Eine solche Betrachtung einer Immobilie mit Blick eines Investors lässt dann auch einen späteren Verkauf zu. Und dass eine Immobilie am richtigen Ort Potenzial für Wertsteigerungen hat, ist unbestritten. Zudem nutzen Sie mit einer finanzierten Immobilie das Geld fremder Leute (Bank) zur Renditeerzielung. Das kann Ihre Rendite hebeln, zumal die Zinskosten steuerlich absetzbar sind. Trotzdem bleibt das bereits genannte Problem bestehen: Bei jedem Investment in eine Immobilie müssen Sie eine hohe Finanzierungsschwelle überwinden. Außerdem ist es ohne größeres Vermögen nicht möglich, unter dem 33-Prozent-Anteil der Anlageklasse Immobilien zu bleiben. Wer also Immobilien bereits hat, braucht sein Vermögen in dieser Anlageklasse nicht mehr aufzustocken.

Wie Sie Immobilen anteilig kaufen

Wer in Immobilien investieren will, sich aber aus den genannten Gründen (erst einmal) gegen ein komplettes Haus oder eine komplette Wohnung entschieden hat, kann auch über Börseninvestments anteilig Immobilien kaufen.

Ein **offener Immobilienfonds** investiert das Vermögen der Anteilskäufer zu mindestens 51 Prozent in bebaute und unbebaute Grundstücke oder Erbpachten. Damit wird auch in Sachwerte investiert, und die Renditen werden im Wesentlichen aus Mieteinnahmen und dem Verkauf dieser Objekte erwirtschaftet, der möglichst zum günstigen Zeitpunkt und mit Gewinn erfolgt. Die Renditen werden wie bei jedem anderen Fonds entsprechend der Anteile ausgeschüttet, die ein jeder Anleger besitzt, oder sie werden gleich reinvestiert.

Da Immobilien relativ konstante Renditen erwirtschaften, sind diese recht gut kalkulierbar. Und weil Immobilienfonds als sehr risikoarm gelten, werden sie gerne von Hausbanken angeboten und gelten als konservative Anlageform. Aus Sicht der Hausbank macht man da nicht viel falsch.

Offene Immobilienfonds gelten aber als nicht sehr renditestark. So sollte man überprüfen, ob sie denn überhaupt einen positiven Realzins erwirtschaften. Bei 2 bis 3 Prozent Rendite pro Jahr kann die Inflation schnell die Wertsteigerung auffressen, und das Geld im Immobilienfonds verliert dann faktisch an Kaufkraft – trotz der relativen Zuwächse. Dennoch haben Immobilienfonds ihre Berechtigung.

Allerdings braucht man dafür etwas Zeit, wenn man sie als Krisenabsicherung nutzen will. Denn eine schnelle Liquidierung der eigenen Anteile ist nicht möglich. Seit der Finanzkrise 2008, in der etliche Fonds in Schwierigkeiten gerieten, kann man nicht mehr so leicht Geld aus einem Immobilienfonds abziehen. Damals platzte eine Immobilienpreisblase in den USA – auch das kommt vor. Viele Investoren in Immobilienfonds brauchten plötzlich Geld. Um wieder flüssig zu werden, verkauften sie schnell Anteile ihrer Immobilienfonds und brachten damit die Fondsgesellschaften in arge Not. Um solche Effekte zu vermeiden, müssen Immobilienfonds heute nach Kauf erst einmal zwei Jahre lang gehalten werden. Bei Verkaufswunsch muss dieser ein Jahr vorher bei der Fondsgesellschaft angemeldet werden. Entsprechend sind Immobilienfonds zwar etwas krisensicherer geworden – aber damit für die Anleger auch sehr unflexibel. Auch Umschichtungen nach dem Schema von Unter- und Überbewertung sind damit schwierig. Darum sollte ein Immobilienfonds nur einen gewissen Anteil des Kerninvestments ausmachen, eben weil solche Fonds als Investitionsreserve unbrauchbar sind. Andere Anlageklassen im Vergleich können eben, je nach Produkt, in zehn Minuten verkauft werden – Immobilienfonds-Anteile erst in einem Jahr.

Immobilien-ETFs als dritte Möglichkeit, Geld in Immobilien anzulegen, unterscheiden sich von den Fonds dadurch, dass nicht in Immobilien selbst, sondern in Unternehmen der Immobilienbranche investiert wird. Unternehmen, die mit Immobilien ihr Geld verdienen, hängen nur mittelbar an der Preisentwicklung. Sie erwirtschaften ihr Geld vorwiegend mit Mieten und Pachten, was sich besser analysieren und prognostizieren lässt. Bei den betreffenden Aktien gibt es mitunter deutliche Kursgewinne oder -verluste, die sogar konträr zu den Immobilienpreisen sein können. Womöglich spielen andere Faktoren eine Rolle, die mit Immobilien nur sehr bedingt zu tun haben (zum Beispiel staatliche Eingriffe, das Steuerrecht, das Auftreten von Wirtschaftskrisen, die Rohstoffpreise im Bauwesen, unternehmerisches Versagen oder Geschick). Risiken und Chancen werden bei Unternehmen, die im Immobiliensektor zu finden sind, also mitunter erweitert oder sogar gehebelt.

Auch gilt bei einer Aktienkrise nur sehr bedingt, dass Immobilien-ETFs stabiler bleiben, weil Immobilien ja letztlich Sachwerte sind. Immobilien-Aktien folgen da weitaus mehr dem Trend aller Aktien; sie sind viel weniger entkoppelt von der Wirtschafts- und Nachrichtenlage und der politischen Großwetterlage. Immobilien-ETFs entwickeln sich ähnlich wie Aktien. Damit verspielen sie einen Teil ihrer Vorteile als dritte Anlageklasse. Aber: Wo mehr Risiko ist, da winkt womöglich wieder mehr Rendite.

Aufgrund der größeren Schwankungsbreite zwischen möglichem Gewinn und Verlust ist die Stabilität entsprechend geringer. Die Schwankungen sind zudem von deutlich mehr Faktoren abhängig, sie sind also schwerer vorherzusehen. Aber: Immobilien-ETFs können jederzeit sofort verkauft werden und eignen sich dadurch als Investitionsreserve. Jedoch gehen sie in der Krise eher mit den Aktien mit. Immobilien-ETFs eignen sich nur anteilig als Kerninvestment.

Eine Investition im Immobilienbereich könnte also so aussehen: Wer bereits allein eine Immobilie besitzt, sollte sie ins Kalkül einbeziehen. Ansonsten könnte ein Immobilien-ETF in Kombination mit einem Immobilienfonds als Kerninvestment der Anlageklasse Immobilien genutzt werden. So erreichen Sie Stabilität und sind trotzdem flexibel, Sie können die Anlageklasse also auch als Investitionsreserve nutzen. Als Lerninvestment gibt es viele Möglichkeiten, sich zu betätigen, beispielsweise in Form von Wiesen, Ackerland, Wald, Bauland oder privaten Parkflächen, die verpachtet oder gegen Gebühr vermietet werden können. Diese sollte man aber gerade als Anfänger nur als geringe Beimischung nutzen.

Die Auswahl der richtigen Immobilie

Soll dennoch ein Haus oder eine Wohnung gekauft werden, weil etwa in der Privatbilanz genügend Eigenkapital vorhanden ist, so sollte dieses Investment auch gründlich durchkalkuliert werden. Positive Kriterien für den Kauf eines Mietobjekts lassen sich danach beurteilen, ob sie die Mietrendite erhöhen oder eher nicht. Das hängt in der Regel vom Umfeld der Immobilie ab, also von der Infrastruktur, Lage, vom kulturellen Angebot. Aber auch auf den Zustand der Immobilie selbst kommt es an, auf ihr Baujahr, ihren Erhaltungszustand, ihre Energieeffizienz, ihre Ausstattung und den Stand der Sanierungen.

Ideal für Immobilien sind beispielsweise Studentenstädte. Dort findet sich eine überwiegend junge Bevölkerung. Weil dort oft wenig Wohnraum zur Verfügung steht, herrscht automatisch eine hohe Nachfrage, und entsprechend hoch ist der Mietpreis bei solchen Immobilien. Aus Investorensicht sind Studenten als Klientel kein Nachteil: Nach Möglichkeit werden die Eltern zur Not die Miete zahlen.

Wenn die Studentenstadt zudem noch attraktiv ist, könnte das einen Bevölkerungszuwachs garantieren. Generell bietet so manche Stadt, nicht nur Studentenstädte, Perspektiven für Erwerbstätige. Sie eignen sich bevorzugt für ein solches Investment. Speckgürtel in großen Ballungsräumen wie im Umkreis von Frankfurt, Berlin oder München profitieren häufig davon, dass die Menschen zunehmend bereit sind zu pendeln statt horrende Mieten zu zahlen. Sie arbeiten in der Innenstadt und wohnen oft einige Kilometer außerhalb. Die günstigeren Mietpreise in der Peripherie locken sie, und dennoch steigen die Mieten auch dort langsam, aber sicher. Übrigens ist das längst kein Phänomen mehr, das sich nur in Millionenstädten zeigt. Auch regionale Ballungszentren wie Mainz oder Wiesbaden beispielsweise haben heute solche Speckgürtel im ländlichen Umfeld mit teilweise beeindruckenden Mietpreisen.

Weitere Faktoren, die auf ein gutes Renditeobjekt verweisen, sind neben den guten Erwerbsmöglichkeiten auch eine geringe Arbeitslosigkeit in der Region. Außerdem schätzen potenzielle Mieter eine gute Infrastruktur wie beispielsweise Schulen und Kindergärten, Verkehrsanbindung und Einkaufsmöglichkeiten sowie ausreichend Angebote im kulturellen Bereich.

Entsprechend ableiten lassen sich auch negative Faktoren, die gegen den Immobilienkauf in einer bestimmten Region sprechen. Ein Bevölkerungsschwund in der Region ist als kritisch anzusehen, da er auf ein negatives Wohnumfeld schließen lässt und außerdem mittelfristig die Nachfrage nach Wohnraum verringern wird. Eine überdurchschnittlich alte Bevölkerung ist mit Sicherheit ebenfalls ein weiterer Negativfaktor.

Schwierig sind außerdem sogenannte strukturschwache Regionen mit meist geringer Kaufkraft, hoher Arbeitslosigkeit und häufig auch wenig Erwerbsmöglichkeiten. All das sind Faktoren, die den Mietpreis negativ beeinflussen und damit schlicht die Renditeerwartung verringern. Eine schlechte Infrastruktur spricht ebenso gegen ein Immobilieninvestment in der betreffenden Stadt oder Gemeinde.

All das sind aber Faktoren, die man mit überschaubarem Rechercheaufwand erfassen und einordnen kann. Das ist einfach eine Grundvoraussetzung, um keinen Fehlkauf zu tätigen. Wichtig ist es, die mögliche Rendite eines solchen Objekts doch ziemlich realistisch zu berechnen und damit zu einer schnellen ersten Einschätzung zu kommen.

Eine Immobilie als Investment muss sich doch den gleichen Kriterien unterwerfen wie jedes andere Anlageobjekt. Klar gibt es Investments, die Spaß machen und die auch eine emotionale Komponente haben: vielleicht der Oldtimer-Porsche, der auch Wertzuwächse erbringen kann, ein Sachwert ist und starke Emotionen hervorrufen kann, aber etwas für Spezialisten ist. Oder das selbstgenutzte Eigenheim, bei dem man nicht so scharf rechnet, weil die Vorstellung, die eigenen Kinder dort behütet aufwachsen zu sehen, einen eigenen emotionalen Wert hat.

Aber bei einer vermieteten Immobilie sollten Anleger ihre Entscheidungskriterien noch mehr objektivieren können. Denn die Rendite muss sich mit anderen Anlageklassen vergleichen lassen. Der Makel der hohen Einmalinvestition für diese Anlage bleibt auch einem vermieteten Renditeobjekt erhalten. Also müssen die Renditeerwartungen realistisch berechnet und objektiv betrachtet werden.

Nun zahlt also der Käufer den Kaufpreis. Und der hoffentlich bald gefundene Mieter zahlt zuverlässig durch die Miete einen Teil der Hypothek dann wieder ab, finanziert gewissermaßen nach und nach das Objekt für den Vermieter. Weil der Vermieter als Wohnungseigentümer das Kapital einbringt und das Risiko eingeht, profitiert er von diesem Deal. Voraussetzung jedoch ist, dass er gut rechnet.

Der hohe Kapitalaufwand für den Bau eines Hauses oder einer Wohnung kann als Wertspeicher verstanden werden. Der innere Wert sichert das Investment bei steigenden Baupreisen eventuell noch weiter ab: Nicht jeder kann oder will so viel Beton, Stahl, Holz und Ziegel finanzieren und zu seinem Eigentum machen. Schon deshalb wird gemietet. Und Mieten sind die Grundlage für eine solide Immobilienrendite.

Ist eine Immobilie über- oder unterbewertet? Der Kaufpreisfaktor als Kriterium

Aus Anlegersicht sollten die Renditeaussichten sauber berechnet werden. Wie lange dauert es, bis allein durch die Miete die Kaufkosten wieder eingenommen wurden?

Ein Beispiel: Es wird eine Immobilie für 300.000 Euro gekauft. Das ist die Investition. Dann soll errechnet werden, wie lange es dauert, bis allein durch die Miete die Investition wieder reinkommt. Aus Investorensicht kalkuliert man hier mit der sogenannten *Nettokaltmiete*, also der Kaltmiete, die allein durch die Nutzung der Wohnfläche anfällt. Denn andere Kosten, wie Betriebskosten werden zwar auch an den Vermieter gezahlt, aber er muss sie weitergeben – an den Versorger beispielsweise.

So sieht die Rechnung aus:

Kaufpreis / Jahresnettokaltmiete = Kaufpreisfaktor

Der Kaufpreisfaktor gibt Auskunft darüber, in wie viel Jahren die Nettokaltmiete den Kaufpreis finanziert. Das heißt im Klartext: Beträgt der Kaufpreisfaktor 20, benötigen Sie 20 Jahresmieteinnahmen, um den Kaufpreis zu finanzieren.

Anhand der nachfolgenden Grafik lässt sich das Ergebnis einordnen:

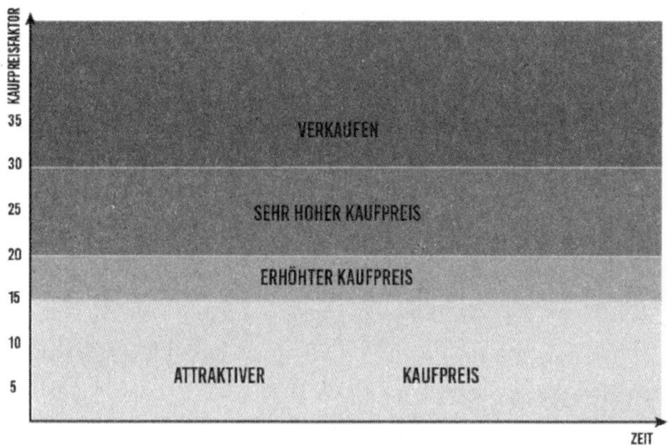

Wann Immobilien über- und unterbewertet sind.

Auch die Immobilienpreise schwanken zyklisch.

Es gibt des Weiteren Preisentwicklungstrends bei Immobilien. Diese lassen sich regional, landesweit oder weltweit beobachten. Anhand dieser Entwicklungen kann man eine grobe Markteinschätzung vornehmen, je nachdem, wo investiert werden soll. Hilfreiche Portale findet man zur Genüge im Internet.

Ein Kaufpreisfaktor bis 15 gilt als attraktiv. Innerhalb von 15 Jahren wird der Kaufpreis der Immobilie durch die Nettokaltmiete erzielt. Das ist durchaus spannend. Ein Kaufpreisfaktor zwischen 15 und 20 wird als erhöhter Kaufpreis angesehen. Ab einem Kaufpreisfaktor von 20 bis 30 raten wir von einem Kauf ab.

Bei einem Kaufpreis von 300.000 Euro nehmen wir eine Nettokaltmiete von 1000 Euro an. Dann beläuft sich die Jahresnettokaltmiete auf 12.000 Euro. Das geteilt durch den Kaufpreis ergibt einen Kaufpreisfaktor von 25. Ein sehr hoher Kaufpreis also.

Allerdings ist festzuhalten, dass ein Kaufpreisfaktor noch nicht per se schlecht sein muss, wenn er über 20 liegt. Denn jetzt kommen wieder die wertbestimmenden Faktoren ins Spiel. Befindet sich die Immobilie etwa im Speckgürtel von Frankfurt oder Berlin, wo durch zunehmenden Mangel an bezahlbaren Wohnungen immer mehr Bewohner ins Umland streben, ist eine gute Rendite womöglich in Aussicht. Schließlich wird vor allem bei einer vermieteten Immobilie die Wahrscheinlichkeit größer, dass sie auch wieder verkauft wird und dass sich im Laufe der Zeit höhere Mieten realisieren lassen. Dann kommt zu den steigenden Mieten die Preissteigerung hinzu. Sie kann die Rendite ins Positive drehen, wenn in einem aufstrebenden Ballungsraum viele gute Jobs die Menschen dazu bringen, dort zu arbeiten und sich ihr Leben aufzubauen. In attraktiven deutschen Großstädten liegt der Kaufpreisfaktor manchmal bei Werten von 29 bis 37 (Berlin) bis teilweise bei über 50 (München)[48]. Und dennoch werden dort Objekte gekauft, auch von erfahrenen Investoren. Diese werden aber immer betonen, dass sie es trotz des schlechten Kaufpreisfaktors tun und dass der Kauf mit einer klaren Erwartung einhergeht. Fraglich bleibt, inwieweit der Kauf durch eine Spekulation der Investoren auf weiter steigende Preise motiviert ist. Für unerfahrene Investoren wäre ein solches Vorgehen sehr risikoreich.

Immobilien ermöglichen Investment mit Hebel – aber diese sind riskant

Wird man reich mit Immobilien? Ich betone ausdrücklich: Im Vergleich zu Aktien ist bei Immobilien die Möglichkeit, hohe Erträge und einen nennenswerten Vermögenszuwachs zu generieren, eher gering. Immobilien sind eher als solide Anlage aufzufassen, nicht aber als Renditeturbo. Ich selbst kenne Unternehmer, die mit der richtigen Immobilie am richtigen Ort binnen weniger Jahre dreistellige prozentuale Renditen erzielen konnten, aber die Regel ist das nicht, und vor allem geht es mit höheren Risiken einher. Ich habe hier bisher eine sichere und auch für wenig informierte Laien gut umsetzbare Strategie vorgestellt.

Im Folgenden werde ich jedoch noch auf eine Profi-Immobilienstrategie eingehen, die höhere Renditen ermöglicht als manch andere Anlageform, im Gegenzug aber auch mit mehr Risiken verbunden ist. Sie setzt eine höhere Risikobereitschaft, mehr Wissen und ein besser durchdachtes Vorgehen voraus. Daher wird sie nicht für Anfänger empfohlen. Ich rate immer dazu, sich zuerst das nötige Wissen in einer Anlageklasse anzueignen und dann solche Möglichkeiten auszuloten.

Viele Reiche haben Immobilien, und sie haben sich damit sogar oft ein Vermögen aufgebaut. Das hat sicher gute Gründe. Die Stabilität, die häufig recht gute Rendite durch Mieteinnahmen und die Wertsteigerung – all das kann sich in manchen Phasen durchaus sehen lassen. Zudem lässt sich die Wertsteigerung bei diesem Sachwert beeinflussen. Bei Aktien oder Gold hat ein Anleger wenig Einfluss auf den inneren Wert der Investition. Bei Immobilien hingegen kann gut in eine Wertsteigerung investiert werden: durch Sanierung etwa.

Ein Faktor spielt zudem bei Immobilien eine herausragende Rolle: Immobilien können besonders gut mithilfe von Fremdkapital gekauft werden, beispielsweise durch den klassischen Bankkredit oder durch andere Geldgeber. Als stabiler Sachwert werden sie problemlos als Sicherheit von den Banken und anderen Geldgebern akzeptiert.

Bei einer Immobilienfinanzierung kann beispielsweise mit 20 Prozent Eigenkapital sowie 80 Prozent Fremdkapital ein finanzieller Hebel genutzt werden. Die Zins- und Tilgungsleistungen werden in solchen Modellen oft zum Großteil durch die Mieteinnahmen abgedeckt, während der Kredit zurückgezahlt wird. Nur mithilfe von Eigenkapital wäre eine solche Immobilie gar nicht zu finanzieren, aber dank dem Fremdkapital wirft sie schöne hohe Mieten ab, und das vergrößert den Spielraum für solche Investments. Dann wird die Immobilie langsam, aber sicher refinanziert, und der Kredit kann abgelöst werden. Werden sogar mehr Mieten eingenommen, als für Zins und Tilgung bei der Bank benötigt, so besteht die Möglichkeit, zweimal Rendite zu erzielen: durch die Preissteigerung der Immobilie im Laufe der Zeit und durch die erzielten Mieterträge. Voraussetzung ist jedoch die Beachtung der beschriebenen Kriterien beim Kauf. Im Einkauf liegt der Gewinn, daher ist eine ausgiebige Prüfung geboten.

Dieser Ansatz hat schon viele Millionäre hervorgebracht. Er passt an vielen Stellen auch gut zur hier vorgestellten Sachwertestrategie. Schließlich kann auch mithilfe von Immobilien Vermögen aufgebaut werden. Immobilien sind schließlich ein Sachwert. Zudem könnte auch zunächst einmal der Vermögensaufbau wie beschrieben umgesetzt werden. Ist erst genügend Vermögen gebildet worden, kann es für Immobilienkäufe nach der oben beschriebenen Formel mit 20 Prozent Eigenkapital und 80 Prozent Fremdkapital einsetzt werden.

Ist die Immobilie später schuldenfrei, können wiederum die Erträge für weitere Investitionen in die anderen Anlageklassen genutzt werden. Diese Strategie hat viele Vorteile, weshalb sie hier angeführt wird.

Aber es gibt doch noch zwei Punkte, weshalb ich diese Strategie nicht in Reinform empfehle:

Zum einen ist es für ein Gelingen häufig daran gebunden, einen Großteil des notwendigen Kapitals von Banken zu leihen und es dann für die eigenen Ziele zu investieren. Bei der hier verfolgten Strategie soll aber eigenes Vermögen im Fokus stehen und es sollen nicht durch Investitionen auf Pump neue Risiken entstehen. Das eigene Vermögen kann langsam, aber sicher investiert und damit vergrößert werden. Das ist eine vergleichsweise krisensichere Vermögensstrategie. Die Kreditaufnahme hingegen ist eine langfristige Verpflichtung, das bedeutet also auch ein langfristiges neues Risiko.

Die Bedingungen eines Kredits können einen ganz eigenen, negativen Einfluss auf die eigene Krisenfestigkeit haben. Beispielsweise muss berücksichtigt werden, welche Auswirkungen eine Zinsänderung auf die Hypothek haben kann. Die Fähigkeit, den Kredit regelmäßig zu bedienen, sollte natürlich immer vorhanden sein – auch in Krisen.

Zum anderen stellt sich die Frage, ob nicht durch ein überwiegend kreditfinanziertes Immobilieninvestment neue Krisen heraufbeschworen werden. Was nützt es, wenn durch Nutzung von 20 Prozent Eigenkapital eine Immobilie gekauft und vermietet werden kann – und dann erhöhen die Zentralbanken die Leitzinsen, um eine Inflationswelle zu bekämpfen. Angenommen, das Geld reicht dann nicht mehr für die Kreditraten zur Anschlussfinanzierung – dann kann die Immobilie schnell selbst zum Krisenauslöser im Hinblick auf die eigenen Finanzen werden. Was, wenn das Eigenkapital, mit dem ein Haus zur Vermietung gekauft wurde, plötzlich zur Bewältigung einer persönlichen Krise benötigt wird?

TYPISCHE ZYKLEN IN JEDER ANLAGEKLASSE – VIER PHASEN SOLLTEN SIE KENNEN

Mit diesem Überblick über die drei Anlageklassen Aktien, Gold und Immobilien und einem deutlichen Verweis darauf, dass insbesondere Aktien und Gold stark interagieren, geht jedenfalls ein neues Anlagebewusstsein einher: Alle drei Anlageklassen können nun einbezogen werden, um Übersowie Unterbewertungen zum eigenen Vorteil zu nutzen. So sind Umschichtungen zwischen den Anlageklassen möglich, und dabei gilt grundsätzlich jeweils die überbewertete Anlageklasse als mögliche Investitionsreserve. Es wäre schon eine klare Hilfe für viele Anleger zu erkennen, dass sich mit dieser Taktik einer Umschichtung zwischen Aktien, Gold und (manchmal auch) Immobilien eine Gewinnoptimierung gerade in Krisenzeiten erzielen lässt.

Es ist allerdings schwer, die Kipppunkte (etwa das Platzen von Spekulationsblasen) zeitlich möglichst genau vorauszusagen. Daran hat jeder Investor Interesse. Denn ab einem solchen Kipppunkt nach der Blasenbildung verringert sich das dort investierte Vermögen. Auf das rechtzeitige Umschichten kommt es daher an.

Um hingegen einen möglichst guten Verkaufszeitpunkt in einer Anlageklasse zu finden, muss man doch ein wenig genauer hinschauen und die Wahrscheinlichkeiten betrachten. Aber auch das ist möglich.

Um diese besser einordnen zu können, lohnt ein Blick auf die psychologische Komponente der Börsen, oder wie ich sie nenne: das Lemmingverhalten an den Börsen. Anleger, die nicht in der Betrachtung von Zyklen und Börsendynamiken geschult sind, analysieren und kaufen falsch. Es wird immer weiter gekauft, wenn die Kurse steigen und sowieso schon hoch sind. Die breite Masse verkauft erst, wenn die Kurse fallen; das geschieht oft in Panik und außerdem zu spät.

Es empfiehlt sich, Ruhe zu bewahren. Weil es wichtig und durchaus möglich ist, sei noch einmal betont: Die Buy-and-hold-Strategie, bei der solche Zyklen letztlich fast gar nicht beachtet werden und Gewinne einfach über einen sehr langen Anlagehorizont aufgebaut werden, funktioniert gut. Dabei wird lediglich ein gewisses Wachstumspotenzial durch Umschichtung verschenkt, aber dafür sind Analysen und Prognosen weitestgehend entbehrlich. Dann braucht es eben Geduld, um zwischenzeitliche Tiefs auszusitzen.

Nach einer ersten Phase des natürlichen und starken Aufschwungs kommen Aktien langsam aber sicher in die Zone einer Überbewertung und sie übersteigen irgendwann ihren inneren Wert, weil so viele Investoren an den steigenden Kursen teilhaben wollen und kaufen. Spekulanten werden immer mehr zu den bestimmenden Marktakteuren, und auch viele Kleinaktionäre geben sich dem Irrtum hin, es wären bei ständig steigenden Kursen noch große Gewinne zu machen. Wie die Lemminge auf die Klippe zurennen, so kaufen plötzlich viele Menschen Aktien, weil alle es tun und weil schon deshalb mit weiterhin steigenden Kursen gerechnet wird. Dieses Verhalten mag sich eine Zeit lang sogar durchaus lohnen.

Wer vor dieser Phase der steigenden Nachfrage in unterbewertete Aktien investiert hat, der profitiert von den steigenden Preisen. Wer aber aufgrund der euphorischen Medienberichte erst spät investiert, um noch ordentliche Gewinnmitnahmen zu realisieren, der ist bestenfalls zweiter Sieger, allerdings ist bei einem Absturz auch ein Verlust wahrscheinlicher.

Wer zu spät kauft, macht einen großen Fehler. Warren Buffett kauft bei einer solchen Blasenbildung schon lange nicht mehr, aber die Anleger ohne eine Vorstellung von solchen Zyklen bleiben unbeirrt. Man wähle weise, wem man folgt.

Nach dem Höhepunkt folgt die Depression. Sie ist nichts weiter als der fallende Zyklus, eine Korrektur der Überbewertung. Der Wunsch, diese gefährlichen Phasen 2 und 3 nun im Detail gut erkennen zu können, ist nachvollziehbar. Er ist das erhoffte Frühwarnsystem für mögliche Richtungswechsel der Börsen.

Ein strategisches antizyklisches Kaufverhalten hat in Bezug auf die Sicherheit die besseren Aussichten. Es lässt sich durch das Verständnis der vier Phasen, die in jedem Zyklus aufeinander folgen, zeitlich besser planen. Viel besser ist es, man etabliert ein Frühwarnsystem, erkennt innerhalb der beschriebenen vier Phasen früh die Anzeichen einer Blasenbildung, und reagiert rechtzeitig, lieber etwas zu früh als zu spät. Weil die vier Phasen eines Zyklus immer sehr berechenbar aufeinander folgen, lässt sich die entscheidende Phase einer Blasenbildung in einem Markt treffsicher erkennen. Wer hier den Überblick behält, wird schwerlich überrascht und schichtet rechtzeitig um.

Grob gesagt könnte man in diesem Verlauf die jeweiligen Marktstimmungen ergänzend wie folgt beschreiben:

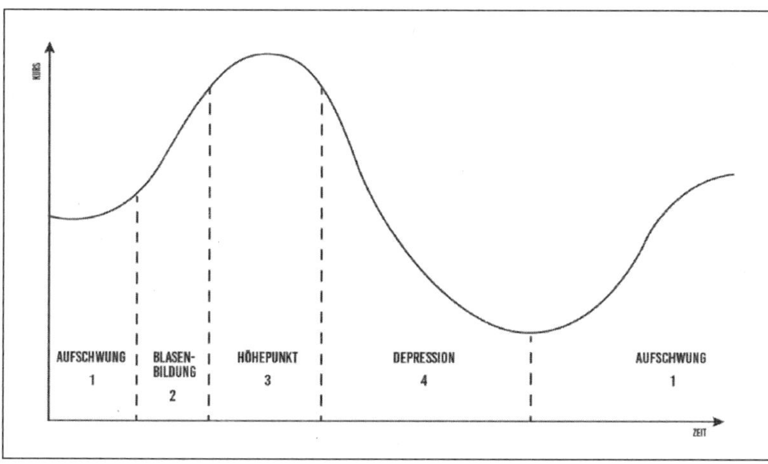

Die vier Phasen eines Zyklus

1. In der Aufschwungphase überwiegen Hoffnung, Erleichterung und Optimismus an der Börse.
2. Die Blasenbildung ist gekennzeichnet durch Optimismus, steigende Aufregung und Nervenkitzel.
3. Darauf folgt die Phase drei, der Höhepunkt, der sich überwiegend als Euphorie beschreiben lässt.
4. Die Phase vier heißt Depression und ist gekennzeichnet durch Angst, Verzweiflung, Panik, Hoffnungslosigkeit und eine depressive Marktstimmung.

Börsenzeitschrift oder 20-Uhr-Nachrichten? Dafür muss man neben dem hilfreichen Dow-Jones-Gold-Verhältnis weitere Zeichen lesen. Über einen Börsencrash wird in der Zeitung oder der Tagesschau und im Radio berichtet. Ja – aber erst nachdem das Ereignis eingetreten ist.

Die gegenintuitive, antizyklische Strategie lässt Sie ruhig schlafen: Der versierte Anleger beobachtet alle Phasen des Zyklus ganz in Ruhe, erkennt die Zeichen der Zeit gelassen und schichtet Vermögen aus den überbewerteten Anlageklassen in die unterbewerteten um – und betrachtet nun die fallenden Preise mit einem Lächeln. Er wartet gegebenenfalls nur ab, bis die entstehende Krise klare Kaufgelegenheiten bietet. Er prüft die weiteren Kriterien der vier Phasen, berechnet geruhsam das Dow-Jones-Gold-Verhältnis und kauft irgendwann mal wieder 1 Dollar für 50 Cent. Das kann er, wenn die Kurse um 20 Prozent oder mehr gefallen sind. Fallen die Kurse tiefer, dann kauft er eben mehr. So gibt es immer Grund zur Freude.

Die wichtigste Phase, die es zu erkennen gilt, ist die Phase der Blasenbildung bis zum Höhepunkt, da hier die Umschichtung erfolgen sollte.

BLASENBILDUNG ERKENNEN – UND FÜR SICH NUTZEN

Es ist möglich, eine Blasenbildung sicher zu erkennen. Es gibt Erkennungsmerkmale, die es zu beachten gilt.

Weil sich die Phasen tatsächlich nicht präzise analysieren lassen, sondern nur näherungsweise nach ihrer Eintrittswahrscheinlichkeit bestimmt werden können, empfiehlt es sich, so viele Kriterien und Indizien wie möglich zu beachten: Typische Marker für eine Blasenbildung, dem letzten Akt vor dem Höhepunkt eines steigenden Aktienzyklus, erkennt man noch an einigen weiteren Zusammenhängen.

Die Anlageklassen sind in einer Phase der zunehmenden Blasenbildung überdurchschnittlich teuer. Trotzdem wird von vielen Anlegern und Analysten erwartet, dass die Preise (weiter) steigen werden. Das ist ablesbar bereits in der Anlageklasse eingepreist. Die Stimmung an den Märkten ist trotz allem euphorisch und optimistisch, viele Anleger kaufen trotz der erkennbaren Überbewertung hochmotiviert weiter, treiben die Preise in immer höhere Sphären.

Die börsennotierten Unternehmen agieren ebenfalls sehr optimistisch, auch kommunizieren sie beste Aussichten. Sie haben volle Lager und erwarten hohe Zuwächse. Es wird gerne massiv mithilfe von Krediten investiert, nicht zuletzt weil die Zentralbanken das mit billigem Geld schon lange ermöglichen.

Die überbewertete Anlageklasse wird plötzlich beliebtes Gesprächsthema der wichtigsten Fünf, sprich von Menschen, die ohne Erfahrung und Anlagestrategie handeln. Sie empfehlen plötzlich vollmundig Käufe der gefragten Anlageklasse. Dass es klug sei, dort zu investieren, wird vielleicht sogar zum Konsens.

Immer mehr Neuinvestoren treten den Märkten bei. Womöglich müssen erste Unternehmen Gewinnwarnungen abgeben, weil sich die getätigten Investitionen nicht mehr rechnen. Nur noch oberflächlich gesehen wirkt das Umfeld florierend.

In der Summe ergibt das einen sogenannten bullischen Markt, der von der Euphorie der steigenden Preise beseelt ist. Allzu viele Marktteilnehmer halten ihre Investition für fabelhaft und unfehlbar. Sie sind der Meinung, dass der betreffende Markt die fortgesetzt beste Investitionsentscheidung darstellt. Und die Medien entdecken nun auch diese Investments, die Börsen, den Wirtschaftsboom und die Wachstumsrekorde als spannendes Thema, insbesondere die populären Medien.

Spätestens jetzt sollte man als Anleger extrem skeptisch werden. Hier weiter mit dem Strom zu schwimmen und allzu sehr an die unumkehrbare Fortsetzung dieser Entwicklung zu glauben, missachtet die Gesetzmäßigkeit der Zyklen. Ein solches Verhalten verkennt die Gefahren der Blasenbildung und verstellt den Blick für den richtigen Zeitpunkt, aus der Überbewertung herauszugehen (oder die entsprechenden Investitionen zumindest zu reduzieren).

Je mehr dieser Kriterien zutreffen, desto wahrscheinlicher steht ein Platzen der Blase unmittelbar bevor. Wachsamkeit und aktives Handeln sind jetzt ratsam. Am Ende einer spekulativen Übertreibung muss gar nicht zwingend ein Crash stehen; die Verluste können auch langsam eintreten, in der Summe aber beträchtlich sein.

Selbst die Medien feiern oft die überbewertete Anlageklasse. So etwas gab es in Deutschland immer wieder – und der plötzliche Umschlag in Phase 4, die Depression, war meist die Folge.

Häufig gibt es ein spezielles Kriterium, das wie die Nadel, die in den Luftballon gepiekst wird, dann den letzten Impuls gibt: Beispielsweise eine Straffung der Geldpolitik seitens der Notenbank kann eine Aktienblase zum Platzen bringen. Spätestens jetzt sollte man als Aktionär die Umschichtung vorgenommen haben oder bei einer Anlage mit sehr langem Anlagehorizont auf den mittelfristig steigenden Trend nach der Depression vertrauen. Beides geht. Wer eine Aktienkrise jedoch nutzen möchte, sollte die Investition in dieser Anlageklasse in der Depressionsphase erhöhen.

Hinweis: Am Anfang einer deutlichen Depression fallen Gold (und Silber) oft erst einmal eine Zeit lang mit den Aktien. Die Realität weicht vom Modell leicht ab. Ich erkläre mir das so, dass Aktienbesitzer, die auf Kredit spekuliert haben, nun Edelmetalle verkaufen, um Aktienpreisverlust bei den Banken ausgleichen zu können. Im Grunde gilt es nur, sich von einer solchen kurzzeitigen Bewegung nicht verunsichern zu lassen. Sie räumt einem strategischen Investor die Möglichkeit für eine Umschichtung ein und ist daher positiv zu sehen.

WAS SICH AUS DER GESCHICHTE FÜR DIE ZUKUNFT LERNEN LÄSST

Aus der historischen Entwicklung der Aktienkurse lässt sich näherungsweise die Zeitdauer der einzelnen Phasen innerhalb der Zyklen bestimmen. Phasen steigender Aktienkurse (Bullenmarkt) sind deutlich länger als solche fallender Kurse (Bärenmarkt). Zwei Zeitspannen wurden bereits erwähnt: Durchschnittlich dauerten Bärenmärkte in der Vergangenheit beim US-amerikanischen S&P 500 rund 20 Monate an, während Bullenmärkte 54 Monate andauerten. Die Durchschnittsverluste betrugen 41 Prozent. Nun fällt eine Phase steigender Kurse nicht vorhersehbar nach 54 Monaten automatisch in eine Depression – aber die Wahrscheinlichkeit dafür steigt. (Dies wurde ermittelt am S&P 500 Index im 100-Jahres-Durchschnitt.)

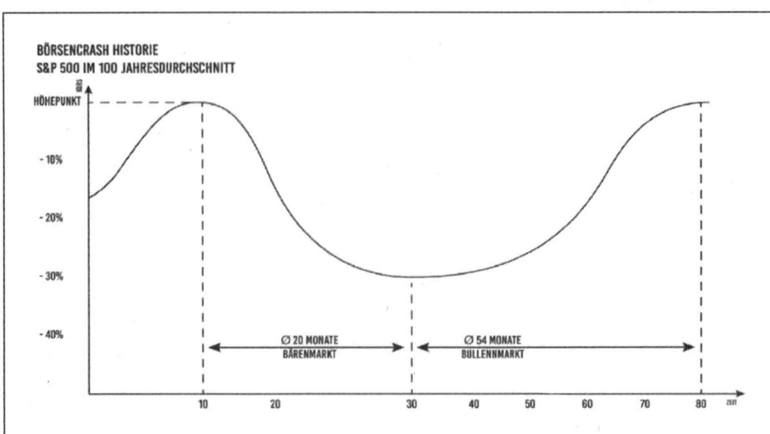

Es gilt also, die allermeiste Zeit mit ruhigem Blick auf die Aktien zu schauen. In nur etwa 5 Prozent der Zeit waren sie in einem deutlichen Kursrückgang gefangen. Dieser betrug dann aber nach eigenen Erhebungen durchaus bis zu 41 Prozent gegenüber dem vorhergegangenen Höhepunkt. Er hatte damit das Zeug dazu, einen gewaltigen Kapitalverlust zu verursachen.

Nun ist auch klar, dass mit einem hinreichend langen Anlagehorizont auch solche tiefen Täler keine entscheidende Rolle spielen, weil sie langfristig wieder ausgeglichen und sogar überkompensiert werden.

Gleichwohl bieten auch diese Zeiten sinkender Aktienkurse die Chance, durch eine vorübergehende Umschichtung in Gold von den dort steigenden Kursen zu profitieren und dadurch zum Krisengewinner zu werden. Die Krise der Aktien ist häufig der Boom des Goldes.

Diese Strategie kann sehr hilfreich sein, das eigene Vermögen krisensicherer inflationsgeschützt zu investieren. Das ist so mit Sparbuch und Tagesgeld nicht möglich. In den allermeisten Zeiten ist ein ETF oder ein guter Aktienfonds mit breiter Streuung eine ziemlich sichere Möglichkeit, das eigene Vermögen mit Wachstumspotenzial gelassen zu mehren. In den Zeiten einer sich aufbauenden Aktienblase kann dann umgeschichtet und ein Teil des Vermögens in Gold investiert werden, um dann noch zusätzlich von der sich anbahnenden Krise zu profitieren.

Also gilt es erstens, in Aktien zu streuen und das Ausfallrisiko einzelner Aktien damit zu reduzieren, zweitens durch einen langen Anlagehorizont das Kursschwankungsrisiko zu verringern. Anleger, die ihre Chancen auf etwas mehr Rendite erhöhen wollen, nutzen in Krisen bewusst den Weg der Umschichtung. Am besten schichten sie um, bevor die Blase platzt. Sie müssen einfach nur die Marktsignale erkennen.

VORSICHT VOR ÜBERGEWICHTUNG

Eine Übergewichtung einzelner Anlageklassen gilt es zu vermeiden. Denn es macht unbeweglich. Freunde der Sachwertestrategie sollten in mindestens zwei Anlageklassen investieren und eine zu starke Übergewichtung vermeiden. Das hat gute Gründe: Zum einen haben die Anlageklassen Funktionen, die sich aus den bisherigen Erläuterungen ableiten lassen. Immobilien können Sie nutzen, Aktien und Gold sollten Sie nutzen.

Gold steht innerhalb der drei Anlageklassen für Sicherheit. Diese Eigenschaft lässt sich wesentlich aus seiner weltweiten Akzeptanz als Zahlungsmittel, seiner Transportfähigkeit sowie der geringen Korrelation zu den anderen Anlageklassen ableiten. Wo Währungen in Schwierigkeiten geraten und Kaufkraftverluste bis hin zum Totalverlust erleiden können, da hat Gold immer noch seinen inneren Wert. So konnten Inflationen ausgeglichen, Krisen und sogar Kriege überstanden werden, Gold funktioniert durchweg als Zahlungs-, Wertaufbewahrungs- und Tauschmittel schon seit Jahrhunderten. Welche Papierwährung könnte das wohl jemals schaffen?

Immobilien haben einen eigenen Wert, deshalb spricht man gerne von Betongold. Sie sind im Wortsinne immobil, unbeweglich und meist solide. Das hat zwar Nachteile in Bezug auf die Möglichkeiten, sie im Krisenfalle mitzunehmen, aber Vorteile in Bezug auf ihre Stabilität. Weil ein Haus auch in der Krise einen Wohnwert hat, bleiben die Mieteinnahmen überwiegend erhalten.

Aktien bieten langfristig die größte Chance als Wachstumsklasse. Aktien sind Anteile an Unternehmen und damit nicht zuletzt auch an der Arbeit und Wertschöpfung der Unternehmen. Dies ermöglicht das langfristige Wachstum. Damit bereichern Aktien die Sachwertestrategie optimal.

Alle diese Funktionen im eigenen Portfolio abzubilden – Stabilität, Sicherheit und Wachstum –, das klingt gut und ist auch gut.

Viele Investoren sind aber tatsächlich in einer Anlageklasse übergewichtet. Das sind häufig Immobilien, weil das Streben nach dem eigenen Haus und der hohe Kapitalbedarf bei Anschaffung eine solche Schwerpunktsetzung quasi erzwingen. Gleichsam wird das selbstgenutzte Eigenheim häufig zwar in der Privatbilanz erfasst, aber dennoch als Investition ausgeblendet. Das eigene Haus ist so elementarer Teil der Vorstellung vom eigenen Lebensentwurf, dass es nicht als Investment gesehen wird: Wohnen muss man doch sowieso, oder nicht? Weil das in einer Immobilie gebundene Vermögen und die möglicherweise anfallenden Kreditraten und Unterhaltskosten aber recht hoch sind, beschneiden sie massiv die Möglichkeit, in andere Anlageklassen zu investieren.

Wer anhand seiner Privatbilanz eine Übergewichtung im Bereich der Immobilien erkennt, sollte diese Anlageklasse nicht weiter ausbauen. Ein eigenes Haus ist dabei ohnehin eher ein Luxus als ein Investment.

Nur in einer Anlageklasse investiert zu sein, bedeutet geringe Streuung, die fehlende Möglichkeit einer Umschichtung sowie der Verzicht auf ausgleichende Effekte im Krisenfall. Daher entspricht das nicht meiner Empfehlung. Die Mischung macht's!

IHR INVESTITIONSPLAN IM GESAMTÜBERBLICK

Mit Blick auf immer mögliche individuelle Krisen gilt es zu überlegen, welcher Anteil der vorgeschlagenen Investitionen eine gewisse Notreserve ausmachen soll. Klassisch sind das etwa drei bis vier Monatsgehälter, die für die berühmten kleineren Krisen liquide gehalten werden sollten. Was darüber hinaus zur Verfügung steht, wird idealerweise daraufhin überprüft, welcher Anteil davon ruhigen Gewissens mit einem längeren Anlagehorizont investiert werden kann.

In den bisherigen Kapiteln wurde stets auf das Schwankungsrisiko und die deshalb notwendige Geduld bei Anlagen in Aktien, Gold und Immobilien verwiesen. Der Anlagezeitraum sollte also einige Jahre umfassen. Um die Gewinne mitsamt dem Zinseszinseffekt realisieren zu können, sollte die Anlagedauer mindestens fünf Jahre betragen. Kurzfristig sollte das investierte Kapital daher nicht benötig werden, denn diese Anlagen entfalten erst mit der Zeit ihr Potenzial. Also wird nur Kapital, das langfristig nicht benötigt wird, eingesetzt.

Also rechnen Sie so:

Das ermittelte Nettovermögen aus der Privatbilanz
- Notreserve drei bis vier Monatsgehälter
= verfügbares Nettovermögen für Investitionen

Dieses Investitionsvolumen kann dann in das Sachwerteinvestment angelegt werden: ein Drittel Aktien, ein Drittel in Gold und ein Drittel in Immobilien, gerne entsprechend den Kernwerten innerhalb der vorgestellten

Anlagestrategie. Wichtig ist vor allem, mit einem solchen Investment überhaupt zu beginnen, um damit mögliche Kaufkraftverluste zu vermeiden.

Umschichtungen können auch noch später erfolgen, wenn zunächst einmal die grundsätzliche Sicherung der Vermögenswerte vorgenommen wurde. Dabei ist eine gewisse Gelassenheit angebracht. Sicher ist es auch gut, die Umschichtung auf der Grundlage von Über- und Unterbewertungen der möglichen Anlageklassen zunächst mit geringeren monatlichen Beträgen vorzunehmen, weil dann mit der Zeit das Vertrauen in die eigenen Entscheidungen steigt. Erste Erfolge stützen das Selbstbewusstsein. Viel Sicherheit entsteht im Tun.

Danach sollte aber bereits das monatlich frei verfügbare Einkommen per Dauerauftrag in die gerade unterbewertete Anlageklasse investiert werden: Sind Über- oder Unterbewertungen mithilfe der Dow-Jones-Gold-Ratio ersichtlich, sind die Vermögenswerte in Aktien oder Gold entsprechend umzuschichten; bei ausgeglichenem Ergebnis bleiben die Anlageklassen gleichmäßig gewichtet. Auch bei Immobilien kann nun die eigene Einschätzung erfolgen.

Kerninvestments bilden die risikoarme Grundlage

Mit den vorgeschlagenen Kernwerten je Anlageklasse, wie physisch hinterlegtem Gold, einem Aktienfonds beziehungsweise ETF auf Aktien und einem offenen Immobilienfonds sowie einem Immobilien-ETF, lässt sich eine geruhsame und langfristig erfolgversprechende Anlagestrategie bestreiten. Im Kern der Sachwertestrategie stehen folgende Anlagen:

KERNWERTE DER SACHWERTESTRATEGIE

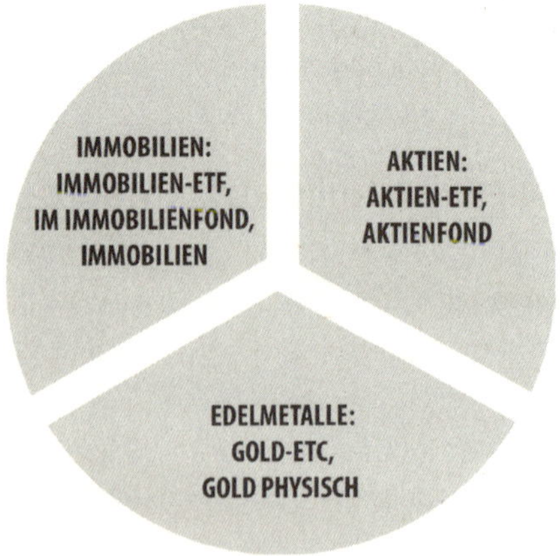

Die Kerninvestments der Sachwertestrategie

Immobilien: Für Anleger die flexibel agieren wollen, eher der *Immobilienfonds oder Immobilien-ETF*, für solvente Anleger gerne auch ein Mietobjekt, möglichst ohne Einsatz von Fremdkapital.

Edelmetalle: Als Kerninvestment hat vor allem *Gold* klare Vorteile. Als ETC oder physisch in Form von Barren oder Anlagemünzen, Lagerung zu Hause oder im Zollfreilager.

Aktien: Dieses Investment ist langfristig vermutlich die ertragreichste Anlagemöglichkeit. Hier sollte auf einen Fonds oder ETF mit breiter Streuung (weltweit) als Kerninvestment zurückgegriffen werden.

Kerninvestment der Sachwertestrategie

Das frei verfügbare Einkommen kann anders als das vorhandene Nettovermögen monatlich in eine unterbewertete Anlageklasse investiert werden. Hier stehen mit der Berechnung der Dow-Jones-Gold-Ratio und der Einschätzung von Immobilienpreisen Zahlen für die Bewertung zur Verfügung, um Entscheidungen treffen zu können. Jetzt ist unbeeinflusstes und selbstständiges Denken gefragt, um in kleinen Schritten den Weg zum erfolgreichen Investor einzuschlagen. Diese Anlagestrategie ist so einfach, dass sie jederzeit auf einen Bierdeckel passt. Im Ergebnis sind Sie recht krisensicher aufgestellt und können jede Krise sogar als Chance für sich nutzen.

Lerninvestments verleihen dem Portfolio etwas Würze

Die vorgeschlagene Dreiteilung mit spezifischen Produkten ist jeweils die Beschreibung sogenannter Kernwerte innerhalb der eigenen Anlagestrategie. Sicher blieb nicht unbemerkt, dass wir zwischen Kerninvestment und Lerninvestment unterschieden haben. Als grober Richtwert sollten 80 Prozent des verfügbaren Investitionsvolumens je Anlageklasse in solche Kernwerte investiert werden. 20 Prozent je Anlageklasse können als Lernwerte genutzt werden. Weitere Eckpunkte: Die Kernwerte werden aus relativ sicheren Anlagen gewählt, die breit gestreut sind und durch langen Anlagehorizont auch in Bezug auf Kursschwankungen recht sicher bleiben. Sie versprechen je nach Anlagehorizont schon sehr gute Renditen. Das alleine ist mit einem Blick zurück auf die drohende Inflation bei Papierwerten ja eine großartige Anlage. Es handelt sich um Sachwertinvestments und breit gestreute Anlageformen, die für lange Zeit angelegt werden und dabei recht sicher sind.

Die Unterscheidung in Kern- und Lernwerte dient dazu, ein stabiles Portfolio durch die Kerninvestments aufzubauen und durch die Auswahl von Lerninvestments mehr Erfahrung zu sammeln. Sicher gibt es Investoren, die extrem viel Spaß daran haben, und Investieren sollte ja auch immer mit Spaß verbunden sein.

Den Kernwerten ordnet der fortgeschrittene Anleger dann später vielleicht weitere Werte zu, wenn er dem eigenen Portfolio etwas Würze verleihen möchte. Das ist aber ausdrücklich nicht notwendig für Anleger, die den ruhigen, behutsamen und stressarmen Weg gehen wollen und dafür lieber auf ein paar Chancen auf überdurchschnittliche Renditen (dafür aber auch auf mehr Risiko) verzichten.

Die Lernwerte sind dafür geeignet, ein wenig mehr selbstständig auszuprobieren und auch mal kurzfristigere Entscheidungen zu treffen. Ein

ETF etwa hat ja den Sinn, gar nichts selbst auszuprobieren und kein Wagnis einzugehen. Die Lernwerte können in Ergänzung treten, weil sie einen Lerneffekt haben werden. Sie bringen etwas Würze ins eigene Portfolio, von dem man sich mehr Erfahrung, Renditechancen und bei Interesse durchaus spannende Investmentthemen erwarten kann.

Lerninvestments in der Anlageklasse Aktien

Beispielsweise können in der Anlageklasse Aktien zusätzlich bis zu 20 Prozent der darauf entfallenden Investitionssumme in Einzelaktien investiert werden, die dann natürlich den Vorteil der Streuung vermissen lassen. Sie sind viel enger an die Marktbedingungen eines Unternehmens gebunden, mehr von unternehmerischen Einzelentscheidungen betroffen und können potenziell stärker steigen, aber auch stärker fallen als der weltweite Aktiendurchschnitt. Nötig ist dazu aber eine umfassende Analyse der jeweiligen Unternehmen, ihres Marktumfeldes und ihres Geschäftsmodells.

Genau deshalb empfiehlt es sich nicht für jedermann, schon gar nicht für Anfänger im Investmentbereich, gleich zu viel zu wollen. Aber wer sich damit wohl fühlt, kann Erfahrungen sammeln. Auch die planbaren und wenig aufregenden Kerninvestments sind ja nicht langweilig, wenn es um Stabilität und gute Renditen geht. Daher ist die Empfehlung, etwas risikoreichere Investments höchstens mit einem Anteil von 20 Prozent beizumengen.

Beispiel: Sie haben einen ETF auf den MSCI World **als Kernwert** gekauft und schauen mal, welche Aktien dort so drin sind: Viele US-amerikanische Werte fallen Ihnen auf, darunter relativ stark **gewichtet** Microsoft. Das gefällt Ihnen, weil Sie Microsoft kennen, das Geschäftsmodell einschätzen können und dem Unternehmen viel zutrauen. Der Konzern ist groß, in viele Geschäftsfelder gestreut und Bill Gates hat es ja auch durch unternehmerische Raffinesse weit gebracht. Diese Aktie könnten Sie dann als Einzelaktie gegenüber dem ETF mit **20 Prozent** innerhalb der Anlageklasse Aktien noch zusätzlich kaufen.

Allerdings ist es gar nicht so leicht, passende Einzelaktien zu finden. Aus gutem Grund wurden ja ETFs in den Fokus gerückt: Die Bewertung der einzelnen Unternehmen ist zeitaufwendig. Sie kann aber mit hinreichendem Wissen, etwas Glück und reichlichem Analysieren dennoch dazu führen, bestimmte Trends innerhalb eines Marktes oder bestimmte unternehmerische Entscheidungen zum Anlass zu nehmen, einzelnen Unternehmen eine überdurchschnittliche Performance zuzutrauen und dann die betreffende Aktie zu kaufen. Wer dabei auf das richtige Unternehmen setzt, kann überdurchschnittliche Renditen erzielen. Jedoch ist die Wahrscheinlichkeit insbesondere für unerfahrene Investoren relativ gering, langfristig den Markt zu schlagen. Das konnten schließlich selbst Fondmanager in den allermeisten Fällen nicht dauerhaft leisten. Durch die intensive Auseinandersetzung mit Ihren Investitionen gewinnen Sie aber gerade bei Einzelaktien und anderen riskanteren Investments ganz sicher eines: Erfahrung.

Der Kauf von Einzelaktien kann lukrativ und auch spannend sein. Der Effekt, sich mit ein oder zwei guten Entscheidungen in diesem Bereich weiter für das Thema Aktienanlage zu motivieren, sollte nicht unterschätzt werden. Es sollte aber nicht dazu führen, dass die solide Basis (die Kernwerte) für den Versuch geopfert werden, überdurchschnittliche Renditen einzufahren. Das wäre gefährlicher, weniger krisensicher und stünde der Strategie der einfachen, klaren Sachwertinvestments entgegen.

Wenn in Lerninvestments investiert wird, so lassen sich auch dabei ein paar Netze und ein halbwegs funktionaler doppelter Boden einziehen. Unternehmen, die breit gestreut in vielen Märkten Produkte anbieten, sind beispielsweise häufig selbst krisenfester. Große Konzerne, die alle möglichen Haushaltsbereiche, Pflegeprodukte, Reinigungsmittel und weitere Alltagsartikel anbieten, die immer benötigt werden, sind in der Vergangenheit als solide Renditemaschinen aufgefallen. Sie entwickeln sich selten spektakulär, sind dann aber auch schnell wieder im Plus, wenn die Märkte die eine oder andere Krise durchgemacht haben.

Beispiel Einzelaktie: Procter & Gamble ist ein solcher Aktien-Dauerbrenner mit breitem Portfolio. Die Aktie steigt seit Jahren beharrlich und wird gerne empfohlen. Auch Luxusartikelhersteller funktionieren sogar in Inflationszeiten häufig gut. Die Hersteller können Preisanstiege häufig überproportional an die Kunden weitergeben, denn diese zahlen ohnehin gerne für das Label (LVMH Moët Hennessy Louis Vuitton ist ein Mischkonzern mit teuren Marken. Da kommen diese beiden Faktoren, die eine gute Aktie ausmachen, also zusammen).[49]

Auch manche anderen Branchen sind ziemlich krisenfest, beispielsweise Nahrungsmittelhersteller oder Fast-Food-Anbieter. Solche Unternehmen können den Markt gerade in Krisenzeiten übertreffen.

Aber: All das sind Überlegungen, die extra angestellt werden und sich im konkreten Fall als tragfähig herausstellen müssen – was nicht garantiert ist. Deswegen lautet der Tipp eindeutig, Einzelaktien als Lerninvestments im Aktienportfolio nur ein geringes Gewicht zu geben. Und weil der Fachterminus dafür bisher unerwähnt geblieben ist:

Das ist die Core-Satellite-Strategie. Ein Kern aus ETFs und/oder Aktienfonds bringt Streuung und Sicherheit ins Aktienportfolio, verringert das Ausfallrisiko und liefert voraussichtlich einen soliden Gewinn. Einzelaktien sind der Satellit, der in größere Höhen aufsteigt, um den Kern herumkreist, aber klein und beweglich bleibt. Bei ihm sind das Risiko und die Chancen etwas erhöht, um mit erhofften Satellitenprofiten eine überdurchschnittliche Performance auf Einzelaktien zu erzielen. Der Aufwand ist ebenfalls etwas höher: Da sich einzelne Unternehmen anders verhalten können als der übergeordnete Börsenindex, muss das Aktienportfolio zumindest in diesem Teil genauer und regelmäßiger überwacht werden. Das Investieren wird aufwendiger, jedoch auch lehrreicher.

Lerninvestments in der Anlageklasse Edelmetalle

Auch der Anlageklasse Edelmetalle kann man ergänzende Produkte beimischen, um dort etwas mehr Streuung der eigenen Anlage zu erreichen und die Chance auf positive Effekte wahrzunehmen. Es gibt tolle Investments im Metallbereich, die manchen Anleger in kurzer Zeit sehr glücklich machen können und extrem spannend sind – aber sie sind auch insgesamt komplexer als Gold. Und sie zeigen eventuell viel stärkere Kursschwankungen als Gold. Beispielsweise können sie als Industriemetall von einer Wirtschaftsrezession stark unter Druck gesetzt werden, wo Gold dann womöglich gerade zum Höhenflug ansetzt.

Bei der Anlageklasse der Edelmetalle ist eine naheliegende Ergänzung Silber. Die Preisschwankungen sind wesentlich stärker, jedoch erscheinen sie aufgrund dessen Eigenschaft als Industrie- und Anlagemetall noch überschaubar. Andere Industrierohstoffe korrelieren oft noch stärker mit dem Aktienmarkt und können parallel in Mitleidenschaft gezogen werden, wenn es dort kriselt.

Weil Silber andere Eigenschaften hat und durch andere externe Faktoren beeinflusst wird, ist für mich klar: Wenn ich mich hinsichtlich der Stabilität zwischen diesen beiden Edelmetallen entscheiden müsste, so würde stets Gold in mein Portfolio wandern. Nichtsdestotrotz ist Silber, auf seine ganz eigene charmante Art, auch ein spannendes Anlageprodukt. Es ist ein gutes Lerninvestment.

Silber bietet zunächst einmal wie Gold hohe Liquidität. Es ist ein bekanntes und anerkanntes Gut. Auch Silber können Sie jederzeit in Bargeld umwandeln. Silber wird zudem genauso überall auf der Welt akzeptiert.

Jedoch ist es als privater Krisenschutz physisch zu Hause gelagert nicht so gut geeignet wie Gold. Es hat im Wesentlichen drei Nachteile: Die Preisschwankungen sind stärker und korrelieren teilweise mit dem Aktienmarkt. Der Kauf ist mehrwertsteuerpflichtig, und darüber hinaus ist Silber aufgrund seines Volumens in größeren Mengen schwer zu transportieren.

Silber kann, wie Gold auch, in kleinen Mengen anonym gekauft und verkauft werden. Es kann ebenso unabhängig von Bankensystemen erworben werden. Die Fed oder EZB können sich morgen überlegen, mit massiven Eingriffen in das Währungssystem, zum Beispiel durch Gelddrucken, den Wert von US-Dollar oder Euro zu beeinflussen. Silber jedoch ist endlich und kann nicht einfach durch Drucken vermehrt werden. Aufgrund dieser Tatsache hat Silber ebenfalls das Potenzial, Währungsreformen, Kriege und Krisen ohne Wertverlust zu überstehen. Silber funktioniert durch seinen inneren Wert ähnlich gut als Inflationsschutz wie Gold. Auch wenn eine unserer Papierwährungen morgen an Kaufkraft verliert, wird Silber immer noch einen starken inneren Wert aufweisen.

Die Gewinne aus einem Verkauf von Silber sind nach einem Jahr Haltedauer steuerfrei wie beim Gold. Allerdings ist es aufgrund der Mehrwertsteuer schwieriger, in die Gewinnzone zu kommen.

Silber ohne Mehrwertsteuer: Bei Kauf und Lagerung in einem Zollfreilager kann dieser Nachteil legal umgangen werden.

Silber bietet zudem die Möglichkeit, als Tauschmittel und Zahlungsmittel zu dienen. Es bildet damit Funktionen ab, die dem Geld sehr ähnlich sind, allerdings bei besserer Krisensicherheit.

Silber hat aber auch Nachteile. Es ist durchaus recht deutlichen Kursschwankungen unterworfen, die im Vergleich zu Gold stärker ins Gewicht fallen. Und es kann aufgrund seines Volumens höhere Lagerkosten verursachen. Bei Silber ist der spezifische Wert deutlich geringer, es hat also im Vergleich zu Gold bei gleichem Gewicht erheblich weniger Wert. Bei Silber ist das Spektrum der industriellen Einsatzmöglichkeiten recht groß. Damit reagiert der Weltmarktpreis dieses Rohstoffes auch viel stärker auf wirtschaftliche und politische Verwerfungen. Wenn Silber gerade in einem florieren Industriezweig besonders nachgefragt ist, kann das starken Einfluss auf den Preis nehmen. Und jede Preisschwankung kann als Chance betrachtet werden.

Daher ist diese Anlage eher für risikobereite und chancenorientierte Anleger geeignet. Schließlich bedeuten stärkere kurzfristige Schwankungen auch größere Möglichkeiten.

Weil Gold eine geringere Korrelation mit dem Wirtschaftszyklus hat, kann man es Ideal als Kerninvestment nutzen. Mit Silber, das etwas volatiler ist und stärker auf wirtschaftliche Einflüsse reagiert, geht man dann den nächsten Schritt. Als Lerninvestment kann man es einsetzen, um dem eigenen Edelmetallportfolio etwas Agilität hinzuzufügen. Danach kann man sich überlegen, ob man das dort Gelernte, die Erfahrungen und das zunehmend sichere Auftreten in diesem Bereich behutsam auf weitere Edelmetalle oder gar andere Rohstoffe ausweitet.

So gibt es durchaus die Möglichkeit der weiteren Streuung in Rohstoffe, die noch etwas mehr ein Lerninvestment darstellen, wie zum Beispiel Platin, Palladium, seltene Erden und darüber hinaus auch Aktien von Goldminen, die ja mit wachsendem Wissen und Vertrauen auch in Betracht kommen. In dieser Anlageklasse bieten sich interessante Investitionsmöglichkeiten, es gibt viele saisonal wiederkehrende Erscheinungen, jedoch darauf hier im Detail einzugehen, würde den Rahmen dieses Buches sprengen.

Lerninvestments in der Anlageklasse Immobilien

Bei Immobilien schließlich könnte es der Plan sein, neben offenen Immobilienfonds sowie Immobilien-ETFs als Kerninvestment, ein Auge auf Lerninvestments wie Grundstücke, Wald, Wiesen oder vermietbare Parkplätze zu werfen. Aber natürlich muss das mit der gebotenen Vorsicht erfolgen.

Überblick über alle Lerninvestments

Mit einer zunehmenden Ausdifferenzierung des eigenen Portfolios steigt der Aufwand, das alles zu berechnen, zu analysieren und zu überblicken. Es steigen aber auch die Erfahrungen, das Risiko und die Chancen. Hier noch einmal die Lerninvestitionen der verschiedenen Anlageklassen im Überblick:

Die Lerninvestments in der Sachwertestrategie (maximal 20 Prozent je Anlageklasse)

Immobilien: Als Lerninvestment könnte man auch Grundstücke, Wald, Wiesen oder vermietbare Parkplätze beifügen.

Rohstoffe: Silber, seltene Erden oder andere Rohstoffe können als Lerninvestment genutzt werden, ebenso Minenaktien.

Aktien: Einzelne Aktien (statt Fonds beziehungsweise ETFs) können als Lerninvestment hinzugefügt werden.

Stufe für Stufe: So setzen Sie die Anlagestrategie für Vermögensaufbau und Krisenschutz auf

Damit ist die eigene Strategie klar umrissen. Auch in Krisen lässt sich damit mit großer Wahrscheinlichkeit Vermögen aufbauen und sogar vergrößern. Diese Strategie lässt sich mit wenigen Analysen recht einfach handhaben, nötig ist lediglich ein wenig Beobachtungsaufwand. Das Vorgehen soll hier noch einmal Stufe für Stufe kurz zusammengefasst werden.

Stufe 1: Es gilt zu erkennen, dass der Aufbau eines eigenen Vermögens durch klassische Finanzprodukte schwierig und gefährlich zugleich ist. Dazu gehören alle Anlageformen, die zu den Papierwerten gehören: Bargeld, Girokonten, Tagesgeldkonten, Sparkonten und Sparbriefe, private Rentenversicherungen, staatliche Rentenmodelle et cetera.

Sicherer sind Investments in Sachwerte, denn diese haben einen inneren Wert und sind vor Inflation geschützt. Eine Privatbilanz verschafft dann einen Überblick über das Nettovermögen, das frei verfügbare Einkommen und das zu optimierende Investitionsvolumen, das sich aus beiden ergibt. Sie verschafft einen Überblick, in welche Anlageklassen (Papierwerte, Aktien, Rohstoffe und Immobilien) bisher wie investiert wurde.

Stufe 2: Ein breit gestreuter und weltweit anlegender Aktien-ETF oder -Fonds mit geringen Kosten erlaubt die langfristige Teilhabe an der wahrscheinlich sehr positiven Wertentwicklung der Unternehmensanteile. Die breite Streuung der empfohlenen Produkte in ETFs oder gemanagte Aktienfonds schließt das Ausfallrisiko aus. Ein langer Anlagehorizont ermöglicht es, vom Zinseszins zu profitieren. So sind langfristig hohe Erträge wahrscheinlich.

Stufe 3: Gold dient als zweite Anlageklasse mit hoher Stabilität. Weil es sich gegenüber der Anlageklasse Aktien antizyklisch verhält, profitiert es gerade dann, wenn die Aktienmärkte fallen, und wirkt daher ausgleichend. Schon die Streuung in bereits zwei Anlageklassen wirkt vermögensstabilisierend.

Stufe 4: Immobilieninvestments können Sie nun selbstständig prüfen und beurteilen. Darüber hinaus haben Sie nun die Möglichkeit, selbst einzuschätzen, ob und wann diese Anlageklasse eine sinnvolle Ergänzung der beiden anderen Anlageklassen in einem ausgewogenen Verhältnis darstellt.

Stufe 5: Werden Unter- beziehungsweise Überbewertungen in einzelnen Anlageklassen erkannt, so kann antizyklisch umgeschichtet werden. Dieses Vorgehen geht über eine bloße Buy-and-hold-Strategie hinaus und macht jede Krise zur Chance. Anhand von eindeutigen Kennzahlen (Dow-Jones-Gold-Ratio) können nun Umschichtungen erfolgen. So werden Emotionen ausgeschlossen und ein rationales Verhalten gefördert. Der Anleger erhält klare Orientierung und wird durch sein Handeln in Zukunft selbstbewusst und selbstständig agieren.

Durch die Informationen über den typischen Verlauf von Zyklen haben Sie erkannt, dass eine Blasenbildung die gefährlichste Phase darstellt, dass Sie aber genau diese Phase klar erkennen und durch rechtzeitiges Umschichten für sich nutzen können.

Ist eine Anlageklasse von einem unvorhersehbaren starken Crash betroffen, empfiehlt sich ein antizyklisches Nachkaufen, um 1 Dollar für 50 Cent zu erwerben. Als Investitionsreserve sind dafür überbewertete Bestände aus den anderen Anlageklassen nutzbar.

Stufe 6: Jetzt haben Sie die Möglichkeit, ihre persönliche Anlagestrategie aufzustellen, ihr Kerninvestment mit jeweils 80 Prozent in den einzelnen Anlageklassen zu tätigen und je nach Bedarf auch die Lerninvestments mit jeweils maximal 20 Prozent zu nutzen, um immer mehr Erfahrung und Selbstvertrauen zu gewinnen.

NACHWORT

Liebe Leser,

haben Sie das Buch genossen? War es ein erkenntnisreiches Abenteuer, das Sie nicht losgelassen hat? Dann möchte ich Sie herzlich dazu einladen, Ihre Begeisterung zu teilen. Wie ein Funke, der ein Feuer entfacht, kann Ihre Empfehlung dazu beitragen, dass dieses Buch noch mehr Menschen erreicht.

Erzählen Sie Ihren Freunden, Ihrer Familie und Ihren Kollegen von den fesselnden Geschichten, den Inspirationen und den unerwarteten Wendungen, die Sie auf diesen Seiten entdeckt haben. Teilen Sie Ihre Freude und Leidenschaft für diese wunderbare Reise in die Welt der krisenfesten Investments.

Ihre Empfehlung ist nicht nur ein Akt der Wertschätzung für das Buch, sondern auch ein Geschenk an all jene, die noch darauf warten, dieses Wissen für sich zu nutzen. Vielen Dank für Ihre Unterstützung und Ihre Liebe zum Lesen!

Herzlichst
Ralf Müller

PS: Vermögensaufbau ist Chefsache, und Sie sind der Chef. Neuigkeiten gibt es unter www.lass-die-krise-kommen.com.

DANKSAGUNG

Das Entstehen von Büchern ist das Ergebnis des Zusammenspiels verschiedener Menschen.

Ich möchte allen, die mich auf meinem Weg begleitet und unterstützt haben, von Herzen danken. Ein besonderer Dank gilt Professor Doktor Oliver Pott sowie Jan Bargfrede und Riana Marchoy für ihre einzigartige Unterstützung, ohne die dieses Buch nicht möglich gewesen wäre.

Ebenso möchte ich meiner lieben Tochter Maria für ihre geduldige Unterstützung während der Entstehung dieses Werkes danken.

In meinem Leben gab es stets zuverlässige Anker, die mich durch stürmische Gewässer navigierten und mir den Rücken stärkten, wenn die Wellen hochschlugen. An erster Stelle steht meine wundervolle Mutter, Edeltraut Müller, die mit ihrer unerschütterlichen Liebe und Weisheit stets an meiner Seite war.

Dann ist da Peter Ehrlich, ein wahrer Freund in guten wie in schlechten Zeiten. Seine feste Freundschaft und sein einfühlsames Ohr waren ein Segen, und halfen mir dabei, einige Herausforderungen zu meistern.

Und last but not least mein kleiner Sonnenschein, Paul. Mit seinem unschuldigen Lächeln und seiner erfrischenden Art brachte mein Sohn immer wieder Licht in mein Leben. Seine pure Lebensfreude war wie ein Leuchtturm, der mich auf Kurs hielt und mir zeigte, dass das Leben trotz aller Stürme auch seine strahlenden Momente bereithält.

HAFTUNGSAUSSCHLUSS

Die Informationen und Inhalte in diesem Buch dienen lediglich zu Informationszwecken und stellen keine Anlageberatung dar. Jegliche Aussagen oder Empfehlungen bezüglich bestimmter Anlageprodukte sind unverbindlich und sollten nicht als verbindliches Angebot betrachtet werden. Es liegt in der Verantwortung des Lesers, eigenständige Anlageentscheidungen zu treffen.

Bitte beachten Sie, dass die bereitgestellten Informationen keine individuelle Beratung ersetzen können, die auf Ihre persönlichen Umstände zugeschnitten ist. Ich empfehle daher, sich bei Fragen oder Bedenken an einen qualifizierten Finanzberater zu wenden.

Die Inhalte dieser Publikation richten sich ausschließlich an Personen mit Wohnsitz in der Bundesrepublik Deutschland und sind daher ausschließlich in deutscher Sprache verfasst. Personen mit Wohnsitz in den Vereinigten Staaten von Amerika, Kanada oder Großbritannien sind nicht berechtigt, auf diese Inhalte zuzugreifen.

Ich übernehme trotz sorgfältiger Recherche und Bereitstellung keine Gewähr für die Richtigkeit, Vollständigkeit, Aktualität oder Verfügbarkeit der bereitgestellten Börsen- und Wirtschaftsinformationen, Kurse, Preise, Indizes, Marktdaten, Bewertungen, Einschätzungen oder sonstigen Inhalte, einschließlich Inhalte von Dritten.

Die in dieser Publikation enthaltenen Einschätzungen und Bewertungen spiegeln die Meinung des Autors zum Zeitpunkt der Veröffentlichung wider und können sich aufgrund aktueller Entwicklungen ändern, ohne dass die Publikation entsprechend aktualisiert wird.

Sofern Inhalte von Dritten zur Verfügung gestellt wurden, können diese von unserer Meinung abweichen. Die dargestellten Sachverhalte dienen lediglich der Veranschaulichung und erlauben keine Rückschlüsse auf zukünftige Gewinne oder Verluste.

Alle genannten Konditionen sind unverbindliche Indikationen und unterliegen möglichen Änderungen aufgrund des Marktgeschehens. Informationen zur Abgeltungssteuer dienen lediglich als Überblick und ersetzen keine individuelle steuerliche Beratung. Bei Fragen zu steuerlichen Auswirkungen sollten Sie sich an einen Steuerberater wenden.

Trotz sorgfältiger inhaltlicher Kontrolle übernehmen wir keine Haftung für die Inhalte externer Links. Für den Inhalt verlinkter Seiten sind ausschließlich die Betreiber verantwortlich.

ANMERKUNGEN

1 Womöglich wurden die Aktien sogar noch herausgegeben, das ist aus der Berichterstattung nicht klar. Dann wären es nur Dividenden. Aber wie dem auch sei: Gewinn ist Gewinn!

2 Sunzi, chinesischer General und Militärstratege, verfasste vor 2500 Jahren eines der ersten Bücher über Kriegsführung: *Die Kunst des Krieges* ist heute noch ein Grundlagenwerk der Strategie für asiatische Militärs und – viel interessanter – für Manager.

3 Die hier getroffene Unterscheidung zwischen »kleinen« (individuellen) Krisen und »großen« (volkswirtschaftlichen) Krisen bedarf einer Klarstellung: Natürlich können persönliche Krisen ein riesiges Ausmaß haben und den Einzelnen sogar überfordern: Eine Privatinsolvenz, Krankheit oder der Verlust des Ehepartners sind für ein Individuum definitiv große Krisen! Hier wird der Begriff »große Krisen« aber für volkswirtschaftliche Finanz- und Wirtschaftskrisen verwendet, die viele Individuen betreffen. Als »kleine Krisen« werden hingegen Krisen im persönlichen Umfeld bezeichnet.

4 https://www.zeit.de/news/2022-10/05/fast-ein-drittel-kann-unerwartete-ausgaben-nicht-bestreiten?utm_referrer=https%3A%2F%2Fwww.google.com%2F

5 https://www.welt.de/finanzen/article241170007/Weltweiter-Wohlstand-waechst-rasant-durch-die-Vermoegen-der-Superreichen.html

6 Laut TV-Sendung *Markus Lanz* vom 01.12.2022, https://www.zdf.de/gesellschaft/markus-lanz/markus-lanz-vom-1-dezember-2022-100.html

7 Die niedrigere Inflation oder Deflation würde vermutlich nicht automatisch die Wirtschaft abwürgen; die Zusammenhänge sind viel komplexer. Aber im Bewusstsein darf das hier so unterstellt werden.

8 Ein ausführlicher Wikipedia-Artikel beschreibt die Geschichte des chinesischen Geldes: https://de.wikipedia.org/wiki/Chinesische_W%C3%A4hrung

9 Die Inflation war vorher schon gestiegen, und viele Ökonomen sahen eine Zuspitzung dieses Trends. Der Ukrainekrieg war ein Katalysator für diesen Effekt.

10 https://de.statista.com/statistik/daten/studie/321259/umfrage/umfrage-zu-den-groessten-aengsten-der-deutschen/, Download vom 23.10.2022

11 https://diw-econ.de/publikationen/belastung-einkommensschwacher-haushalte-durch-die-steigende-inflation/

12 Der Bundesfinanzminister etwa wird so zitiert: https://www.focus.de/politik/deutschland/inflationsrate-von-7-3-prozent-im-maerz-christian-lindner-der-ukraine-krieg-macht-uns-alle-aermer_id_78042832.html

13 Fast schon unverschämt verkürzt wird damit das großartige Buch »Cashflow Quadrant: Rich Dad Poor Dad«. Die Definition des Investors trennt aus meiner Sicht zu sehr zwischen Menschen, die diese Verantwortung übernehmen, und jenen, die das nicht tun. Wer Geld einsetzt, ist Investor. Wer sich so sieht, wird sein Tun besser reflektieren.

14 Nach Wissensstand im Oktober 2022

15 Wenn Sie nach 1964 geboren sind, ansonsten liegt dieses Eintrittsalter gegebenenfalls früher. Freiberufler und Selbstständige handeln da noch einmal anders, je nach Lust, Chancen und finanziellen Notwendigkeiten ihre Arbeitszeit zu verkürzen oder noch ein paar Jahre »dranzuhängen«.

16 https://www.deutsche-rentenversicherung.de/DRV/DE/Rente/Allgemeine-Informationen/Wissenswertes-zur-Rente/FAQs/Rente/Rentenniveau/

17 Natürlich ist das vereinfachend: Die Rente funktioniert solidarisch und es ist toll, dass Menschen im Alter auf diese Weise ein Stück weit abgesichert werden. Die Berechnung der »Rendite« hängt zudem von der Zeit des Rentenbezugs ab und hat viele Einflüsse mehr, aber wesentlich ist aus meiner Sicht vor allem die Tatsache, dass andere Absicherungen eine höhere Krisensicherheit erreichen können.

18 https://de.statista.com/statistik/daten/studie/164047/umfrage/jahresarbeitslohn-in-deutschland-seit-1960/

19 https://www.deutsche-rentenversicherung.de/DRV/DE/Rente/Allgemeine-Informationen/Wissenswertes-zur-Rente/FAQs/Rente/Rentenniveau/Rentenniveau_Liste.html#ad901b16-b989-47af-847e-52a5f3d20074

20 https://www.bertelsmann-stiftung.de/de/themen/aktuelle-meldungen/2021/dezember/die-mittelschicht-in-deutschland-broeckelt

21 Im weiteren Verlauf dieses Kapitels wird insbesondere auf die Rentenlücke bei Angestellten geschaut. Wer immer von diesem Konzept abweicht und weniger lange eingezahlt hat oder nie in die gesetzliche Rentenversicherung einzahlen konnte, der sollte für den eigenen Fall besondere Dringlichkeit der Krisenvorsorge annehmen.

22 Zur historischen Rendite des MSCI World: https://www.finanztip.de/indexfonds-etf/msci-world/, die Zinsenberechnungen sind vereinfacht und berücksichtigen nicht die genauen notwendigen Berechnungen zu Dividenden, Brutto- und Nettorenditen. Sie sind wie folgt berechnet: Anfangskapital: 0 Euro; Monatliche Sparrate: 300 Euro; Spardauer: 40 Jahre; Jährlicher Zinssatz: 9,00 Prozent; Ausschüttungsintervall: jährlich.

23 Berechnet sind die 9 Prozent hier aus reinvestierten Dividenden und dem Wertzuwachs der Aktien. Doch kann der Zinseszinseffekt (9 Prozent über 40 Jahre) das vereinfacht recht gut abbilden, deshalb wurde die Berechnung damit angestellt.

24 Vorausgesetzt ist immer eine insgesamt positive Zinsentwicklung, die aber bei vielen Investments mit zunehmender Anlagedauer wahrscheinlicher wird. Die Zeit bleibt ein treuer Freund.

25 Angenommen wird wieder der durchschnittliche Zins und Zinseszins des MSCI World der Vergangenheit. Das lässt auf ähnliche Effekte in der Zukunft hoffen, auch wenn dies nur eine Prognose ist und keine Gewissheit bietet.

26 Berechnet wird der sehr gute durchschnittliche Kurs des MSCI World seit 1975 bis 2022. Das ist keine sichere Prognose für die Zukunft. Es kann besser und schlechter laufen. Je länger aber der Anlagehorizont, desto höher ist voraussichtlich die Wahrscheinlichkeit auf einen positiven Kursverlauf.

27 https://www.faz.net/aktuell/wirtschaft/menschen-wirtschaft/studie-anlageverhalten-haengt-vom-sozialen-milieu-ab-13298720.html

28 https://www.handelsblatt.com/politik/deutschland/studie-zur-chancengerechtigkeit-sozialer-aufstieg-in-deutschland-bleibt-die-ausnahme-oecd-fuerchtet-vergeudung-von-talent/22690454.html

29 https://www.asscompact.de/nachrichten/eigenheimquote-deutschland-hinkt-im-eu-vergleich-hinterher

30 https://de.statista.com/statistik/daten/studie/164626/umfrage/geldvermoegen-pro-kopf-2009/

31 Ebenda

32 https://www.spiegel.de/wirtschaft/geldvermoegen-auf-rekordstand-deutsche-haben-7-7-billionen-euro-gespart-a-0752524f-e89c-4741-9713-8419137fbe52

33 https://de.statista.com/statistik/daten/studie/164626/umfrage/geldvermoegen-pro-kopf-2009/

34 Procura, von Lat. »Fürsorge«, ist eigentlich eine Handlungsvollmacht, die ein Kaufmann an Mitarbeiter abgibt, um Prozesse leistungsfähiger zu machen. So geht das in der Metapher auch mit den Entscheidungen des vermeintlich so abwägenden Denkens und dem eigentlich doch ständig alles entscheidenen Unterbewusstsein.

35 https://www.dasgehirn.info/denken/emotion/verstand-gegen-gefuehl, hier ein paar weitere spannende Ausführungen zur Vernunft und dem Unterbewusstsein. Die Vorstellung der weißen und schwarzen Seite ist hirnphysiologisch natürlich so nicht haltbar, aber eine schöne Metapher.

36 https://www.aphorismen.de/zitat/19331

37 https://www.welt.de/wirtschaft/article236287440/Vermoegen-der-zehn-reichsten-Maenner-waehrend-der-Pandemie-verdoppelt.html

38 Sicherlich ist auch viel Reichtum entstanden, weil einfach Werte, die bereits gehalten wurden, sich im Preis erhöht haben. Die Strategie, Werte zu günstigem Preis zu erwerben und dann von Preissteigerungen zu profitieren, ist aber für jeden Anleger umsetzbar.

39 https://www.finanztip.de/indexfonds-etf/msci-world/

40 https://www.spiegel.de/wirtschaft/friedrich-merz-fordert-unternehmensteuer-auf-dem-bierdeckel-a-53502355-b636-45b8-b815-b56f911844bb, Download vom 24.05.2022

41 https://www.stern.de/wirtschaft/geld/mit-aktien-sparen--mit-diesem-sparplan-100-000-euro-zusammensparen-30496708.html, Download vom 22.06.2022

42 Am 19.07.2022 sind es sogar etwa 53.800 Euro.

43 https://www.ecb.europa.eu/ecb/tasks/monpol/html/index.de.html

44 Und zu bedenken ist auch, dass nicht nur die angegebene Inflation ausgeglichen wird, sondern die tatsächliche, und die ist aufgrund der Berechnungsmethode der Inflation unter Umständen noch höher.

45 Bei anderen Rohstoffen sind es Kosten für den Anbau oder die Produktion und Veredelung, zudem kommen Kosten für Transport, Zwischenhandel und so weiter dazu. Und der Vollständigkeit halber wirken dann auch manchmal politische Entscheidungen wie Subventionen auf den Preis. Aber die Produktion im weitesten Sinne sichert den Rohstoffpreis meistens »nach unten« ab.

46 https://www.finanzen.net/nachricht/rohstoffe/expertenanalyse-goldpreis-die-perspektiven-werden-wieder-glaenzend-11513247

47 Diese Formulierung bezieht sich darauf, dass auch *anteilsmäßig* viel Gold im Portfolio sein könnte, das aber absolut keinen großen Wert hat. Hier geht es um Risiken der Lagerung und des Verlustes.

48 https://www.immoverkauf24.de/immobilienverkauf/immobilienverkauf-a-z/kaufpreisfaktor/

49 Und wie immer gilt: Das ist keine Empfehlung, nur eine Beobachtung.

Alle reden vom Crash – Bleiben Sie cool!

Antonio Sommese, Michael Brückner

Kaum ein Anleger wünscht sich den Crash, doch alle reden davon. Fakt ist: Radikale Kurskorrekturen gab es an der Börse schon immer, meistens dann, wenn keiner warnte, und umgekehrt. Optimal ist also eine Allwetterstrategie, die hilft, cool zu bleiben, selbst wenn Crash-Gurus wieder einmal Saison haben. Börsenexperte Antonio Sommese und Journalist Michael Brückner gehen auf die zentralen Herausforderungen für die Vermögensanlage ein – Inflation, Deflation, Wirtschaftswachstum und Rezession – und erklären, wie Anleger ihr Depot krisensicher gestalten können. Je nach Risikoneigung und Vermögen zeigen sie anschaulich die Umsetzung in der Praxis.

240 Seiten | Softcover | 18,99 € (D) | 19,60 € (A) | ISBN 978-3-95972-362-6

Aktien kann jeder

Jürgen Schmitt

Jürgen Schmitt begeistert täglich Tausende als Anchorman von aktienlust tv und auf Bild.de mit seinen Berichten aus der Welt der Börse und den wichtigsten Neuigkeiten aus Wirtschaft und Politik. Die vielen Erkenntnisse, Tricks und Kniffe aus seiner jahrzehntelangen Erfahrung an der Börse teilt er nun erstmals auch in Buchform. In seiner unnachahmlich unterhaltsamen Art geht es dabei nicht nur um die graue Theorie von Börsencharts und Geschäftsberichten. Zahlreiche unterhaltsame und überraschende Anekdoten aus der Welt der Finanzen und Schmitts ganz persönliche scharfsinnige Alltagsbeobachtungen machen das Thema Finanzen sofort greifbar und verständlich. Wer sich langfristig mehr Erfolg an der Börse wünscht, wer wissen möchte, wie sich Risiken minimieren und die größten Chancen erkennen lassen, oder wer herausfinden will, was Forrest Gump mit erfolgreicher Aktienanlage zu tun hat, sollte dieses Buch unbedingt lesen.

256 Seiten | Softcover | 18,00 € (D) | 18,50 € (A) | ISBN 978-3-95972-763-1

Der leichte Einstieg in die Welt der ETFs

Gerd Kommer

Der Finanzexperte und Erfolgsautor Gerd Kommer stellt in diesem Buch praxisnah und leicht verständlich die wohl einfachste, transparenteste und sicherste Option zu Geldanlage vor: ETFs (Exchange-Traded Funds). ETFs bieten unschlagbare Vorteile für Privatanleger. Sie erfordern keine Vorkenntnisse, wenig Einarbeitungszeit und einen geringen laufenden Zeitaufwand. Die Einstiegskosten sind gering, der Ertrag hoch und die rechtliche Struktur ist robuster als bei allen Alternativen. Schon heute ist abzusehen, dass bald in Millionen von Privathaushalten ETFs die Rolle übernehmen werden, die in den letzten 70 Jahren das Sparbuch und kapitalbildende Lebensversicherungen hatten. Alles, was der Leser wissen muss, um sofort in das Thema ETFs einzusteigen und seine private Finanzvorsorge ohne großen Aufwand zu planen und einzurichten, erfährt er in »Der leichte Einstieg in die Welt der ETFs«.

176 Seiten | Klappenbroschur | 18,00 € (D) | 18,50 € (A) | ISBN 978-3-95972-543-9

Raus aus dem Stundenlohn

Oliver Pott, Jan Bargfrede

Die alten, sicher geglaubten Arbeitsmodelle haben ausgedient: Selbst DAX-Konzerne entlassen massenhaft Mitarbeiter. Die Krise ist der Weckruf, sich als Angestellter oder Selbstständiger nicht nur auf sein Gehalt zu verlassen, sondern das eigene Einkommen selbstbestimmt in die Hand zu nehmen. Und wer sein eigenes Talent voll entfaltet, muss nie wieder Lebenszeit an andere verkaufen. Der mehrfache Internet-Entrepreneur und Professor für Unternehmensgründung und Startup Management Oliver Pott erklärt seinen Lesern, wie sie ihre größte Leidenschaft zum Beruf machen und neue Einkommensquellen für sich entdecken können. So erlangen sie die Freiheit und Unabhängigkeit, um ohne Druck und feste Arbeitszeiten an den eigenen Zielen zu arbeiten.

224 Seiten | Klappenbroschur | 18,99 € (D) | 19,60 € (A) | ISBN 978-3-95972-424-1